Uni-Taschenbücher 1937

UTB
FÜR WISSEN
SCHAFT

Eine Arbeitsgemeinschaft der Verlage

Wilhelm Fink Verlag München
Gustav Fischer Verlag Jena und Stuttgart
A. Francke Verlag Tübingen und Basel
Paul Haupt Verlag Bern · Stuttgart · Wien
Hüthig Fachverlage Heidelberg
Leske Verlag + Budrich GmbH Opladen
Lucius & Lucius Verlagsgesellschaft Stuttgart
J. C. B. Mohr (Paul Siebeck) Tübingen
Quelle & Meyer Verlag · Wiesbaden
Ernst Reinhardt Verlag München und Basel
Schäffer-Poeschel Verlag · Stuttgart
Ferdinand Schöningh Verlag Paderborn · München · Wien · Zürich
Eugen Ulmer Verlag Stuttgart
Vandenhoeck & Ruprecht in Göttingen und Zürich

Kurt Erlemann

Endzeiterwartungen im frühen Christentum

A. Francke Verlag Tübingen und Basel

Kurt Erlemann geb. 1958 in Freiburg/Br., Studium der Evangelischen Theologie in München, Zürich und Heidelberg. 1986 Promotion, 1994 Habilitation in Heidelberg. Dazwischen Tätigkeit im Pfarramt und im Schuldienst als Pfarrer der Badischen Landeskirche, seit 1994 Lehraufträge in Hamburg, Heidelberg und Koblenz. Seit 1996 ordentlicher Professor für Neues Testament und Alte Kirchengeschichte an der Bergischen Universität GH Wuppertal.

Die Deutsche Bibliothek – CIP-Einheitsaufnahme

Erlemann, Kurt:
Endzeiterwartungen im frühen Christentum /
Kurt Erlemann. – Tübingen ; Basel : Francke, 1996
   (UTB für Wissenschaft : Uni-Taschenbücher ; 1937)
   ISBN 3-8252-1937-2 (UTB)
   ISBN 3-7720-2249-9 (Francke)
NE: UTB für Wissenschaft / Uni-Taschenbücher

© 1996 · A. Francke Verlag Tübingen und Basel
Dischingerweg 5 · D-72070 Tübingen
ISBN 3-7720-2249-9

Einbandgestaltung: Alfred Krugmann, Stuttgart
Druck und Bindung: Presse-Druck, Augsburg
Printed in Germany

ISBN 3-8252-1937-2 (UTB-Bestellnummer)

In Dankbarkeit für die gemeinsamen Zeiten

mit meiner Familie

Vorwort

Seitdem vor ziemlich genau einhundert Jahren der Neutesta-
mentler *Johannes Weiß* seine Studie über „Die Predigt Jesu vom
Reiche Gottes" veröffentlichte, haben wir gelernt, die Botschaft
Jesu eschatologisch, das heißt bezogen auf die Zeit des (Welt-)En-
des, zu verstehen. Damit steht sie aber in einem ganz besonderen Verhältnis zur frühjüdischen Apokalyptik, deren Thema ja
das Ende dieser Weltzeit ist. Die historisch-kritische Erforschung
der neutestamentlichen Endzeitvorstellungen spiegelt seither das
Ringen um die Frage, wie dieses Verhältnis zwischen der Botschaft Jesu und der frühjüdischen Apokalyptik zu bestimmen sei,
wider. War Jesus „Apokalyptiker" oder war er es nicht? Hatte er
eine apokalyptische Naherwartung oder nicht? Wo liegt der entscheidende Unterschied zwischen den frühjüdischen und den
frühchristlichen Endzeiterwartungen?

Nachdem über Jahrzehnte hinweg Jesus von vielen Seiten auf
Distanz zum jüdisch-apokalyptischen Denken gebracht wurde,
wird in letzter Zeit wieder mehr und mehr seine Verwurzelung
im frühen Judentum betont. Parallel erfährt die Apokalyptik, die
bei den Theologinnen und Theologen über lange Zeit in Mißkredit stand, seit geraumer Zeit eine deutliche Aufwertung als Bin-
deglied zwischen Altem und Neuem Testament. Es ist ein Ziel
dieses Buches, das Verhältnis zwischen frühjüdischer Apokalyptik und frühchristlichen Endzeiterwartungen zu versachlichen
und auf eine methodisch nachvollziehbare, solide Basis zu stellen.

Um dieses Ziel zu erreichen, sind Überlegungen über das Zeitverständnis des frühen Christentums zu machen. Nur so läßt sich
der Gehalt von Aussagen wie „Der Herr ist nah" oder: „Noch in
dieser Generation wird das alles geschehen" (Mk 13,30parr) bestimmen. Weiterhin ist nach dem Kontext der Endzeitaussagen zu
fragen. Ein isolierter Zugriff auf einzelne „Spitzensätze" oder
Kernaussagen verbietet sich, Texte und Aussagen sind vielmehr -
das ist ein Ergebnis historisch-kritischer Reflexion und moderner
Textlinguistik - Teile eines Kommunikationsgeschehens zwischen
Autor, Leserschaft und Situation. Welche Funktion also Aussagen

über die Endzeit im literarischen und situativen Kontext übernehmen, ist nicht unerheblich, sondern entscheidend für ihr Verständnis.

Die Untersuchung des Zeitverständnisses sowie der Funktion eschatologischer Aussagen ermöglicht nicht nur einen Vergleich zwischen frühjüdischer und frühchristlicher Endzeiterwartung, sondern auch einen neuen Zugang zur Frage einer Entwicklung im frühchristlichen Denken: Stimmt das Bild, wonach die anfängliche Endzeiteuphorie sehr bald schon nachließ und schließlich ganz zum Erliegen kam? Ist die sogenannte „Parusieverzögerung", das heißt das Ausbleiben der Wiederkunft Christi, der Motor frühchristlichen Theologietreibens? Ist die Geschichte des frühen Christentums mithin eine Geschichte fortwährender Enttäuschung über fehlgeschlagene Verheißungen?

Das Buch ist die Antwort auf eine vielfach an mich herangetragene Bitte, meine Habilitationsschrift (Titel: Naherwartung und Parusieverzögerung im Neuen Testament. Ein Beitrag zur Frage religiöser Zeiterfahrung (TANZ Bd. 17, francke-Verlag Tübingen, 1994) noch einmal, und zwar in gekürzter Fassung und auch für Nichttheologen lesbar, zu schreiben. Das Interesse am Thema ist groß, was nicht zuletzt auf die bevorstehende Jahrtausendwende zurückzuführen sein dürfte. Ich bin dieser Bitte gerne nachgekommen und habe die Chance genutzt, die vielschichtige Thematik neu zu organisieren und das, was in der „großen" Fassung zu kurz kam, zu seinem Recht kommen zu lassen.

Für viele Hinweise und Verbesserungsvorschläge bei der Vorbereitung dieses UTB-Bandes danke ich vor allem stud. phil. et theol. Caroline Hummel/Hamburg, Dr. Stefan Alkier/Hamburg und Professor Klaus Berger/Heidelberg. Aber auch meinen Hörerinnen und Hörern in Heidelberg, Hamburg und Koblenz danke ich für die Auseinandersetzung und das Mitdenken am Thema. Ihnen ist der Band in besonderer Weise zugeeignet. Ein herzliches Dankeschön geht an den francke-Verlag und seinen Mitarbeiterinnen und Mitarbeitern, die das Erscheinen des Buches allererst ermöglicht haben.

Heidelberg-Rohrbach, im Juni 1996.

Inhaltsverzeichnis

Kapitel 3: Apokalyptische Erwartungen und Anfragen

Kapitel 4: Sinn und Zweck der Aussagen über das Ende

Kapitel 5: Der politische und soziale Kontext der Endzeithoffnung

Ergebnis

Kapitel I: Einführung

1.1 Die Fragestellung

1.1.1 Sekten und Endzeiterwartung

Die letzten 150 Jahre haben eine Vielzahl an endzeitlich ausgerichteten Sekten und religiösen Gemeinschaften hervorgebracht.
Ihr gemeinsamer Nenner ist die Erwartung des nahen Weltendes,
des Gottesreiches und des Gerichts über die Gottlosen. Zum Teil
ist diese Naherwartung mit Versuchen verbunden, das Datum
des großen Ereignisses exakt zu bestimmen. Zu nennen sind in
diesem Zusammenhang „etablierte" Sekten wie die Zeugen Jehovas, die Siebenten-Tags-Adventisten, die Neuapostolischen oder
die Pfingstbewegung sowie neuere Jugendsekten christlicher
Provenienz wie die Mun-Sekte (Vereinigungskirche), der „Orden" Fiat Lux und die Gemeinschaft „Universelles Leben" (Heim-
holungswerk Jesu Christi). Aber auch kleinere religiöse Gemeinschaften, die gerade in den letzten Jahrzehnten wie Pilze aus
dem Boden schießen, pflegen apokalyptisches Gedankengut und
haben die Erwartung des nahen Weltendes als integrierenden
Bestandteil ihrer Lehre. Es hat den Anschein, als verhelfe die bevorstehende Jahrtausendwende sektiererischer Enderwartung zu
neuer Hochkonjunktur. Die Medien berichten wiederholt von
spektakulären und zum Teil tragischen Vorgängen. Massenselbst-
morde wie die in Waco/Texas (Davidianer-Sekte, 1993) oder in
der Schweiz (Orden des Sonnentempels, 1994 und 1995) sind
traurige Höhepunkte in einer apokalyptischen Szene, die sich
nur schwer überblicken läßt. Aber nicht nur die Medien küm-
mern sich um Endzeitbewegungen, sondern auch renommierte
Theologen und Soziologen. Gefragt wird seitens der Soziologen
nach den gesellschaftlichen Rahmenbedingungen für das Entstehen und das Überleben solcher Gruppierungen, seitens der Bibel-
wissenschaftler nach den Auslegungskriterien der relevanten Bi-
belstellen und nach dem Umgang mit den Endzeitsekten.

1.1.2 Die historische Frage

Den historisch arbeitenden Exegeten interessieren in diesem Zusammenhang besonders zwei Fragen: Erstens, welchen Platz
nimmt das Urchristentum im Ensemble der apokalyptisch geprägten Gruppierungen des zeitgenössischen Judentums ein? Bei
dieser Frage interessieren nicht nur inhaltliche Gesichtspunkte,
etwa was das Geschichtsbild, das Zeitverständnis oder einzelne
konkrete Vorstellungen angeht, sondern auch die Frage, welche
Funktion die Vorstellungen in ihrem situativen und literarischen
Kontext innehaben.

Über lange Zeit war es in der Fachliteratur beliebt, die Endzeitvorstellungen (Eschatologie) des Neuen Testaments positiv
von der frühjüdischen Apokalyptik abzusetzen. *Wilhelm Bousset*[1]
belegt die jüdische Apokalyptik mit den Attributen „epigonen-
haft", „uneinheitlich" und „chaotisch" und schließt seine Untersuchung mit der Feststellung: „Das Judentum war die Retorte, in
welcher die verschiedenen Elemente gesammelt wurden. Dann
erfolgte durch ein schöpferisches Wunder die Neubildung des
Evangeliums." - *Paul Volz*[2] schließt aus Daniel und anderen Texten auf den berechnenden Charakter der jüdischen Apokalyptik:
„Die zahlenmäßige Berechnung des Weltendes ist vor allem das
charakteristische Geschäft des Apokalyptikers." Im Gegenzug
wird darauf hingewiesen, daß im Neuen Testament die Frage
nach dem Zeitpunkt des Endes offengehalten werde. Der Zeitpunkt sei nur Gott selbst bekannt, einer Berechnung werde damit die Basis entzogen. Diese deutlich apologetische Betrach-
tungsweise ist heute im Ansatz überwunden. Starken Anteil daran hat die 1970 erschienene Studie von *Klaus Koch*, „Ratlos vor
der Apokalyptik". Koch versucht die Diskussion um die Apokalyptik zu versachlichen und stellt die Verwurzelung Jesu im Alten Testament und im Judentum seiner Zeit heraus. Hierdurch erfährt die Apokalyptik eine deutliche Aufwertung als Schaltstelle
zwischen Altem und Neuem Testament. Trotz der Einsichten
Kochs und anderer kann man aber in der Kommentarliteratur
die Tendenz beobachten, das Neue Testament und Jesus nach

---

[1] Religion des Judentums 541f.
[2] Eschatologie der jüdischen Gemeinde 141.

Möglichkeit von apokalyptischem Denken zu distanzieren. So werde das starre Geschichtsbild der Apokalyptik, das die Geschichte in einen gegenwärtigen und einen kommenden Äon (Zeitalter) unterteilt, im Neuen Testament durchbrochen: Mit Christus sei bereits der neue Äon angebrochen, was sich in vielen präsentischen Aussagen über die Heilszeit niederschlage. Auch zeige das frühe Christentum wenig Interesse an der Ausgestaltung des Jenseits. All diese Argumente sind sachlich zu prüfen, wobei nicht von vornherein von einem qualitativen Unterschied auszugehen ist. Vielmehr sind die neutestamentlichen Texte im Kontext der zeitgenössischen jüdischen Literatur zu lesen.

Die zweite Frage lautet: Hat sich Jesus etwa geirrt, als er das nahe Gottesreich ankündigte? Oder anders gefragt: War die weitere Kirchengeschichte eine Fehlentwicklung, die der ursprünglichen Naherwartung zuwiderlief? „Jésus annonçait le royaume, et c'est l'église qui est venue". Auf diese Formulierung von *Alfred Loisy*[3] ist das Problem eines Irrtums Jesu, was seine Zukunftshoffnung angeht, zu reduzieren. An dieser Frage machen sich immer wieder polemische Anfragen an den Wahrheitsgehalt des christlichen Glaubens fest - nicht erst seit der Aufklärung, sondern bereits im Neuen Testament selbst. Es ist zu klären, wer Urheber der fraglichen Ankündigungen ist und wie sie zu verstehen sind. Erst die Klärung des Zeitverständnisses (was heißt etwa „nah"?) und der Funktion der Aussagen (worauf zielen sie ab?) kann ein Urteil über die Frage des Irrtums ermöglichen.

1.1.3 Die hermeneutische Frage

Mit den skizzierten historischen Fragen ist eine weitere aufgegeben: die hermeneutische. Gemeint ist die Frage nach den Bedingungen, unter denen zweitausend Jahre alte Aussagen über das Weltende heute überhaupt verstanden werden können. Selbst wenn alle historischen Fragen geklärt sind, ist damit noch nichts darüber gesagt, was wir heute mit den Endzeitaussagen und - Vorstellungen anfangen können. Niemand wird ernsthaft be-

---

[3] L'Evangile et l'Eglise 155.

haupten, die biblische Naherwartung sei nach wie vor aktuell.
Derartige Erwartungen können nicht beliebig konserviert werden, sie haben, um im Bild zu bleiben, eine relativ kurze Halt-
barkeit. Die Geschichte der Kirchen hat sich auch relativ bald,
als sich die Hoffnung auf ein nahes Ende über Generationen
nicht bestätigte, der Tagesordnung zugewandt. Apokalyptische
Endzeitstimmung bleibt seither kirchlichen oder außerkirchlichen Randgruppen vorbehalten. Dennoch bilden die neutestamentlichen Texte eine Herausforderung an heutige Verstehensmöglichkeiten, sollen sie nicht einfach als historischer Irrtum ad
acta gelegt werden. Christliche Zukunftshoffnung orientiert sich
zwar generell auch weiterhin an diesen Texten, doch es scheint
so, als hätten sie nur für eine biblizistisch-fundamentalistische
Auslegung ein ernsthaftes Gewicht[4]. Es ist also zu fragen, ob es
neben dem wörtlichen Verständnis bestimmter Aussagen und
Bilder oder ihrer allegorischen Vereinnahmung für Ereignisse
und Phänomene der Zeitgeschichte (als biblisch vorhergesagte
„Zeichen der Endzeit") auch andere, den Texten angemessenere
Interpretationsmöglichkeiten gibt. Methodisch ist dabei die Einbettung der fraglichen Aussagen in ihren situativen und literarischen Kontext, ihre Funktion im Blick auf die Aussageabsicht sowie die soziohistorische Frage - in welchen Kreisen bzw. Schichten sind die Autoren und Trägerkreise beheimatet? - zu untersuchen.

1.2 Die Texte

Die frühchristliche Ansage einer bevorstehenden, radikalen Veränderung ist im Blick auf die, die es betrifft, zu differenzieren:
Einmal geht es um das Geschick des Einzelnen, dem für die nahe Zukunft Heil oder Unheil angekündigt wird. Beispiele für ei-

---

[4] Kurz vor Redaktionsschluß erreichte mich noch die Broschüre von W.
Thiede, Die Johannes-Apokalypse in der Deutung christlicher Sekten
(EZW-Information Nr. 130, 1/1996), auf die ich hier nur empfehlend
hinweisen kann.

ne solch individuelle Naherwartung sind die Ansage des nahen
Todes im Gleichnis vom reichen Narr (Lk 12,16-21) und die Verheißung paradiesischer Gemeinschaft an den Schächer am Kreuz
(Lk 23,42f). Weiterhin betrifft die Ansage der nahen Wende das
kollektive Geschick einer Gruppe wie die der frühchristlichen
Glaubensgemeinschaft. Ihnen gilt die Ansage der nahen Parusie
Jesu Christi, wie sie in den synoptischen Evangelien (etwa Mk
13parr) oder bei Paulus (etwa 1 Thess 4) entfaltet wird. Zuletzt
geht die Ankündigung radikaler Veränderung auf den Kosmos
überhaupt; erwartet wird ein Weltenbrand (2 Petr 3,7) oder die to-
tale Neuschöpfung der Welt (Apk 21).

Zu unterscheiden sind demnach individuelle und kollektiv -
universale Naherwartung. Ihre gemeinsamen Wurzeln liegen in
den Schriften des Alten Testaments und des frühen Judentums. In
Weisheit, Prophetie und Apokalyptik sind die drei Ausprägungen frühchristlicher Naherwartung vorgebildet. Zu deren besse-
rem Verständnis werden im folgenden einige charakteristische
Texte aus dem alttestamentlich - frühjüdischen Bereich vorgestellt.

1.2.1 Die alttestamentlichen Wurzeln

Das besondere Interesse der alttestamentlich - weisheitlichen Literatur gilt dem einzelnen Menschen und seinem Geschick.
Demnach bewegt sich das individuelle Schicksal zwischen zwei
Grundsätzen: Zum einen der Grundsatz des Tun-Ergehen-Zu-
sammenhangs. Er besagt, daß das jeweilige Verhalten des Menschen ein entsprechendes Ergehen nach sich zieht. Wer sich Gott
wohlgefällig verhält und seine Gebote beachtet, kann auf gutes
Ergehen hoffen. Und umgekehrt: Wer sich gegen Gott und seine
Gläubigen versündigt, auf den wartet ein schlimmes Ende. Soweit die Theorie. Doch die Lebenserfahrung zeigt, daß es oft
ganz anders aussieht: Vielen Gottlosen und Schurken geht es gut,
ja zum Teil besser als den Frommen, rechtes Verhalten scheint
sich nicht unbedingt auszuzahlen. Das ist natürlich eine Anfechtung für die, die es mit dem Gesetz halten und sich damit Nach-
teile schaffen. Die Weisheitsliteratur setzt sich mit diesem Problem auseinander und bringt als Gegengewicht eine zweite

Grunderfahrung ins Spiel, nämlich die der grundsätzlichen Instabilität alles Irdischen: Nichts trägt in sich die Garantie auf Festig-
keit oder Dauerhaftigkeit außer Gott allein, der Schöpfer aller
Dinge (vgl. Ps 90,2). Was morgen sein wird, ist schlechterdings
nicht vorhersehbar oder berechenbar. Wem es heute wohl ergeht, um den kann es morgen schon geschehen sein. Wer heute
noch unter einem schweren Schicksal, unter Krankheit oder Verfolgung zu leiden hat, dem kann es morgen schon besser gehen.
Der äußere Schein kann trügen, es gibt die trügerische Sicherheit der Gottlosen; der leidende oder verfolgte Gottesfürchtige
hingegen soll aus seinem momentanen Geschick keine falschen
Schlußfolgerungen ziehen. Damit wird der permanenten Anfechtung der Gläubigen vorgebeugt, und die scheinbare Diskrepanz
zwischen Verhalten und gerechtem Ergehen als ein Problem der
Zeit bzw. des äußeren Scheins erklärt: Die Zukunft wird zeigen,
daß Gott doch gerecht ist. Von der Zukunft ist also die Korrektur
der momentanen Mißverhältnisse zu erwarten - konkret die Be-
lohnung der Gerechten und die Bestrafung der Gottlosen. Und
das kann sehr schnell gehen, plötzlich, über Nacht. Die Einsicht
in die grundsätzliche Instabilität irdischer Verhältnisse ist ein
Trost für die jetzt Benachteiligten und eine Warnung für die anderen.

Ein Beispieltext für die geschilderte Anschauung ist Ps 37. In
den Versen 10 und 11 heißt es: „Noch eine kleine Zeit, so ist der
Gottlose nicht mehr da; und wenn du nach seiner Stätte siehst,
ist er weg. (11) Aber die Elenden werden das Land erben und ihre Freude haben an großem Frieden." Oder Ps 64,7-8 (über die
Gottlosen): „Sie haben Böses im Sinn und halten's geheim, sind
verschlagen und haben Ränke im Herzen. (8) Da trifft sie Gott
mit dem Pfeil, plötzlich sind sie zu Boden geschlagen." Während
die Gottlosen dem baldigen Verderben entgegeneilen, brauchen
sich die anderen nicht zu fürchten, vgl. Prov 3,25-26: „Fürchte
dich nicht vor plötzlichem Schrecken noch vor dem Verderben
der Gottlosen, wenn es über sie kommt; (26) denn der Herr ist
deine Zuversicht; er behütet deinen Fuß, daß er nicht gefangen
werde." - Die Funktion der Texte ist, die Gottesfürchtigen auf ihrem Weg zu bestärken und zu festigen. Sie sollen sich von den
Gottlosen ohne Umschweife distanzieren und sich zum Herrn zu-
rückwenden. Die Ansage naher Veränderung dient demnach

nicht primär der Information, sondern der Motivation rechten Handelns.

Deutlich wird diese *praktische Funktion* an Texten wie Sir 5,7: „Nicht sollst du zögern, zu ihm umzukehren, und nicht sollst du es hinausschieben von Tag zu Tag. Denn plötzlich bricht hervor sein Grimm, und am Tag der Vergeltung wirst du ein Ende nehmen." Der Aufruf zur Bekehrung hat häufig eine soziale Ausrichtung: Der Fromme soll auf das Anhäufen von Besitz verzichten, da Gott über Nacht die Verhältnisse umkehren kann, vgl. Sir 11,16-19: „Da gibt es einen, der sich bereichert dadurch, daß er sich abmüht, und dieses Ergehen ist sein Lohn. Zur bestimmten Zeit (spricht er): 'Ich habe Ruhe gefunden, und nun werde ich essen von meinem Gut', nicht weiß er, wann sein Leben vollendet sein wird, und er hinterläßt es den Erben und stirbt. Mein Sohn, bl(eibe) an dem, was dir aufgetragen ist, und (sinne) darüber nach, und in deiner Arbeit werde a(lt). Du sollst dich nicht (wundern) über die (Übeltäter), (vertraue) auf den Herrn und hoffe auf sein Licht, denn leicht ist es in den Augen des Herrn, im Augenblick, plötzlich (reich zu machen den Armen)." Dieselbe sozialkritische Ausrichtung haben manche prophetische Texte, so Zeph 1,18 und Hab 2,6f („Weh dem, der sein Gut mehrt mit fremdem Gut - wie lange wird's währen? - und häuft viel Pfänder bei sich auf! Wie plötzlich werden aufstehen, die dich beißen, und erwachen, die dich peinigen!").

Frommen wie Sündern ist der Zeitpunkt ihres Todes unbekannt. Wird das Motiv des unbekannten Todeszeitpunktes in die Argumentation eingebracht, dient es der Motivation klugen Verhaltens, der rechtzeitigen „Vorsorge" (Koh 12,1-7; Sir 14,11-13; Sir 18,22-26 und andere).

Während die weisheitliche Literatur in erster Linie das erwartbare Geschick des Einzelnen beleuchtet, geht es den alttestamentlichen Propheten überwiegend um das Geschick des ganzen Volkes. Drei Phasen der Prophetie sind zu unterscheiden: Zuerst die vorexilische Phase bis zum Ende des Südreichs Juda im Jahr 587/586 v. Chr. Repräsentanten dieser Phase sind Amos, (Proto-)Jesaja, Hosea und Zephanja, an der Schwelle zur Babylonischen Gefangenschaft wirkt Ezechiel. Die zweite Phase fällt in die Zeit des Exils, seine Hauptvertreter sind Ezechiel und Deuterojesaja. Die

dritte Phase beginnt mit der Rückkehr Israels aus dem Exil gegen Ende des 6. Jh. und dauert bis ins 4. Jh. v. Chr. Zu nennen
sind unter anderem die Propheten Tritojesaja, Sacharja, Maleachi
und Joel.

Was den Inhalt der Verheißungen für die nahe Zukunft angeht, sind gegensätzliche Tendenzen erkennbar. Für die vorexilische Prophetie steht Israel auf dem Prüfstand. Eine ganze Palette
von Verstößen gegen Gottes Ordnung wird angeprangert, und
das regelmäßig verbunden mit der Ankündigung, daß Jahwes
Zorn in Kürze über sein Volk entflammen wird. Die (zumindest
zeitweise) Rücknahme der Verheißungen wird prophezeit, wobei
nicht immer erkennbar ist, ob die Propheten es noch für möglich
halten, dieses Schicksal durch radikale Umkehr abzuwenden.
Für einen großen Teil der Gerichtsankündigungen kann dies mit
einiger Sicherheit bejaht werden. Über die reine Information hinaus geht es um einen Stimmungs- und Verhaltensumschwung
im Volk, die Ansage naher Veränderung hat *expressive* und
praktische Funktion. Bei anderen wird das Gericht sprachlich
vorweggenommen, es scheint unabwendbar. Hier dominiert die
informative Funktion, Stimmungs- und Verhaltensumschwung
können nichts mehr abwenden, allenfalls in das Unvermeidliche
einstimmen. In der Exilszeit kehrt sich die Tendenz prophetischer
Zukunftsansage um: Angesagt wird die nahe Restitution des Volkes, die Rückführung aus dem Exil. Deuterojesajas Botschaft etwa
ist Heilsprophetie im eigentlichen Sinne. Aber auch hier erschöpft sich der Gehalt der Prophetie nicht in purer Information,
die Aussagen zielen vielmehr darauf, die gegenwärtige Nieder-
geschlagenheit zu überwinden und erneut zu Jahwe umzukehren (vgl. Jes 55). Neben der Ansage nahen Heils für Israel finden
sich in der Exilszeit vermehrt Gerichtsankündigungen an die
Feinde Israels. Das Urteil über sie steht fest, was wiederum dem
Stimmungsumschwung im Volk Jahwes dient (vgl. Jes 13,1-22; Jer
50f). Die teilweise unerfüllt gebliebene Heilserwartung des Exils
wird in der Zeit nach dem Exil fortgeschrieben, allerdings mit
ethischen Forderungen verknüpft (vgl. Jes 56,1: „So spricht der
Herr: Wahret das Recht und übt Gerechtigkeit; denn mein Heil
ist nahe, daß es komme, und meine Gerechtigkeit, daß sie offenbar werde."). Eine weitere Tendenz nachexilischer Prophetie ist
die Identifizierung des verheißenen Gesalbten mit Persönlichkei-

ten der Zeitgeschichte. So gilt der Statthalter Serubbabel, ein Da-
vidide, als „Siegelring" Jahwes (Hag 2,23; Sach 3,8; 6,9-15). Doch
ist dieser Fall von „Aktualeschatologie" eine Eintagsfliege; die of-
fensichtliche Falsifikation durch den Verlauf der Geschichte läßt
künftige Prophetengenerationen zurückhaltender sein. In Spannung zur Aktualeschatologie Haggais und Sacharjas steht die Ansage der Verzögerung des Heils in der wirkungsgeschichtlich
bedeutsamen Stelle Hab 2,3: „Die Weissagung wird ja noch erfüllt werden zu ihrer Zeit und wird endlich frei an den Tag
kommen und nicht trügen. Wenn sie sich auch hinzieht, so harre
ihrer. Sie wird gewiß kommen und nicht ausbleiben." Die Verzögerung des angekündigten Gerichts (gemeint ist im Rückblick
die Zerstörung Jerusalems im Jahre 587/6 v. Chr.) hat ihren
Grund in Gottes festgelegter Zeitordnung (V.3a), die Leser werden aufgefordert, wartend auszuharren (V.3c), Zweifel an der Erfüllung der Ansage sind grundlos. Das Gericht wird plötzlich
eintreffen (V.7), Verhaltensänderung erscheint daher dringend
nötig.

1.2.2 Apokalyptische Texte des frühen Judentums

Bereits in der nachexilischen Prophetie weitet sich der Blick der
Propheten über den Horizont zeitlicher Nähe hinaus, hin zum
„Ende der Tage". Beispiel sind die messianischen Weissagungen
Jesajas (besonders Kap.11) und Michas (Kap. 5). Damit ist die Hoffnung auf ein irreversibles, endgültiges Handeln Jahwes zum
Wohl Israels verbunden; über die Feindvölker wird das Endgericht ergehen (besonders bei Joel). Noch im Alten Testament beginnt die Ausbildung einer neuen Denkströmung, der Apokalyptik. Von der Endzeithoffnung der späten Prophetie unterscheidet
sie sich vor allem im Geschichtsverständnis. Während die Prophetie zwischen naher und ferner Zukunft differenziert, ist nach
Auffassung der Apokalyptiker die Endzeit bereits angebrochen.
Was ehedem für die Endzeit vorhergesagt wurde - das messianische Friedensreich und das Endgericht - wird als unmittelbar
bevorstehend gedacht. Wir können daher von einem *Endzeitbewußtsein* der Apokalyptik sprechen. Und das, was für die allernächste Zukunft erwartet wird, ist nicht ein weiteres, innerge-

schichtliches Handeln Gottes an seinem Volk, sondern das abschließende, definitive Eingreifen Gottes in kosmischer Dimension. Das bedeutet eine radikale Beschneidung des Zukunftsgedan-
kens. Was überhaupt noch in „fernerer" Zukunft zu denken ist,
befindet sich in einer „Zeit" jenseits der Geschichte.

Das alttestamentliche Danielbuch markiert den Beginn der
Apokalyptik. Es entsteht in einer Phase nationaler Krise, kurz
nach der Plünderung und Entweihung des Jerusalemer Tempels
durch den Seleukidenherrscher Antiochus IV. Epiphanes im Jahre 169/8 v. Chr. In dieser Zeit entstehen die Visionen und apokalyptischen Geschichtsabrisse, die Daniel sein Gepräge geben. Für
Daniel wie für die weitere apokalyptische Literatur des frühen
Judentums ist dabei die Periodisierung der Weltgeschichte in
Epochen charakteristisch.

Beliebt ist die Einteilung der Geschichte in vier, sieben, zehn oder zwölf
Epochen. So kennen Daniel und die Johannesoffenbarung (Dan 2: vier
Weltreiche; Dan 7: Tiervision; Apk 6: 4 Pferde) die Abfolge von vier
Weltreichen, wobei das letzte Reich wiederum in zehn Teile unterteilt ist
(Dan 7,7ff; vgl. Apk 13,1; Kap. 17, hier in Kombination mit dem Siebenerschema. Anders die Tiervision des äthiopischen Henochbuchs (äthHen
85-90): Hier ist die letzte Periode in vier Teile untergliedert). Dagegen
kennen das äthiopische Henochbuch und das vierte Sibyllinenbuch die
Periodisierung in zehn Weltwochen (äthHen 93/91: Zehnwochenapoka-
lypse, Sib IV 48-190), das 4. Esrabuch und die syrische Baruchapokalypse unterteilen in zwölf Abschnitte (4 Esr 14,10-12; syrBar 67-74: sechs
helle und sechs dunkle Wasser). - Aus dem Rahmen fällt die Himmelfahrt Moses, die die Zeit zwischen Moses Tod und dem Weltende auf 250
Zeiten beziffert (AssMos 10,11f).

Besondere Bedeutung gewinnt in der frühchristlichen Apokalyptik
das Siebenerschema. Angelegt ist es bereits in Jer 25,11-14 (70 Jahre ba-
bylonisches Exil), weitergeführt bei Daniel (70 Jahrwochen, Dan 9,24)
und in Pseudo-Philos "Biblischen Altertümern" (AntBibl 19,15). Die
frühchristliche Apokalyptik verbindet das Siebenerschema mit der Aussage Ps 90,4: Die Weltzeit ist analog zur Schöpfungswoche in sieben
Teile zu unterteilen, wobei jeder "Tag" tausend Jahren gleichkommt
(Chiliasmus). Der siebte "Tag" entspricht dem erwarteten tausendjähri-
gen Reich Christi (Millennium, vgl. Bartholomäus- und Nikodemusevangelium; Hippolyt u.a.).

Die Epochen lösen einander ab, wobei die jeweils nächste Epoche schlimmer und kürzer ist als die frühere. Hierdurch entsteht

der Eindruck eines degenerativen Geschichtsverlaufs mit einer
kontinuierlichen Verschlimmerung des Allgemeinzustands. Die
Epoche, in der sich Autor und Leser der Apokalypse befinden, ist
die schlimmste; hier erreicht die Schlechtigkeit der Welt ihren
Höhepunkt. Die Gegenwart ist die Zeit der höchsten Bedrängnis,
die in sich aber die Hoffnung der baldigen Wende zum Besseren
trägt. Denn - und hier liegt der Sinn der apokalyptischen Geschichtsabrisse - so wahr der bisherige Geschichtsverlauf die
Prophetie des Sehers bestätigt hat, so wahr wird auch das eintreten, was für den Rest der Zeit vorhergesagt ist. Der literarische
Kunstgriff der pseudepigraphischen Rückprojektion, sprich der
fiktiven Zuordnung des apokalyptischen Buches zu einer Gestalt
früherer Epochen (Daniel, Henoch, Esra, Baruch, Abraham, Moses
usw.), legitimiert den Buchinhalt, weckt Vertrauen in den Teil
der Prophezeiungen, der bis dato noch nicht eingetroffen ist, und
bestärkt den Eindruck, daß die Gegenwart bereits zur Endzeit
gehört. Darüber hinaus findet in den Apokalypsen *Geschichts-
Deutung* statt: Die gegenwärtige Misere ist nicht Zeichen der
Ohnmacht Gottes, ist kein dauerhafter Zustand, sondern Teil des
von Anbeginn feststehenden, göttlichen Geschichtsplans. Die Bedrängnis der Jetzt-Zeit ist ein Mosaiksteinchen in der notwendigen Abfolge der Zeiten (lat. *necessitas temporum*). Mit derselben
Notwendigkeit wird auf die jetzige Misere die Aufrichtung des
messianischen Friedensreiches bzw. des Reiches Gottes erfolgen.

Aus der Fülle der frühjüdischen Apokalypsen sollen hier nur
die wirkungsgeschichtlich bedeutsamsten erwähnt werden: Neben Daniel das äthiopische Henochbuch (äthHen), die Himmelfahrt Moses (AssMos), die Apokalypse Abrahams (ApkAbr), Pseudo-Philos „Biblische Altertümer (AntBibl), das 4. und das 6. Esrabuch (4 Esr/6 Esr), die syrische Baruchapokalypse (syrBar), die
Elia-Apokalypse (ApkEl) und das 4. Buch der Sibyllinen (Sib IV).
Die Schriften werden, soweit dies sinnvoll ist, in den folgenden
Kapiteln zum Vergleich mit den neutestamentlichen Texten herangezogen.[5]

---

[5] Zur zeitlichen Einordnung der Schriften vgl. die Übersicht in Anhang
I.

1.2.3 Das Neue Testament

Die neutestamentlichen Schriften, zum Teil zeitgleich mit den
frühjüdischen Apokalypsen entstanden, haben ihren sachlichen
Ausgangspunkt in der Wortverkündigung Jesu von Nazareth.
Dessen Ankündigung des Reiches Gottes sowie die Erwartung
der nahen Wiederkunft (Parusie) Jesu Christi bzw. des Menschensohns zur Erlösung der Gläubigen und zum Endgericht prägen
das Geschichts- und Zeitbewußtsein der Christen weit über die
Zeit des Neuen Testaments hinaus. Diese Tatsache hat ihre Konsequenzen für die Entwicklung der frühchristlichen Ethik wie für
die Organisation der Gemeinden. So lassen sich manche, für heutige Leserinnen und Leser schwer nachvollziehbare Aussagen
des Apostels Paulus, etwa was das Verhältnis zum Staat (Röm
13,1-7) oder zu Lebenspartnern (1 Kor 7) angeht, vor dem Horizont
der Naherwartung erklären. Im Bewußtsein des nahen Endes aller bisherigen sozialen Ordnung macht deren kurzfristige Veränderung keinen Sinn mehr. Viel wichtiger erscheint es, nach außen wie nach innen hin für Ruhe zu sorgen, um die Zeit der
letzten Bedrängnis unbeschadet zu überstehen.

Das Bewußtsein, in der letzten Phase der Geschichte zu leben,
spiegelt sich in nahezu allen neutestamentlichen Schriften wider.
Die synoptischen Evangelien beinhalten Jesu Ankündigung des
nahen Gottesreiches, bieten Hinweise auf die Erfüllung alttestamentlicher Verheißungen und wecken die Hoffnung auf die nahe Parusie Jesu Christi. Das Johannesevangelium spricht an mehreren Stellen von der bereits gegenwärtigen eschatologischen
„Stunde", aber auch von der „kurzen Frist" bis zum Wiedersehen
mit dem scheidenden Herrn. Paulus läßt in einigen Briefpassagen
seine Erwartung durchscheinen, selbst noch die Parusie zu erleben (1 Thess 4,15.17; 1 Kor 15,51). Oder er nennt den heiligen Geist
als sichtbaren und spürbaren Hinweis darauf, daß die letzte Zeit
bereits angebrochen ist (2 Kor 1,22; 5,5). Auch der 2. Thessaloni-
cherbrief hält an Naherwartung fest, wenn auch die gegenwärtige Proklamation der Parusie als Irrlehre gilt. Epheser- und Kolosserbrief legen den Schwerpunkt nicht auf die Hoffnung auf das
nahe Ende, sondern streichen die vielen endzeitlichen Vorgänge
heraus, die bereits vollzogen sind. In den Pastoralbriefen scheint
die Naherwartung kein Thema mehr zu sein; doch auch hier

wird an einigen Stellen ein Endzeitbewußtsein erkennbar (1 Tim 4,1; 2 Tim 3,1). Der 1. Petrus-, der Judas- und der Hebräerbrief rufen zum Durchhalten der letzten Leidenszeit auf, der 1. und der 2. Johannesbrief sehen in ihrer Gegenwart die Ankunft des Antichrists und damit der letzten Stunde. Die Apokalypse des Johannes aktualisiert die Naherwartung der Parusie Christi, schärft sie ein und ruft ebenfalls zum Durchhalten in schwerer Zeit auf. Das lukanische Geschichtswerk enthält trotz aller historisierender Tendenz deutliche Hinweise für die Überzeugung seines Autors, daß das Ende nicht mehr lange auf sich warten lassen wird. Und selbst im 2. Petrusbrief, der die Erfahrung der langen Verzögerung des Endes zum Thema macht, ist von einer Aufgabe der Naherwartung nichts zu spüren. Im Gegenteil: der Eindruck von Verzögerung wird als Fehlurteil zurückgewiesen (2 Petr 3,9).

Es wird im Einzelfall zu prüfen sein, welches Gewicht und welche Funktion die Endzeit-Aussagen in ihrem jeweiligen Kontext haben. Für die Ausbildung eines spezifischen, frühchristlichen Zeit- und Geschichtsverständnisses sind sie in jedem Fall zu diskutieren.

1.2.4 Weitere frühchristliche Schriften bis zur Konstantinischen Wende

Das eben Gesagte gilt für weitere frühchristliche Literatur bis hin ins vierte Jahrhundert. Nicht nur die sogenannten „Apostolischen Väter" (1. und 2. Klemensbrief, Diognetbrief, Ignatiusbriefe, „Hirt des Hermas", Barnabasbrief, „Didache", alle 2. Jahrhundert) machen vielfältige Aussagen zum Thema. Auch apokryphe Evangelien(fragmente), apologetische Schriften von Justin und Aristides, frühchristliche Apokalypsen, prophetische Literatur und frühe Kirchenväter weisen deutliche Spuren eines Zeitbewußtseins auf, das mit dem Gekommensein Jesu Christi eine entscheidende, letzte geschichtliche Phase eingeläutet sieht. Dieses Zeitbewußtsein ist eigentlich in den bald zweitausend Jahren Kirchengeschichte nie ganz verlorengegangen, wenn es auch phasenweise stark zurückgedrängt wurde. Aus organisatorischen Gründen endet die Untersuchung jedoch mit der Konstantinischen Wende

Anfang des 4. Jahrhunderts, mit dem Ereignis also, das der frühen Kirche zu einem völlig neuen gesellschaftlichen Status verhalf.

1.3 Die Aussagetypen

Nach der Frage nach der Textbasis ist zum Abschluß dieses Kapitels die nach den Aussagetypen zu stellen. Welche Aussagen geben überhaupt etwas für die Themenstellung her? Streng genommen nur solche, die eine exakte Auskunft über den Zeitpunkt des Endes geben. Es stellt sich jedoch sehr schnell heraus, daß auf dieser Basis nicht viele Erkenntnisse zu gewinnen sind. Es gibt jedoch viele andere Aussagen, aus denen sich etwas über die Einschätzung der Autoren, was ihren historischen Standort betrifft, schließen läßt. Die Aussagen sind im folgenden philologisch zu beschreiben und zu gliedern.

1.3.1 Grobgliederung

Schon früher wurde philologisch zwischen verschiedenen Typen von Endzeit-Aussagen unterschieden:[6] Aussagen über das „nahe" Ende, über das plötzliche Kommen Gottes oder seines Repräsentanten, Aussagen über eine Verzögerung des erwarteten Geschehens. In der folgenden Analyse wird das Repertoire der „Endzeit-Aussagen" noch erheblich erweitert. Denn abgesehen von den bereits genannten Aussagetypen beinhalten auch andere explizite oder implizite Hinweise auf den Zeitpunkt des Endes oder über das Bewußtsein, gegen Ende der Zeit zu leben. Versucht man, die zum Teil äußerst unterschiedlichen Aussagen zu katalogisieren, kann man grob zwischen solchen, die etwas über den *Zeitpunkt* des Endes, und solchen, die etwas über den *endzeitlichen Standort* aussagen, unterscheiden. Die Aussagen, die

---

[6] Vgl. W.G. Kümmel, Verheißung und Erfüllung.

den *Zeitpunkt* des erwarteten Ereignisses anvisieren, gliedern
sich in solche, die dessen *Nähe* ausdrücken, die betonen, daß der
Zeitpunkt unbekannt sei, und solchen, die auf eine *zeitliche Verzögerung* hinweisen. Aussagen, die den *endzeitlichen Standort*
von Autor und Adressaten betreffen, liegen entweder als sogenannte „*Endzeitformel*" („in den letzten Tagen ..." o.ä.), als *kon-
trastierender Vergleich* zwischen bereits vergangener und noch
ausstehender Zeit, als *Teil allegorischer Geschichtsschau* oder als
Hinweise auf sichtbare Zeichen der Endzeit vor. Auf den folgenden Seiten werden die Aussagetypen einzeln vorgestellt.

1.3.2 Aussagen über den Zeitpunkt des Endes

Aussagen über die *Nähe* des Endes können entweder *terminiert*
sein, das heißt eine exakte Terminangabe beinhalten („selig, der
wartet und erreicht 1335 Tage", Dan 12,12, u.a.), sich in rätselhafter
Form über den Zeitpunkt äußern („eine Zeit und zwei Zeiten
und eine halbe Zeit". Dan 7,25, u.a.), schlicht von der Nähe sprechen („Der Herr ist nahe!" Phil 4,5, u.a.), die Restzeit als kurz bezeichnen („Die Zeit ist kurz" 1 Kor 7,29, u.a.), auf das sichtbare
Kommen des Endes hinweisen („, ... ihr seht, daß sich der Tag
naht" Hebr 10,25, u.a.), eine Verzögerung emphatisch bestreiten
(„, ... wird nicht lange ausbleiben" Hebr 10,37, u.a.), das unmittelbare Ende metaphorisch zum Ausdruck bringen („Es ist schon
die Axt den Bäumen an die Wurzel gelegt Lk 3,9, u.a.) oder eine
mögliche Abkürzung der Restzeit andeuten („Und wenn der Herr
nicht diese Tage verkürzt hätte ..." Mk 13,20, u.a.).

Die Rede vom *Nichtwissen des Zeitpunkts* läßt offen, wie nah
oder fern das anvisierte Geschehen ist. Potentiell kann es jederzeit eintreffen, es kann aus heiterem Himmel kommen, plötzlich.
Das Nichtwissen kann entweder *direkt* ausgedrückt werden („Es
gebührt euch nicht, Zeit oder Stunde zu wissen" Apg 1,7, u.a.),
durch das *Motiv der Plötzlichkeit* (Ps 64,8; 73,19; Mk 13,36 etc.),
entsprechende *Metaphern* (z.B. „Seid nicht in der Finsternis, daß
der Tag wie ein Dieb über euch komme" 1 Thess 5,4, u.a.) oder
durch den Hinweis auf die Nichtverrechenbarkeit (*Inkommensurabilität*) von göttlichem und menschlichem Zeitmaß („Denn

tausend Jahre sind vor dir wie der Tag, der gestern vergangen
ist" Ps 90,4, u.a.).

Eine *Verzögerung des Zeitpunkts* kann *direkt* ausgesagt werden („als nun der Bräutigam lange verzog ..." Mt 25,5 u.a.), durch
Formulierungen mit „noch nicht" („Aber das Ende ist noch nicht
da" Mk 13,7 u.a.), durch *Nennung verzögernder, retardierender
Elemente* („zuvor muß der Abfall kommen", 2 Thess 2, u.a.) oder
im Sinne einer *terminierten Fernerwartung* „Wenn für Babel
siebzig Jahre voll sind, so will ich euch heimsuchen ..." Jer 29,10,
u.a.).

1.3.3 Aussagen über den endzeitlichen Standort

Diese Aussagegruppe, die man auch als *„Verortungs - Aussagen"*
bezeichnen kann, ist grammatikalisch gesehen mindestens so inhomogen wie die Gruppe der Zeitpunkt - Aussagen. Zu unterscheiden sind: Erstens die sogenannte *„Endzeitformel"* („in den/
diesen letzten Tagen/Zeiten ..." u.ä., 1 Tim 4,1; Jak 5,18 etc.). Zweitens: die *Rede von der erreichten „Fülle der Zeit(en)"* („als aber
die Zeit erfüllt war ..." Gal 4,4, u.a.). Drittens die *implizite Verortung in allegorischer Geschichtsschau* („Fünf sind gefallen, einer
ist da, der andre ist noch nicht gekommen; und wenn er kommt,
muß er eine kleine Zeit bleiben" Apk 17,10, u.a.). Viertens: Aussagen, die eine *Zugehörigkeit zur letzten Generation* ausdrücken
(„wir, die wir leben und übrigbleiben bis zur Ankunft des Herrn
..." 1 Thess 4,15, u.a.). Fünftens: *Hinweise auf sichtbare Zeichen der
Endzeit* („ ... schon viele Antichristusse sind gekommen; daran
erkennen wir, daß es die letzte Stunde ist" 1 Joh 2,18, u.a.). Sechstens: *Metaphorische Aussagen*, die einen Rückschluß auf das
Endzeitbewußtseins von Autor und Adressaten zulassen („Das ist
der Anfang der Wehen" Mk 13,8; der Geist als „Angeld" 2 Kor
1,22; 5,5; Eph 1,13f; die „vorgerückte Nacht" Röm 13,12, u.a.).

1.3.4 Die Proklamation der entscheidenden Stunde

Zwischen den beiden beschriebenen Aussagegruppen stehen
Aussagen, die den Tag X, das Gottesreich etc. für bereits gekommen erklären (vgl. Mt 12,28: „Wenn ich aber die bösen Geister
durch den Geist Gottes austreibe, so ist ja das Reich Gottes zu
euch gekommen"; 2 Kor 6,2: „Siehe, jetzt ist die Zeit der Gnade,
siehe, jetzt ist der Tag des Heils") oder vom Erfülltsein der Zeit
und bestimmter eschatologischer Verheißungen sprechen (Lk
4,21: „Heute ist dieses Wort der Schrift erfüllt vor euren Ohren;
Mk 1,15a: „Die Zeit ist erfüllt"). Hier ist das Endzeitbewußtsein ra-
dikalisiert und gleichzeitig eine Aussage über den Zeitpunkt des
Endes gemacht.

1.3.5 Individuelle Aussagen

Gewissermaßen quer zur vorgenommenen Einteilung stehen
Aussagen, die eine individuelle Zukunftshoffnung beinhalten.
Dazu gehören Aussagen wie die von Paulus in Phil 1,23 („Ich habe Lust, aus der Welt zu scheiden und bei Christus zu sein", vgl.
2 Kor 5,8), die Rede vom nahen Todeszeitpunkt („Diese Nacht
wird man deine Seele von dir fordern" Lk 12,20) und vom baldigen Eingehen ins Paradies („Wahrlich, ich sage dir: Heute wirst
du mit mir im Paradies sein" Lk 23,43).

Die nachfolgende Graphik bietet einen schnellen Überblick über
die zum Teil doch sehr unterschiedlichen Aussagetypen und
Aussageformen:

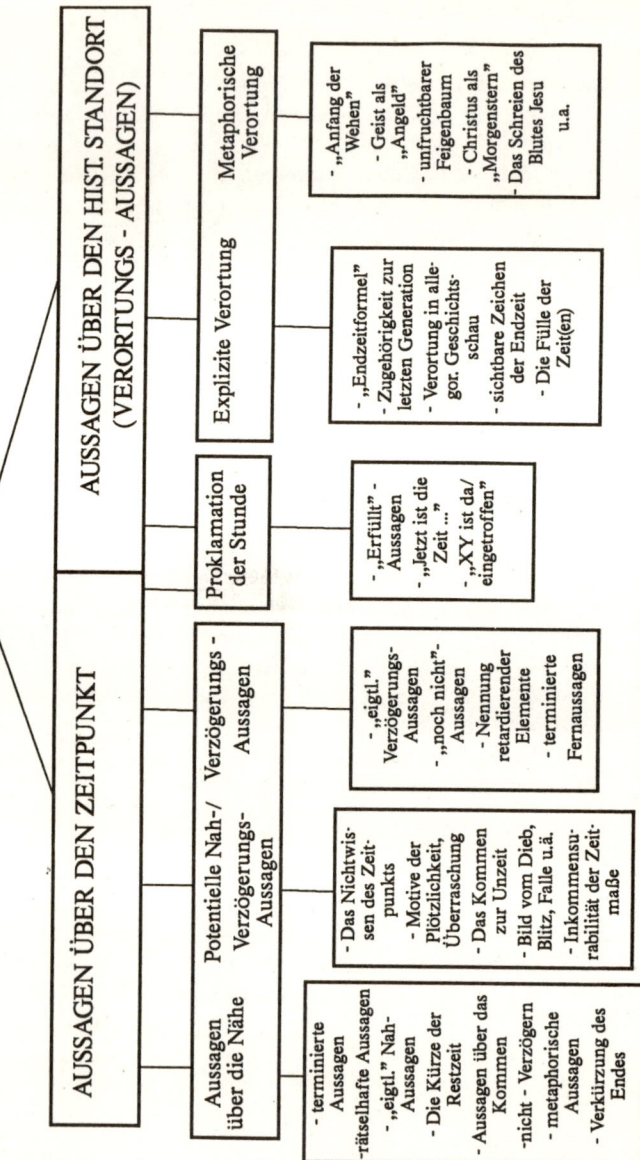

Kapitel 2: Überlegungen zum Zeitverständnis

Eine sinnvolle und textgemäße Betrachtung von Endzeitaussagen im jüdisch-christlichen Traditionszusammenhang steht und fällt mit einem den Texten angemessenen Begriff von „Zeit". Um klären zu können, was die fraglichen Texte unter „Endzeit", „Nähe" oder „Verzögerung" verstehen, muß zu allererst das zugrundeliegende Zeitverständnis unter die Lupe genommen werden. Und bevor dies geschehen kann, ist nach unserem eigenen, modernen Zeitverständnis im Unterschied zu dem der Antike zu fragen.

2.1 Antikes und modernes Zeitverständnis

2.1.0 Vorbemerkung: Die „klassischen" Unterscheidungsmerkmale

Es ist *communis opinio*, daß zwischen dem modernen, durch Aufklärung, industrielle Revolution und moderne Physik geprägten Zeitbegriff einerseits, und dem antiken Zeitbegriff andererseits zu unterscheiden ist. So richtig diese Erkenntnis im Ansatz ist, stellt sich doch die Frage, ob die herkömmlich vorgetragenen Unterscheidungsmerkmale dazu taugen, den Unterschied adäquat zu bestimmen. Sie lauten:

a) Die Moderne sieht Zeit als unendliche, unumkehrbare Folge von Zeitpunkten an, die einen *linearen* Zeitablauf bilden. Der antike Zeitbegriff ist dagegen *zyklisch* bestimmt, am Kreislauf von Natur und am sakralen Jahreszyklus orientiert.[1]

---

[1] Vgl. etwa K. Hübner, Die Wahrheit des Mythos 156; G. v. Rad, Theologie II 120; vgl. auch Theologie I 469; II 108ff; - weiterhin R. Stuhlmann, Das eschatologische Maß 18.

b) Heutzutage ist Zeit operationalisiert, bestimmten Handlungs-
und Produktionsabläufen zugeordnet. Damit hängen die Un-
terteilung der Zeit in Mikroschritte und das Interesse an einer
präzisen, chronometrischen Messung der Zeit zusammen. Dieser *quantitative Aspekt* von Zeit ist dem antiken Denken weitgehend fremd, hier überwiegt das Interesse an der inhaltlichen Füllung, an der *Qualität* bestimmter Zeitabschnitte.

c) Die Bedeutung des kulturellen und industriellen Fortschritts
zieht eine *Zukunftsorientiertheit* der modernen Gesellschaften
nach sich.[2] Dagegen sind antike Agrargesellschaften überwiegend *gegenwartsorientiert,* auf die Sicherung des täglichen
(Über-)Lebens ausgerichtet.

d) Die Moderne definiert Gegenwart als *punktuellen Übergang*
zwischen Vergangenheit und Zukunft. Die Antike versteht
Gegenwart *prozedural,* d.h. als Zeitabschnitt, der die erfahrbare Vergangenheit und die absehbare Zukunft mitumschließt.[3]

Diese Unterscheidungen wurden bereits in vergangener Zeit der
Kritik unterzogen. Vor allem werden antikes bzw. modernes
Zeitverständnis jeweils in sich erheblich differenziert.

2.1.1 Die Differenzierung des „antiken" Zeitbegriffs

Eine gängige Binnendifferenzierung betrifft das griechisch - helle-
nistische Denken einerseits, und das alttestamentlich - jüdische
andererseits. Dementsprechend werden zwei der zuvor genannten Merkmale des antiken Zeitbegriffs auf den einen oder den
anderen Bereich eingegrenzt: Das *zyklische* Denken wird dem
griechischen Denken, das *linear - teleologische* dem Alten Testament zugeordnet.[4] Ein *qualitatives Zeitverständnis,* semantisch

---

[2] B. Jaspert, Zukunftsgedanken 328; H. Lübbe, Zeit - Verhältnisse 34.

[3] Dazu H. Lübbe, op.cit. 37: „Je rascher mit der Beschleunigung zivilisa-
torischen Wandels die Gegenwart ihre Vergangenheit überholt und
damit diese sich von jener entfernt, um so schneller rückt zugleich die
Zukunft der Gegenwart näher, das heißt die temporale Extension der
lebensweltlichen Gegenwart schrumpft."

[4] R. Bultmann, Geschichte und Eschatologie im Neuen Testament 91f.;
J.L. Russell, Time in Christian Thought 66).

ausgewiesen durch den griechischen Begriff *kairos* („(rechter) Zeitpunkt"), reklamiert *Gerhard Delling* für Jesus und das Neue Testament. Demgegenüber spreche der im griechischen und jüdischen Bereich gebräuchliche und formale Begriff *chronos* („Zeit(dauer)") für ein *naiv-quantitatives Zeitverständnis*. Unverkennbar ist bei *Delling* ein apologetisches Interesse: Jesus habe mit seinem qualitativen Zeitbegriff den früheren, jüdisch-griechischen, überwunden.

Die Differenzierung des antiken Zeitbegriffs müßte meines Erachtens noch erheblich weitergehen. Soziologische und regionale Unterschiede sind prinzipiell in Rechnung zu stellen. In keinem Falle sind die eingangs genannten Unterscheidungsmerkmale in dieser pauschalen Form aufrecht zu erhalten. So kennen wir allein schon aus dem Alten Testament zyklische wie linear-teleologische Elemente, wie sie etwa an dem Nebeneinander zwischen kultischem Jahresrhythmus und der prophetisch-apokalyptischen Rede von einem Ziel resp. Ende der Geschichte erkennbar ist. Qualitativer und quantitativer Zeitaspekt sind ebenfalls biblisch bezeugt: Es ist die Rede von der „erfüllten" Zeit, vom „Tag Jahwes", aber auch von meßbarem Zeittakt, etwa im Gleichnis von den Arbeitern im Weinberg Mt 20,1-16. Eine Einteilung in Mikroschritte bietet die frühchristliche Apokalypse des Pseudo-Johannes (ApkPsJoh 8). Das Ringen der Propheten um Anerkennung ihrer (zukunftsorientierten) Botschaft ist vor dem Hintergrund eines gegenwartsorientierten Zeitverständnisses zu verstehen. Jesus wendet den Blick seiner Zuhörerschaft auf die nahe Zukunft, warnt aber zugleich davor, sich heute schon von unnötiger Vorsorge um die Zukunft lähmen zu lassen (Mt 6,31-34). Augustin beschreibt seine Gegenwartserfahrung im „modernen" Sinn als punktuellen Übergang von Erwartung zu Erinnerung.[5]

Die Beobachtungen lassen Pauschalurteile, was „das" antike Zeitverständnis angeht, nicht zu. Auch die Unterscheidung von griechischem und biblischem Denken erscheint fragwürdig und von Vorurteilen belastet. Die biblischen Schriften sind, was den Zeitbegriff angeht, schon in sich inhomogen.

---

[5] Gegenwart ist „attentio mea, per quam traicitur quod erat futurum, ut fiat praeteritum." in: Confessiones Augustini XI 28,38, abgedruckt in: H. Vogel, Ein Lied und seine Zeit 42.

2.1.2 Die Differenzierung des „modernen" Zeitbegriffs

Was für das antike Zeitverständnis gilt, ist auch für das moderne in Anschlag zu bringen. Auch hier stellt sich die Frage, ob es adäquat ist, von einem einheitlichen Zeitbegriff auszugehen.

Gewiß ist die Orientierung an der physikalisch meßbaren Zeit ein Charakteristikum der Moderne. So gesehen, ist Zeit als unendliche Folge von Zeitpunkten zu definieren, die einem gleichmäßigen, linearen Zeitfluß unterliegt. Zumindest in den Industrienationen ist ein Leben ohne Chronometer, ohne Terminkalender und ohne ein weltumspannendes, gemeinsames Zeitmeßsystem unvorstellbar. Zeittakt und Stechuhr sind Kennzeichen eines operationalisierten Zeitbegriffs, der den Tagesablauf von Millionen Arbeiterinnen und Arbeitern bestimmt.[6] - Ein weiteres Kennzeichen unseres Zeitbegriffs ist die Orientierung auf Zukunft hin. Der vielbeschworene technische Fortschritt und die Doktrin des Wachstums läßt für die, die daran teilhaben, die Frage nach den Lebensverhältnissen von morgen in den Vordergrund rücken. Die Gegenwart erscheint auf ihre Funktion der Zukunftssicherung reduziert.

Doch ist dieses Bild zu undifferenziert. Denn es gilt nur für bestimmte Aspekte des Lebens und längst nicht für die gesamte Menschheit. So ist neben dem linearen Zeitbegriff auch der zyklische weiterhin präsent: Der Jahresrhythmus mit seinen Festzeiten und saisonbedingten Schwerpunkten prägt das Lebensgefühl mindestens genauso wie der lineare Fortgang der einzelnen Zeiteinheiten. Der von außen her vorgegebene Zeittakt der Stechuhren steht häufig in Spannung zur inneren, biologischen „Uhr".[7] Die physikalisch meßbare Zeit ist oft nicht mit dem subjektiven Zeitempfinden in Deckung zu bringen. Die Frage nach der inhaltlichen Füllung, der Qualität der Zeit, ist auch für moderne Menschen virulent. Zu denken ist nur an die derzeitige Freizeitproblematik und das Problem der Arbeitslosigkeit. Unser Gedächtnis bildet quantitative Zeitabstände nicht „maßstabgetreu"

---

[6] Ein weiteres Beispiel für den quantitativen Aspekt unseres Zeitbegriffs bietet die Welt des Sports, die Messung von Leistung in Hundertstelsekunden.

[7] Dazu G. Picht, Diktat 76; D. Lehmann, Ohne Uhren keine Zeit.

ab, sondern selektiert das Geschehene nach qualitativen Gesichtspunkten. Und daß wir Zeit punktuell und streng linear
wahrnehmen, wird von der heutigen Gehirnforschung bestritten.

2.1.3 Physikalisch meßbarer Zeitfluß und subjektives Zeitempfinden

Seit den Studien von *Edmund Husserl*[8], *Martin Heidegger*[9],
Maurice Merleau-Ponty[10] und anderen haben wir gelernt, zwischen der physikalisch meßbaren, stets gleichmäßig verlaufenden Zeit und dem subjektiven Zeitempfinden zu unterscheiden.
Über diese (zeit-)philosophische Unterscheidung ist im Artikel
„Zeit" der Brockhaus Enzyklopädie (17. Auflage 1974, S. 606) zu
lesen: „Verglichen mit dem objektiven Zeitablauf schwankt die
Geschwindigkeit des erlebten Zeitablaufes erheblich, wahrscheinlich in Abhängigkeit von der Anzahl erlebter Veränderungen. Sie beschleunigt sich mit dem Alter; kalendermäßig gleiche
Zeitspannen erscheinen immer kürzer. ›Erfüllte‹ Zeit ist ›kurz-
weilig‹, ›leere‹ Zeit untätigen Wartens langweilig. Demgegenüber erscheinen im Rückblick die erfüllten Zeiten lang, die leeren verschwinden". Die individuelle, „subjektive" Zeit kann
dem Empfinden nach also sehr stark variieren: So ist für Kinder
zunächst alles „Gegenwart", solange jedenfalls, bis sie genügend
Erinnerung angesammelt haben, um „Zukunft" denken zu können. Für Erwachsene dagegen vergeht Zeit schneller, was mit
mannigfachen sozialen Zwängen zusammenhängt. Die das Zeitempfinden strukturierenden Zeiteinheiten werden länger; während Kleinkinder in Stunden- oder Tagesschritten denken, denken Erwachsene, zumal Berufstätige, in Monats- und Jahresein-
heiten. „Alltagserlebnisse verformen unsere Zeit-Wahrnehmung:
Stress stampft den Tag zusammen, läßt ihn im Rausch verfliegen.
Dann, in der Rückschau, dehnen sich ereignisreiche Tage wie-

---

[8] Zur Phänomenologie des inneren Zeitbewußtseins (Husserliana X, hg.
Rudolf Boehm), Haag 1966.

[9] Sein und Zeit, Tübingen [16]1979.

[10] Phänomenologie der Wahrnehmung (übersetzt von Rudolf Boehm),
Berlin 1966

der, während die langweiligen Erfahrungen aus der Erinnerung
verschwinden. 'Subjektives Zeit-Paradox' nennen Psychologen
diesen Effekt."[11] Wie vom einzelnen Menschen Zeit empfunden
wird, hängt demnach entscheidend an ihrer inhaltlichen Füllung, ihrer Qualität. Sie kann äußerst positiv erfahren werden, als
sinnvolle Zeit, als Zeit der Freude oder als Zeit, in der sich die
Ereignisse überstürzen. Sie scheint dann schneller zu laufen als
wenn sie negativ, das heißt sinnlos, langweilig, als Zeit des Leidens und des Wartens erfahren wird. Zwischen der gemessenen
(objektiven) Zeit der Chronometer und dem subjektiven Zeiterle-
ben bestehen also zum Teil erhebliche Spannungen. Zeit wird
zwar als Abfolge unendlich vieler Zeit*punkte* gemessen, doch
wird sie so nicht erlebt. Die kleinste erlebbare Wahrnehmungs-
einheit ist nicht ein *Zeitpunkt,* sondern ein Zeitraum von varia-
bler Länge, ein *Moment.*[12] Zeit wird auch nicht streng linear
wahrgenommen, sondern einmal schneller, einmal langsamer.
Was „objektiv" gesehen gar nicht lange dauert, kann für den,
der sich langweilt und sich nach dem Ende der erlebten Periode
sehnt, quälend lang erscheinen, so zum Beispiel bei langweiligen
Vorträgen oder für Kinder die Zeit „kurz" vor Weihnachten.
Oder aber die Minuten, Stunden und Monate scheinen unter der
Hand zu zerrinnen wie in einem spannenden Kinofilm oder angesichts andrängender Termine. Der Aspekt des subjektiven Zeitempfindens und damit der qualitative Gesichtspunkt von Zeit ist
bei der Analyse biblischer Texte grundsätzlich in Rechnung zu
stellen, als ein den quantitativen ergänzender, wenn nicht ihn
überlagernder Aspekt (weiter unter 2.2.2).

2.1.4 Zwischenfazit

Antikes und modernes Zeitverständnis stehen sich nicht wie
zwei erratische Blöcke gegenüber. Eher ist von, wenn auch
schwerwiegenden, Akzentverlagerungen zu sprechen: Bezogen
auf industrielle und postindustrielle Gesellschaften ist eine zuneh-
mende Verplanung von Zeit und die damit steigende Notwen-

---

[11] D. Lehmann, op.cit. 151.
[12] D. Lehmann, op.cit. 152ff.

digkeit des „Timings" vieler Aktivitäten zu beobachten. Hinzu kommt eine teilweise erhöhte Spannung zwischen Arbeitszeit und „innerer" Zeit und - möglicherweise - ein Verlust an Gegenwartswahrnehmung. Demgegenüber ist für die vorindustrielle Zeit von einer anderen Gewichtung des quantitativ meßbaren und des subjektiven Zeitbegriffs auszugehen.

2.2 Das jüdisch-christliche Zeitverständnis

Im folgenden sind die Charakteristika des Zeitverständnisses darzustellen, das den frühchristlichen Endzeiterwartungen zugrunde liegt. Dabei wird das literarische Spektrum auf die biblischen und ihre benachbarten Schriften eingegrenzt. Die Eingrenzung dient zugleich der Konkretion dessen, was bisher „antikes" Zeitverständnis genannt wurde. Konkret werden damit auch die Unterschiede zu unserem eigenen, „modernen" Zeitverständnis.

2.2.1 Das Nebeneinander verschiedener Zeitmaße

Wir sind es gewohnt, alle Vorgänge in eine weltweit einheitliche Zeitskala einzutragen und zeitlich miteinander in Beziehung zu setzen. Dank modernster Technik ist dies auch problemlos möglich. Umgekehrt wären die heutigen Kommunikationsgesellschaften ohne diese Möglichkeit kaum vorstellbar. Die physikalisch meßbare Zeit ist die „objektive" Richtschnur, an der wir uns orientieren. Anders der Zeitbegriff im biblischen Schrifttum und seinem Umfeld: Ein einheitliches Zeitmaß gibt es hier nicht, im Gegenteil: Wir haben es mit einer Vielzahl von Zeitmaßen zu tun, die nebeneinander her bestehen. Hierfür sprechen zahlreiche Texthinweise. Ein Beispiel ist Ps 90,4: „Denn tausend Jahre sind vor dir wie der Tag, der gestern vergangen ist, und wie eine Nachtwache." (vgl. 2 Petr 3,8). In diesem häufig zitierten Psalmvers kommt die Nichtverrechenbarkeit *(Inkommensurabilität)* zwischen Gottes Zeitmaß und dem der Menschen zum Aus-

druck. Aber auch in außerbiblischer Literatur herrscht diese Vorstellung vor, so bei Plutarch, De sera numinis vindicta, § 2.9:
„Ich spreche zu uns von der 'langen Zeit'. Denn für die Götter ist
die ganze Dauer eines menschlichen Lebens nichts. Und das
'jetzt' und nicht erst 'vor dreißig Jahren' ist so wie (wenn man
sagt): Abends, nicht morgens den Bösen zu foltern oder aufzu-
hängen ...".[13] Gegenüber stehen sich demnach die Zeit Gottes
und die Zeit des Menschen. Beide Zeitmaße können in Konkurrenz zueinander treten und eine Spannung erzeugen. Der
Mensch hat grundsätzlich keinen Einblick in den göttlichen Zeitplan, es sei denn, Gott gewährt ihm Einblick.

Aber nicht nur Gott und Menschen haben ihr je eigenes Zeitmaß, ihren eigenen, unterschiedlich schnell verlaufenden Zeitfluß. Prinzipiell gilt die Annahme unabhängiger, inkommensura-
bler Zeitmaße für alle Phänomene und Abläufe. Die einzelnen
Zeitflüsse verlaufen aber nicht völlig unabhängig voneinander,
sondern sind sehr fein aufeinander abgestimmt - vergleichbar
einzelnen Elementen in einem Ökosystem. Ein Beispiel bietet das
äthiopische Henochbuch (äthHen 80,2): „Und in den Tagen der
Sünder werden die Tage kürzer werden, und ihre Saat wird sich
auf ihrem Lande und auf ihrem Acker verspäten, und alle Dinge
auf Erden werden anders, und sie werden nicht mehr zu ihren
Zeiten erscheinen, und der Regen wird zurückgehalten werden,
und der Himmel wird stillstehen." Mit der Beschleunigung der
Himmelskörper beschleunigt sich der Rhythmus von Saat und
Ernte nicht mit, was zu einer (scheinbaren) Verzögerung des
Wachstums mit katastrophalen Folgen führt. Die Vision bezeich-
net das Chaos der Endzeit, in welchem die heilvolle kosmische
Ordnung außer Kraft gesetzt wird.

2.2.2 Die Emotionalität des menschlichen Zeitempfindens

Das menschliche Zeitempfinden ist nach Auskunft der Texte
stark emotional geprägt. Je nach „Qualität" der Zeit und Stimmungslage erfährt der Mensch den Zeitfluß unterschiedlich - be-

---

[13] Zitiert nach K. Berger/C. Colpe, Religionsgeschichtliches Textbuch
111 (Nr.175) und 314f (Nr.600).

drängend schnell oder auch unendlich langsam. Die alttestamentliche Weisheit kennt ein ganzes Repertoire an Zeitempfin-
dungen. Im bereits zitierten Ps 90 dominiert die *Erfahrung der
Flüchtigkeit:* „Unser Leben währet siebzig Jahre, und wenn's
hoch kommt, so sinds achtzig Jahre, und was daran köstlich erscheint, ist doch nur vergebliche Mühe; denn es fahret schnell
dahin, als flögen wir davon" (V.10). Die Zeit vergeht „wie im
Flug", atemberaubend schnell. Je älter der Mensch wird, je mehr
er eingebunden ist in Aufgaben, Arbeit und Verantwortung, desto mehr scheint ihm die Zeit in den Händen zu zerrinnen. Das
Sirachbuch schließt sich an: „Vom Morgen bis zum Abend kann
sich die Zeit vollkommen ändern, und alles eilt dahin vor dem
Herrn." (Sir 18,26). - Selbst der Antichrist ist nach der frühchristlichen Elia-Apokalypse von dieser Erfahrung nicht verschont:
„Wehe mir selbst, denn meine Zeit ist an mir vorübergegangen.
Ich sagte, meine Zeit werde nicht an mir vorübergehen; (doch)
meine Jahre sind zu Monaten geworden, meine Tage sind verflo-
gen wie Staub, der verfliegt. Jetzt nun werde ich mit euch zugrunde gehen." (ApkEl 40,13,21-30). In diesen Texten werden unterschiedliche Emotionen greifbar: In Ps 90 und ApkEl der Unterton von Trauer über das, was sich nicht festhalten läßt, in Sir 18
eher Angst und Besorgnis über das, was kommt. Hin und wieder
erhält das Empfinden von Flüchtigkeit eine göttliche bzw. apo-
stolische Bestätigung: Im 4. Esrabuch wird die Vergänglichkeit
des derzeitigen Äons unterstrichen („Er antwortete mir und sagte:
Wenn du (am Leben) bleibst, wirst du es sehen, und wenn du
lange lebst, wirst du staunen; denn die Weltzeit geht schnell vorüber", 4 Esr 4,26). Nach Paulus erscheint die gegenwärtige Endzeit „zusammengedrängt" (1 Kor 7,29), das Wesen dieser Welt ist
im Vergehen begriffen (V.31, vgl. 1 Joh 2,8). Die Zeit wird in diesen Texten als äußerst intensive Phase, die schnell auf das Ende
zuläuft, erlebt. Qualitativ gesehen, ist es eine Zeit mit besonderem Stellenwert, in der sich Entscheidendes ereignet.

Zeit kann aber auch ganz anders, nämlich als *unerträglich
lang* empfunden werden. Wenn dies auch nur selten zum Thema
gemacht wird (etwa in dem Stoßseufzer „wie lange noch ...?",
weiter dazu S. 70), lassen viele Symptome auf das Empfinden
sich dehnender Zeit schließen. Dazu gehört die Ungeduld vieler
Christen der ersten Generation und die dadurch begründete Er-

mahnung zu Geduld und Durchhalten.[14] Auch die emphatisch
vorgetragene Beschwichtigung, das Heil werde sich nicht verzögern[15], läßt zumindest auf latente Ungeduld schließen. Schließlich zeugt der ausgesprochene Wunsch, die Zeit möge sich beschleunigen[16], für die Erfahrung unerträglich empfundener Dauer. Die äußeren Umstände, die zu diesem Zeitempfinden führen,
sind negativer Art: Unerträgliches Leid, Unterdrückung und Bedrohung, Zweifel an der Erfüllung ergangener Verheißung.

Eine dritte, „neutrale" Art des menschlichen Zeitempfindens
ist die *Illusion langer Zeiträume* bzw. die *Zeitvergessenheit*. Während die erstgenannten Zeiterfahrungen von der Sorge um die
Existenz und um die Zukunft bestimmt sind, ist es hier gerade
Sorglosigkeit, die das Zeitempfinden oder besser: -nichtempfin-
den prägt. Es ist die Haltung, in den Tag hineinzuleben, ohne
sich ernsthaft Gedanken um die Zukunft zu machen. So wie es
ist, ist es gut, Zeit und Gegenwart werden nicht als Problem angesehen. Soziopsychologisch gesprochen fehlt der Leidensdruck,
der die Zeitdauer zum Problem machen könnte. Ein Beispiel bietet Amos 6,1-6, der Weheruf über die „ Sorglosen in Zion" und
über die, die „voll Zuversicht sind auf dem Berge Samarias". Sie
glauben, vom „bösen Tag" weit entfernt zu sein und machen
sich von daher keine Gedanken über Konsequenzen ihres Verhaltens. - Ein weiteres Beispiel ist der reiche Kornbauer im
Gleichnis Lk 12,16-21: Ihm kommt angesichts übervoller Getrei-
desilos der Gedanke an ein mögliches baldiges Ende seines Lebens nicht in den Sinn.

2.2.3 Gott als der Herr über die Zeit

Das menschliche Zeitmaß ist von der Zeit Gottes umfangen und
in ihr aufgehoben: „Herr, du bist unsere Zuflucht für und für.
Ehe denn die Berge wurden und die Erde und die Welt geschaf-

---

[14]　Jak 5,7f; IgnRöm 10,3; 2 Phil 8,2; 10,1; Barn 21,3.5; 2 Clem 11,5.

[15]　Ez 12,25.28; Hab 2,3; Heb 10,37 u.a., vgl. 6 Esr 15,7f; 16,39f.

[16]　Jes 60,22LXX; Sir 36,8; PsSal 17,45; syrBar 83,1; 1 Kor 16,22; 1 Clem
　　　34,7; 5 Esr 2,13; vgl. PsSal 2,25; AntBibl 19,13; Apk 22,20; Did 10,6;
　　　ApkPsJoh 8.

fen wurden, bist du, Gott, von Ewigkeit zu Ewigkeit." (Ps 90,2f).
Gottes Ewigkeit stellt das Kontinuum dar, innerhalb dessen sich
Werden und Vergehen abspielt. Gott steht über der Zeit, er teilt
allen Dingen ihre Zeit zu, er kann sie beschleunigen, verlangsa-
men oder ganz abbrechen. Seine Zeit ist mit der menschlichen
nicht verrechenbar, was uns Menschen unerträglich lang erscheint, ist nach seinem Zeitmaß vielleicht nur ein winziger Augenblick. Damit sind die wesentlichen Implikationen des jüdisch-christlichen Gottesbildes für die Frage nach dem Zeitverständnis genannt:

1. Die Planung des Weltgeschehens:

Daß Gott Herr über die Zeit(en) ist, findet in der apokalyptischen
Vorstellung vom festen Maß der Zeiten *(mensura temporum)* seinen Niederschlag. Alle Dinge sind demnach im vorhinein, in einem großen Weltplan, zeitlich festgelegt. Erst wenn das Maß einer Zeit erfüllt ist, kann das nächste anbrechen. Das entspricht
der Anschauung einer grundlegenden, von Gott eingesetzten
Ordnung innerhalb des Weltgeschehens. Und wenn die Welt einmal im Chaos zu versinken scheint, so ist dies lediglich eine
Etappe auf dem von Gott vorgegebenen, heilvollen Weg der
Zeit.
      Die Textstellen, die auf eine solche *mensura temporum* hin-
weisen, haben dem apokalyptischen Denken den Vorwurf der
starren Determination eingebracht: Alles sei vorherbestimmt, von
der Dynamik des alttestamentlichen oder christlichen Gottesbildes sei nichts zu spüren. Doch ist dies ein vorschnelles Urteil,
denn es übersieht die Kehrseite der Medaille: Gott ist auch der,
der seinen Plan, wenn es wichtig erscheint, nachträglich ändern
kann. Damit sind wir bei:

2. Die Begrenztheit des „objektiven" Zeitflusses:

Ist Gott der Herr der Zeit, ja ist er Herr über die Zeit, dann steht
damit der Zeitfluß als solcher zur Disposition.[17] Das heißt, das
menschliche Zeitempfinden steht nicht in Spannung mit einem
prinzipiell unveränderbaren, physikalisch meßbaren und immer

---

[17] Zum folgenden vgl. K. Berger, Historische Psychologie 112f.

gleichförmigen Zeitfluß, sondern dieser selbst kann Schwankungen unterliegen - dann nämlich, wenn Gott für seine Zerdehnung oder Beschleunigung sorgt. Ja, Gott kann die Zeit sogar ganz abbrechen lassen (Apk 10,6). Es ist die Hoffnung der Glaubenden, daß Gott diese seine Souveränität über die Zeit in ihrem Sinne einsetzen möge (Mk 13,20par Mt 24,22). Gegen Ende der Zeit wird Gott die Zeiten beschleunigen, damit er sein Gericht schneller abhalten kann (syrBar 20,1f; 83,1). Die Sehnsucht der Geplagten nach einem raschen Ende, auch gegen das Wissen um das feste Maß aller Zeiten, findet hier ihren theologischen Anhaltspunkt. - Umgekehrt kann Gott die Zeiten dehnen, etwa um noch nicht Bekehrten Gelegenheit zur Bekehrung zu geben (2Petr 3,9; ApkPaul 3-6). Hierin liegt eine Antwort auf die Frage nach der „Verzögerung" des herbeigesehnten Endes.

Der Eindruck eines starren Determinismus des apokalyptischen Denkens wird durch diese Vorstellung korrigiert. Wir werden zu klären haben, wie die beiden Aspekte Gottes als des Herrn über die Zeit zusammenhängen.

3. Die Korrektur des menschlichen Zeitempfindens:

Die Zeit Gottes ist das Maß, an dem das menschliche Zeitempfinden gemessen und gegebenenfalls „korrigiert" wird. Gottes Zeit und die Zeit des Menschen sind inkommensurabel, Gottes Zeitmaß ist die letzte Instanz, an der unser Zeitempfinden zu beurteilen ist. Ein Beispiel: In 2Petr 3,9 wird denen, die die Verzögerung der Verheißung kritisieren, entgegengehalten, ihre Einschätzung sei falsch, was wie Verzögerung aussieht, sei in Wahrheit auf die Geduld Gottes zurückzuführen. Mit anderen Worten: „Verzögerung" wird als subjektive Empfindung charakterisiert, die den wahren Sachverhalt nicht trifft. Im Zeitplan Gottes läuft jetzt die Zeit seiner Geduld, statt Spott und Skepsis wäre umgehende Buße die richtige Haltung.

4. Die Zukunft als unverfügbare Domäne Gottes:

Daß Gott der Herr über die Zeit ist, bedeutet schließlich, daß jegliche Zukunft in seiner Hand steht. Ob es und wielange es noch Zukunft gibt, liegt bei Gott allein. Das stellt einerseits menschliche Planungen unter einen gravierenden Vorbehalt. Ein Beispiel dafür ist das Gleichnis vom reichen Narr (Lk 12,16-21): Alle Planungen sind Makulatur, weil Gott die Zukunft des Reichen abschneidet. Auch der Jakobusbrief (4,13-15) weiß um diesen Vorbehalt und bringt ihn zur Sprache. - Andererseits birgt die Vorstellung etwas Tröstliches: Nichts, auch nicht die schlimmsten Katastrophen, Zustände und Regimes, können so beständig sein, daß sie von Gott nicht in der nächsten Zukunft verändert und beendet werden könnten. Die Zukunft, auch die allernächste, ist für den Menschen unverfügbar. Das zieht eine entsprechende ethische Einstellung zur Zeit überhaupt nach sich (dazu vgl. 4.3 und Nachtrag).

2.2.4 Konsequenzen für die jüdisch-christliche Endzeiterwartung

1. Die Grenze menschlicher Berechnungsversuche:

An der Nichtverrechenbarkeit von Gottes Zeit und Zeit der Menschen scheitern letztlich alle Versuche, den Zeitpunkt des Endes zu berechnen. Was immer Propheten und Apokalyptiker darüber erfahren und aussagen, steht unter dem Vorbehalt, daß die Angaben an Gottes Zeitmaß und an seinem Willen, die Zeiten nachträglich zu ändern, zu messen sind. Es gelingt nicht und kann nicht gelingen, wenn anders Gott der Herr über die Zeit ist, Gott auf die Erfüllung seiner Verheißungen zu einem bestimmten Termin „festzunageln". Unisono betonen jüdisch-apokalyptische und neutestamentliche Texte, daß der Mensch den Zeitpunkt des Endes nicht kennen kann (4 Esr 4,52, Mk 13,32parr; Act 1,6-8). In der rabbinischen Literatur werden derlei Berechnungsversuche prinzipiell zurückgewiesen (bSan Fol.9Tb).

2. Die Dominanz relationaler und rätselhafter Aussagen:

Es trägt der beschriebenen Vorstellung Rechnung, wenn Aussagen über den Zeitpunkt des Endes hauptsächlich in relationaler oder rätselhafter Form gemacht werden. Das heißt: Exakte Terminangaben sind die Ausnahme, viel häufiger begegnen Aussagen, die auf die *Nähe des Endes* hinauslaufen oder in Rätselsprüchen verdeckt auf das nahe Ende hinweisen. Die Rede von

der Nähe ist aber eine relationale Redeweise, denn sie läßt die
exakte Zeitdauer, bis es soweit ist, offen (vgl. dazu weiter 6.).

3. Die Dominanz des qualitativen Zeitaspekts:

Der Informationsgehalt von Endzeit-Aussagen ist begrenzt, exakte Terminangaben widersprechen dem beschriebenen Gottesbild.
Aussagen über die Nähe des Eingreifens Gottes markieren jedoch
eine neue Qualität der noch komenden Zeit. Unter dem Vorzeichen des baldigen Endes ist das, was in der verbleibenden Zukunft noch geschieht, von weit höherer Bedeutung als das, was
sich bisher ereignet hat. Mit anderen Worten: Die Ansage des nahen Endgeschehens zielt nicht in erster Linie auf die Information
über das *Wann* des Endes, sondern auf die Bedeutung der Restzeit.

4. Die Dominanz der expressiven und praktischen

   Aussageabsicht:

Dem Gesagten entspricht, daß Endzeit-Aussagen auf eine neue
Einstellung der Adressatinnen und Adressaten zur verbleibenden
Zeit abzielen. Sie sollen emotional auf das Kommende einge-
stimmt und zu einem bestimmten Handeln bewegt werden. Es
geht in den Aussagen letztlich um die Konsequenzen, die aus
dem Wissen um die angebrochene Endzeit zu ziehen sind. Das
heißt nicht, daß der Informationsgehalt unwesentlich ist. Durch
ihn kommt eine Erwartungshaltung zustande, die früher oder
später zu begründeter Enttäuschung führen kann. Aber eine Fixierung auf einen Termin X liegt nicht in der Wirkabsicht der
Aussagen.

5. Die „Wahrheit" prophetischer und apokalyptischer

   Zukunftsaussagen:

Es ist ein Phänomen prophetischer und apokalyptischer Literatur,
daß einmal ausgesprochene Verheißungen auch dann in Geltung
bleiben, ja sogar kanonischen Rang erreichen können, wenn sie
sich nur teilweise oder gar nicht erfüllt haben. Ein Beispiel sind
die Verheißungen Deuterojesajas, wonach Israel wiederhergestellt
werden sollte. Die Verheißung ging nur teilweise in Erfüllung, es

blieb bei der politischen Unselbständigkeit auch nach Beendigung des Babylonischen Exils. Noch gravierender scheint das Fehlschlagen der Ankündigungen Daniels, wonach das Reich des Menschensohns nach 1150, 1290 resp. 1335 Tagen eintreten sollte (Dan 8,14; 12,11f). Gleichwohl wurden die Aussagen später nicht ausgemerzt. Das spricht dafür, daß die Wahrheit dieser Aussagen sich nicht in ihrer präzisen, meßbaren Erfüllung erschöpft. Sie haben vielmehr etwas mit der Autorität des Sprechers zu tun, und das heißt letztlich: mit der Anerkennung Gottes als des Herrn über die Zeit. Die Verheißung, einmal als legitim anerkannt, bleibt im Raum und wirkt fort, auch wenn sie sich nicht erwartungsgemäß erfüllt hat. Die weitere Zukunft wird möglicherweise den vollen Bedeutungsgehalt der alten Verheißungen erst ans Licht bringen.

6. Zur Rede von „Naherwartung" und „Parusieverzögerung"

Auch die Rede von der „nahen" Gottesherrschaft etc. und der Begriff von „Verzögerung" lassen sich nicht in erster Linie chronometrisch-quantitativ fassen. Vielmehr sind der qualitative Aspekt von Zeit und das subjektive Zeitempfinden angesprochen.

Was den Begriff der zeitlichen „Nähe" angeht, so haben wir es mit einem *relationalen Begriff* zu tun, der etwas über das Verhältnis verschiedener Zeiten zueinander aussagt. „Nah" läßt sich nicht exakt quantifizieren, wie weit der zeitliche Abstand zu einem bestimmten Ereignis zu denken ist, hängt vom zugrundeliegenden Zeitrahmen ab. „Kurz" ist die verbleibende Zeit in Relation zur bereits verflossenen Zeit. Dazu einige Beispiele: Die im Kontext des Einzugs Jesu nach Jerusalem geäußerte Erwartung von Teilen des Volkes, die ersehnte Erlösung stehe kurz bevor (Mk 11,10; Lk 19,11), läßt an einen Zeitraum von wenigen Tagen oder Wochen denken. - Paulus denkt sich in Röm 13,11 das Heil jetzt noch näher als zum Zeitpunkt der Bekehrung. Zeit schreitet für ihn demnach linear voran, und im Verbund mit Aussagen, wo sich Paulus mit den bis zur Parusie Überlebenden zusammenschließt (1 Thess 4,15.17; 1 Kor 15,51), ist hier an einen Zeitraum von wenigen Monaten oder Jahren zu denken. - Wenn Jesus das nahe Gottesreich ankündigt, sind prinzipiell alle Möglichkeiten offen: Sei es, daß an wenige Tage, sei es, daß an einige Jahre zu

denken ist. Der maximale zeitliche Rahmen ist nach Mk 9,1 und
13,30 die Dauer der gegenwärtigen Generation. - Im Kontext apokalyptischer Literatur wird die verbleibende Zeit oft kontrastiv
der bereits verflossenen Weltzeit gegenübergestellt (vgl. dazu S.
83). Vor diesem extrem weit gespannten zeitlichen Bezugsrahmen
ist der Eindruck zeitlicher Nähe kaum konkretisierbar. Jedoch
dürfen und sollen sich die Adressaten solcher Apokalypsen potentiell als Augenzeugen des offenbarten Endgeschehens begreifen. - Der Begriff zeitlicher Nähe ist demnach äußerst *elastisch*
und nicht eindeutig quantifizierbar. Das heißt, daß sich die Ansage eines „nahen" Ereignisses, zumal wenn kein maximaler Zeitrahmen angegeben ist, historisch nicht falsifizieren läßt - im Unterschied zu (pseudo-)exakten Terminangaben (vgl. S. 77). Die
Elastizität der Rede von „Nähe" läßt sich auch graphisch darstellen:

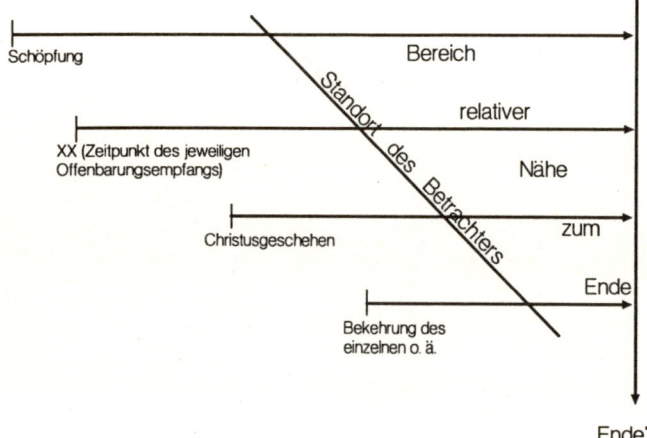

Zwar ist die *Quantität* der noch verbleibenden Zeit bei der Rede
von „Nähe" nicht exakt zu messen, doch besagt sie etwas über
deren *Qualität*. Das entscheidende, ersehnte oder befürchtete Ereignis ist in absehbare Nähe gerückt, es kann jederzeit eintreffen,
und das heißt: Erstens, die verbleibende Zeit ist die Zeit einer
neuen Hoffnung. Zweitens, sie ist eine sehr dichte Zeit, in der die
Ereignisse den Touch des schnell Vergänglichen, Provisorischen
erhalten. Drittens, und das schärfen die neutestamentlichen Auto-

ren regelmäßig ein, die Restzeit ist nicht tote Wartezeit, sondern
aktiv zu nutzende Zeit ethischen Handelns. Viertens, die Restzeit
hat gegenüber der Zeit vor Ansage des nahen Endes einen deutlich höheren Stellenwert: Jetzt ist die Zeit, die über das künftige
Schicksal entscheidet. Demgegenüber verliert das bisherige Verhalten drastisch an Bedeutung.

Der Begriff der zeitlichen „Verzögerung" setzt voraus, daß ein
bestimmtes Datum nicht eingehalten, sondern überschritten wurde. „Verzögerung" ist also meßbar, orientiert sich an objektiven
Terminvorgaben. Wo keine exakte Terminvorgabe vorliegt, ist
auch nicht von „Verzögerung" zu reden. Wo sich Skepsis und
Ungeduld angesichts der noch nicht eingetretenen Wiederkunft
Christi breitmachen, ohne ausdrücklichen Verweis auf einen
überschrittenen Termin, ist eher von der Erfahrung sich dehnender Zeit zu sprechen (vgl. oben). Die große Mehrzahl der Belege,
die angeblich auf die (objektiv meßbare) Verzögerung der Parusie hinweisen, sind Symptome für das subjektive Empfinden, die
Zeit dehne sich über Gebühr. Wie stark dieses Empfinden ausgeprägt ist, hängt entscheidend von der individuellen Erwartungshaltung ab - euphorisch, enthusiastisch, optimistisch, verhalten
zuversichtlich, eher skeptisch etc. Was die Forschung gemeinhin
als „Parusieverzögerung" bezeichnet, ist als Erfahrung sich dehnender Zeit potentiell schon ab der Ankündigung des erhofften
Geschehens für die „nahe" Zukunft möglich. Die Erfahrung sich
dehnender Zeit ist wie die Naherwartung *elastisch*, chronome-
trisch nicht meßbar.

2.3 Zeit als Argumentationsmittel

Vom jüdisch-christlichen Bild von Gott als dem überzeitlichen
Herrn über Zeit und Geschichte, der jedem Geschehen und jedem Phänomen seine Zeit zuteilt, der Vorstellung vieler, miteinander nicht verrechenbarer Zeitflüsse und der Einsicht in das begrenzte menschliche Zeitverständnis ist der literarische Umgang
mit zeitlichen Kategorien zu unterscheiden. Zeit kann - je nach
Intention des Autors - „künstlich" zerdehnt oder gestrafft werden.

Von der Tradition vorgegebene apokalyptische Topoi (Zeichen der Endzeit, Plagen, Katastrophenabfolgen, Geschichtsabrisse, Phänomene, die das Kommen Gottes begleiten etc.) werden selektiv eingesetzt, das Endzeitszenario wird mehr oder minder entfaltet, um eine bestimmte Wirkung zu erzielen.

2.3.1 Zerdehnung der zeitlichen Perspektive

Die argumentative Zerdehnung der noch ausstehenden Restzeit dient dazu, emotionale Fehlhaltungen wie überzogene Euphorie und Ungeduld zu korrigieren. Wo Menschen meinen, die verbleibende Zeit schlicht vernachlässigen zu können, da sie das Ende schon mit Händen greifen könnten, wo Menschen in ihrer Ungeduld das ersehnte Ereignis herbeireden oder herbeizwingen, sehen die Autoren ihre Aufgabe darin, einer solchen Fixierung auf das nahe Ende entgegenzuwirken. Dies geschieht durch zwei Argumentationsformen: Die eine ist die der „künstlichen" Zerdehnung der zeitlichen Perspektive, die andere ist die Betonung des ethischen Eigengewichts der verbleibenden Zeit (dazu vgl. S.163). Ein Beispiel für die literarische Zerdehnung der Zeit ist 2Thess 2: Der Autor greift das Problem auf, daß Menschen unter Berufung auf Paulus den Tag des Herrn für gekommen erklären (gr. *enhestêken hê hêmera tou kyriou*, V.2). Dieser nicht autorisierten, illegitimen Proklamation des Endes arbeitet der Autor durch eine breit entfaltete Darstellung der Endzeitereignisse *(Tagma)* entgegen. Er nennt retardierende Ereignisse wie den Abfall (V.3), die Offenbarung des Widersachers (V.4) und den Aufhalter, der die Offenbarung des Widersachers verhindert (V.6f, gr. *katechôn*). Erst wenn der Aufhalter verschwunden und der Widersacher offenbart ist, kann die Parusie Christi eintreten (V.8). Die Darstellung, die sich an traditionellen apokalyptischen Topoi orientiert, verdeutlicht den Widerspruch, der zwischen der gegnerischen Position und Gottes eigenem Zeitplan herrscht. Die Kette retardierender Ereignisse nimmt den nicht autorisierten Propheten den Wind aus den Segeln.

Nicht Euphorie oder Ungeduld, sondern die Besorgnis der Thessalonicher über das Schicksal der „zu früh", das heißt vor der Parusie Verstorbenen bringt Paulus in 1Thess 4,13-18 dazu,

den Ablauf der Parusieereignisse breit darzustellen: In einem ersten Akt wird der wiederkommende Christus die bereits Verstorbenen auferwecken. Dann werden die Überlebenden - Paulus
zählt sich selbst zu ihnen - zusammen mit den Erweckten in den
Himmel entrückt werden, um dann allezeit beim Herrn zu sein.
Paulus zerstreut mit der minutiösen Darstellung der Parusieereignisse die Sorge der Gemeinde, die Toten hätten am Tage X einen
Nachteil den noch Lebenden gegenüber. Die Argumentation
läuft darauf hinaus, daß die Toten den Lebenden gleichgestellt
werden. Die Erwähnung der Totenauferstehung hat in diesem
frühesten Paulusbrief *kompensatorische,* den angeblichen Nachteil der Toten aufhebende Funktion.

Der Prophet Jeremia wendet sich in seinem Brief an die in
Babylon Exilierten gegen Lügenpropheten, die den Exilierten offensichtlich falsche Hoffnungen machen: „Denn so spricht der
Herr Zebaoth, der Gott Israels: Laßt euch durch die Propheten,
die bei euch sind, und durch die Wahrsager nicht betrügen, und
hört nicht auf die Träume, die sie träumen. Denn sie weissagen
euch Lüge in meinem Namen. Ich habe sie nicht gesandt, spricht
der Herr. Denn so spricht der Herr: Wenn für Babel siebzig Jahre
voll sind, so will ich euch heimsuchen und will mein gnädiges
Wort an euch erfüllen, daß ich euch wieder an diesen Ort bringe" (Jer 29,8-10). Gegen die Falschbotschaften seiner Gegenspieler
verweist Jeremia im Auftrag Jahwes auf eine relativ lange Dauer
des Exils - es wird länger als die Zeit der gegenwärtigen Generation dauern.

Im Zusammenhang mit der Schilderung fehlgeleiteter Proklamationen der Wiederkunft Christi durch kleinasiatische Kirchenvorsteher wendet sich der Kirchenvater Hippolyt von Rom
(Comm.in Dan 4,21,3-5 und öfter) gegen jegliche Berechnungsversuche des Endes, da die Schrift sich darüber ausschweige.
Gleichzeitig aber nimmt er „Schwärmern" den Wind aus den Segeln, indem er das Datum des Endes in weite Ferne rückt: Christus sei (in Aufnahme der apokalyptischen Schöpfungswochenanalogie) fünfhundert Jahre vor dem Millennium erschienen, das
Ende sei damit erst gegen Ende des 5. Jahrhunderts, also ca. dreihundert Jahre *nach* der Zeit Hippolyts und seiner Zeitgenossen
zu erwarten. Die Zerdehnung der zeitlichen Perspektive führt
hier zu einer „terminierten Fernerwartung".

2.3.2 Straffung der zeitlichen Perspektive

Eine literarische Straffung der zeitlichen Perspektive wird vorgenommen, um die Angeschriebenen aus Resignation und Mutlosigkeit herauszuholen oder zeitvergessener Unbekümmertheit entgegenzuwirken. Die Mittel der Straffung sind erstens die Reduktion des apokalyptischen Materials auf ein Minimum, zweitens der Hinweis auf eine mögliche Verkürzung der zu überstehenden Zeit und drittens die sprachliche Vorwegnahme des Geschehens.

Was Paulus in 1 Thess 4 als den Endpunkt der Endzeitereignisse nennt (die Gemeinschaft mit Christus), erwähnt er auch in 2 Kor 5,8 und Phil 1,23 als Zielpunkt seiner Hoffnungen: „Wir sind aber getrost und haben vielmehr Lust, den Leib zu verlassen und daheim zu sein beim Herrn" (2 Kor 5,8). „Ich habe Lust, aus der Welt zu scheiden und bei Christus zu sein, was auch viel besser wäre" (Phil 1,23). - Die Aussagen scheinen zu denen in 1 Thess 4 in Spannung zu stehen. Weshalb verzichtet Paulus hier auf das apokalyptische Material, das er in 1 Thess noch verwendet hatte? Die Forschung kennt zwei Erklärungen: Entweder hat Paulus eine Entwicklung durchgemacht, die man als „Entapokalyptisierung" und „Individualisierung" der Zukunftshoffnung bezeichnen könnte, oder er verzichtet aus argumentativen bzw. formkritischen Gründen auf eine breite Schilderung. Ich ziehe die zweite Möglichkeit vor, aus zwei Gründen: Erstens, Paulus vertritt auch in seinem vermutlich letzten Brief, in Röm 13, weiterhin eine kollektive Hoffnung und bedient sich apokalyptischer Kategorien (Nacht/Tag). Zweitens, Paulus geht es in Phil und 2 Kor nicht darum, die Verhältnisse zum Zeitpunkt der Parusie zu klären, sondern seine eigene Stimmungslage darzustellen. Mit anderen Worten: Wir haben es hier mit einem autobiographischen Text zu tun, in dem der Apostel seine persönliche Christussehnsucht beschreibt. Es macht in diesem Kontext überhaupt keinen Sinn, etwaige Zwischenschritte bis zum Tage X zu repetieren. Paulus beschränkt sich darauf, den Zielpunkt seiner Hoffnung sprachlich zu antizipieren: Nur das Ergebnis zählt. Paulus setzt apokalyptisches Material selektiv ein. „Im allgemeinen, d.h. wo nicht eine bestimmte Notsituation der Gemeinde Paulus dazu zwingt, ist er an einer Entfaltung und Präzisierung der Vorstellungen nicht interessiert. Er nimmt sie vielmehr eklektisch und chiffreartig auf und macht sie seinem Aussagewillen dienstbar." Mit diesen Worten trifft *U.Luz*[18] den Nagel auf den Kopf. In Autoren wie Paulus sind keine systematisch arbeitenden Theologen, sondern Seelsorger und Rhetoriker zu sehen, die es verstehen, auf die aktuellen Bedürfnisse ihrer Adressatenschaft einzugehen.

Der Hinweis auf die Verkürzung der letzten Bedrängniszeit durch Gott begegnet in mehreren apokalyptischen Texten.[19] Er hat zum Ziel, etwaiger Verzweiflung der Glaubenden angesichts der kommenden Not prophylaktisch zu begegnen: Gott sorgt für die Seinen, er wird sie nicht umkommen lassen (weiter dazu 3.3.7). - Um die brennende Aktualität und Unausweichlichkeit des prophezeiten Ereignisses zu unterstreichen, wird es besonders in prophetischen Texten des Alten Testaments des öfteren sprachlich antizipiert: Das Geschehen sei schon angebrochen, schon jetzt sei es angebracht, zu trauern oder sich zu freuen. Beispiele dafür sind Hos 8,1 („Stoßt laut in die Posaune! Es kommt über das Haus des Herrn wie ein Adler, weil sie meinen Bund übertreten und sich gegen meine Gebote auflehnen"), Ez 9,1 („(Nahe-) Gekommen ist die Heimsuchung der Stadt; ein jeder habe sein Werkzeug zur Zerstörung in der Hand!") und Ez 30,2f („Heulet! Wehe, was für ein Tag! (3) Denn der Tag ist nah, ein finsterer Tag; die Zeit der Heiden kommt").

Diese Art des Umgangs mit der zeitlichen Perspektive dient dazu, Unbekümmertheit oder tiefe Resignation aufzubrechen. Die Betroffenen sollen emotional aufgerüttelt werden, um sich auf das Unausweichliche einzustellen (weiter dazu unter 4.2).

2.3.3 Gleichzeitige Dehnung und Straffung

Eine Besonderheit frühchristlicher Texte, die sich über die Endzeit auslassen, ist eine Kombination von retardierenden und beschleunigenden Elementen. Beispiele sind 2Thess 2, die „synoptische Apokalypse" Mk 13parr, die Johannesoffenbarung und der

---

[18] Geschichtsverständnis 395.
[19] AntBibl 19,13; syrBar 20,1; 83,1; Mk 13,20par Mt 24,22; Barn 4,3; 5 Esr 2,13 u.a.

„Hirt des Hermas". Hätte der bereits zitierte Text 2 Thess 2 nur die genannten retardierenden Elemente, müßte man denen Recht geben, die in dem Text die Absage an jegliche Naherwartung sehen.[20] Doch 2 Thess 2 beinhaltet auch einen versteckten, aber dennoch deutlichen Hinweis darauf, daß trotz aller noch ausstehenden Ereignisse das Ende nah ist: Das kleine Wörtchen „schon" in V.7 („Denn es regt sich *schon* das Geheimnis der Bosheit; nur muß der, der es jetzt noch aufhält, weggetan werden"). Das heißt, die geschilderten endzeitlichen Ereignisse finden nicht irgendwann in der Zukunft statt, die Gemeinde befindet sich vielmehr bereits mittendrin, in der Zeit des Aufhalters, und damit unmittelbar vor der entscheidenden Offenbarung des Widersachers. Der Autor wendet sich also nicht gegen Naherwartung an sich, sondern gegen die illegitime Proklamation des Tags des Herrn *jetzt*. Der Tag ist nah, aber noch nicht da, auf diese Formel läßt sich die Position des Autors bringen.

Ganz ähnlich wird in der synoptischen Apokalypse Mk 13parr argumentiert: Seiner Hauptintention nach ist der Text gegen Pseudochristusse und Falschpropheten gerichtet, die die Wiederkunft Christi *jetzt* und auf ihre Person bezogen proklamieren (vgl. Mk 13,6: „Es werden viele kommen unter meinem Namen und sagen: Ich bin's, und werden viele verführen"). Die Autoren bemühen sich, die zeitgeschichtlichen Vorgänge um den Jüdischen Krieg herum von den eigentlichen Endereignissen abzusetzen. Sie tun es durch Schilderung retardierender Ereignisse im Vorfeld. Falsche, voreilige Hoffnungen werden damit zerschlagen, die Gemeinde soll nicht selbsternannten Messiassen auf den Leim gehen. Gleichzeitig aber läßt der Text durchscheinen, daß das Ende doch nah ist: Die Geschehnisse sind zwar nicht das Ende, aber der „Anfang der (messianischen) Wehen" (gr. *archê ôdinôn*, Mk 13,8par Mt 24,8) und damit untrügliche Vor-zeichen des nahen freudigen Ereignisses. Außerdem wird betont, daß Gott die Zeit der letzten Bedrängnis verkürzen wird (Mk 13,20par Mt 24,22). Und schließlich kommt am Ende der Ausführungen die Notiz zu stehen, daß sich alle geschilderten Ereignisse noch „in dieser Generation" ereignen werden (Mk 13,30parr). Damit wird

---

[20] A. Lindemann, Abfassungszweck 40; G.Klein, Artikel Eschatologie IV 296.

ein eigenartiger Schwebezustand erreicht: Naherwartung wird zugleich abgewehrt und propagiert. Wie in 2 Thess 2 läßt sich das daraus resultierende Zeitgefühl auf die Formel: „noch nicht da, aber nah" bringen.

Die Johannesoffenbarung ist ein weiteres Beispiel für die gleichzeitige Dehnung und Straffung zeitlicher Perspektive. Auch hier mögen überzogene Erwartungen bzw. eine verzweifelte Sehnsucht nach dem Ende im Hintergrund stehen. Wie in Mk 13 parr und 2 Thess 2 werden aber die retardierenden Elemente durch die Betonung des baldigen Endes austariert, nach dem Motto: Nicht gleich kommt es, aber es dauert auch nicht mehr lange. Besonders in den Rahmenkapiteln 1 und 22 wird die Nähe der Wiederkunft Christi betont (1,1.3; 22,12.20 etc.). Die Endzeitvisionen im Korpus der Offenbarung, zumal in ihrer dreimaligen Wiederholung, sprechen eine andere Sprache: Das, was noch kommen muß, ist gewaltig, so gewaltig, daß die vergleichsweise geringe Quantität der Restzeit durch ihre schwerwiegende Qualität mehr als aufgewogen wird. Aber selbst innerhalb des Korpus sind Hinweise auf die Nähe des Endes eingestreut: In Kap. 17 wird ein allegorischer Geschichtsabriß geliefert, ein Tier mit sieben Häuptern und zehn Hörnern repräsentiert verschlüsselt die Abfolge der römischen Cäsaren bis zum Ende der Zeit. In V. 10 wird deutlich, daß sich die Adressaten in der Zeit des vorletzten Kaisers befinden: „Fünf sind gefallen, einer ist da, der andre ist noch nicht gekommen; und wenn er kommt, muß er eine kleine Zeit bleiben." Die Zeit bis zum Ende ist also relativ kurz, ein Trost für die Bedrängten, die vor lauter Endzeitszenario eigentlich verzweifeln müßten.

Ein Beispiel aus der Mitte des 2. Jahrhunderts soll das Bild abrunden: Im „Hirten des Hermas" (PastHerm) fragt der Visionär, ob denn das Ende schon da sei. Er bekommt zur Antwort (Vis III 8,9): „Du uneinsichtiger Mensch! Du siehst doch, daß am Turm noch gebaut wird! Erst wenn der Turmbau fertig ist, ist das Ende da. Aber es wird eilig daran weitergebaut. Stell mir jetzt keine Fragen mehr! Für dich und die Heiligen genügt es, wenn ihr euch an diese Dinge erinnert und wenn ihr euren Geist erneuert." Auch hier wird die Balance zwischen Nähe und Verzögerung aufrechterhalten; die Vollendung der Kirche steht zwar noch aus, das Ende kann noch nicht gekommen sein. Doch geht

der Prozeß schnell voran, so daß es höchste Zeit für einen Sinneswandel ist. Die Aussagen des PastHerm lassen eine Phase der
zeitweiligen Stagnation in der Ausbreitung der Kirche und, damit zusammenhängend, der Verzögerung des Endes erkennen.

Exkurs: Das Phänomen konkurrierender Erwartungen

Die Ambivalenz der eben geschilderten Texte, der literarische
Kunstgriff gleichzeitiger Straffung und Zerdehnung der zeitlichen
Perspektive, verlangt nach einer plausiblen Erklärung. Ich sehe
sie, und schließe mich darin *Rudolf Pesch*[21] an, im *Phänomen
miteinander konkurrierender Naherwartungen*. Die Beobachtung
ist dazu geeignet, die Alternative von Naherwartung auf der einen und Absage an dieselbe als falsch gestellt zu erweisen. Naherwartung ist kein homogenes Phänomen (ebenso wenig wie die
„Verzögerung" des Endes). Zu rechnen ist vielmehr damit, daß
sich aufgrund historischer Erfahrungen mit der Zeit ein modifi-
ziertes Konzept frühchristlicher Naherwartung herausbildet, das
sich gleichsam zwischen Skylla und Charybdis bewegt. Auf der
einen Seite haben es die Autoren mit Zweiflern, Spöttern und
Skeptikern zu tun, die die Wahrheit der christlichen Zukunftshoffnung insgesamt in Frage stellen. Auf der anderen gibt es neben der „autorisierten" Endzeiterwartung, die durch die Jesusüberlieferung und die Apostel legitimiert wird, einen Wildwuchs
an „nicht autorisierten" oder „illegitimen" Erwartungen. Schon
Jeremia hat sich mit falschen Propheten auseinanderzusetzen.
Vom jüdischen Schriftsteller Flavius Josephus kennen wir eine
ganze Reihe von Beispielen für Falschpropheten mit teilweise
messianischem Anspruch. Aus der weiteren jüdischen und christlichen Geschichte sind uns genügend Beispiele für selbsternannte
Propheten, wiedergekehrte Moses' und Elias, Schwärmer usw.
bekannt, die das Ende der Welt bzw. die Ankunft von Antichrist
und Messias meinten proklamieren zu müssen. Für die Christen
der ersten Jahrhunderte, die selbst zum Teil latente Zweifel und
Sorge gehabt haben mögen, ob etwas an der Verheißung dran

---

[21] Naherwartungen. Tradition und Redaktion in Mk 13, Düsseldorf 1968.

ist, mußten diese Pseudomessiasse eine große Anfechtung darstellen. Spuren der Auseinandersetzung finden wir in den synoptischen Evangelien (vgl. Lk 17,20-37 und Mk 13parr), aber auch in der neutestamentlichen Briefliteratur und bei den Kirchenvätern. Gegen solche Falschpropheten wird die Endzeiterwartung zwar nicht bestritten, aber modifiziert. Der erwartete Menschensohn wird deutlich von irdischen Persönlichkeiten abgesetzt - er kommt mit den Wolken des Himmels, unverwechselbar. Der erwartete Zeitpunkt wird deutlich von den Tagesereignissen abgesetzt, die Zeit bis zum Ende als aktiv zu nutzende Zeit bewertet. Naherwartung ja - nervöse Fixierung auf das nahe Ende nein, das sind die Eckpunkte derjenigen frühchristlichen Position, die schließlich kanonischen Rang erhält.

2.4 Fazit

Bei der Frage, wie Aussagen des frühen Juden- und Christentums über die Endzeit zu verstehen sind, ist in Rechnung zu stellen, daß unser modernes Zeitverständnis nicht automatisch die adäquate Verstehensgrundlage ist. Zwischen dem modernen Zeitbegriff und dem der Antike ist prinzipiell zu unterscheiden. Wenn sich auch gängige Unterscheidungsmerkmale als zu pauschal herausstellen, so gibt es doch Akzentverschiebungen:

1. *Qualitativer* und *quantitativ-chronometrischer Zeitaspekt:* Bei antiken Aussagen über Zeit und zeitliche Abläufe ist mehr als bei modernen der qualitative Zeitaspekt mitzubedenken. Der qualitative Aspekt des Zeitbegriffs ist zwar auch in der Moderne präsent, doch wird er häufig vom physikalisch-chronometrischen überlagert. Die in modernen (post-)industriellen Gesellschaften dementsprechende formale Betrachtung der Dauer eines Geschehens kann so nicht auf die Antike übertragen werden. Die Wirkabsicht prophetischer Aussagen zielt nicht in erster Linie auf die Information über einen exakt benennbaren Zeitpunkt, sondern auf die Qualität der verbleibenden (Warte-)Zeit: Was heißt es für diejenigen, für die solche

Angaben bestimmt sind, daß das Ende „nah" ist oder noch
„siebzig Jahre" auf sich warten läßt? Wie verändert sich ihr
Zeitempfinden?

2. *Gott ist der Herr über die Zeit:* Diese Vorgabe hat einschneidende Konsequenzen für das Zeitverständnis: Der Zeitfluß
selbst ist kein Absolutum, Gott ist die letzte Instanz, die über
das Weltgeschehen bestimmt. Alle Vorgänge sind nach apokalyptischem Denken zwar vorhergeplant *(mensura temporum)*,
doch bleibt genug Platz für Gottes nachträgliches Eingreifen
(Verkürzung, Zerdehnung oder Abbruch der Zeit).

5. *Viele inkommensurable Zeitmaße:* Im Gegensatz zum modernen Zeitbegriff ist nach biblischen Denken nicht von einem
einheitlichen Zeitmaß, dem alle Vorgänge in der Welt unterliegen, auszugehen. Vielmehr hat Gott, der Herr über die Zeit,
allen Phänomenen und Ereignissen ihr spezifisches Zeitmaß
zugedacht. Die verschiedenen Zeitmaße sind untereinander
nicht verrechenbar, jedes Zeitmaß erscheint für sich, doch
sind alle Zeitmaße oder Zeitflüsse genau aufeinander abgestimmt. Auch göttliches und menschliches Zeitmaß sind
grundsätzlich inkommensurabel, was eine Berechnung des
göttlichen Handelns prinzipiell unmöglich macht.

4. *Die Emotionalität des menschlichen Zeitempfindens:* Entsprechend der qualitativen Ausrichtung des Zeitbegriffs ist das
menschliche Zeitverständnis in den fraglichen Texten emotional bestimmt. Unabhängig von der objektiven Dauer wird der
Zeitfluß unterschiedlich erfahren. Für die Interpretation biblischer und außerbiblischer Endzeitaussagen heißt das: Die Rede
von „Nähe" und „Verzögerung" ist Ausdruck bestimmter Erwartungen, Hoffnungen und Sehnsüchte. Angaben über den
Zeitpunkt des Endes können umgekehrt Stimmungslagen beeinflussen. Über die bloße Information hinaus haben diese
Aussagen eine *expressive* und eine *praktische Funktion* (weiter dazu 4.2 und 4.3).

Weitere Ergebnisse des Kapitels sind:

1. *Elastizität der Rede von „Nähe":* Die Ansage etwa der nahen
Gottesherrschaft eröffnet einen Erwartungshorizont, der bei unterschiedlichen Menschen unterschiedlich weit gespannt sein

kann. Kriterium ist der individuelle Grad an Erwartungshaltung. Ist für den einen „Nähe" eine Angelegenheit weniger Stunden oder Tage, so für den anderen vielleicht von Monaten oder Jahren. Wo der eine schon Ungeduld und Zweifel verspürt, kann der andere noch ganz gelassen in die Zukunft schauen. Für unsere Themenstellung besagt das: Wir haben mit der Möglichkeit zu rechnen, daß Erwartungshaltungen miteinander konkurrieren und kollidieren. Und: Die Rede von „Nähe" kann durchaus eine gewisse zeitliche Distanz miteinschließen, welche, bleibt jedoch offen, sofern die Rede von „Nähe" nicht durch flankierende Aussagen eingegrenzt wird.

2. *Modifizierte Endzeiterwartung:* Die frühjüdische und die frühchristliche Endzeiterwartung ist kein starres, homogenes Gebilde. Sie verdankt sich vielmehr historischen Erfahrungen und sie unterliegt historischen Veränderungen. Zu fragen ist demnach nicht nach einem eschatologischen oder apokalyptischen „System", sondern nach einzelnen Aussagen in ihrem literarischen und situativen Kontext *(synchrone Ebene)* und weiter nach dem Verhältnis bestimmter Vorstellungen zu ihren traditionsgeschichtlichen Vorstufen bzw. nach ihrer Wirkungsgeschichte *(diachrone Ebene)*.

Kapitel 3: Apokalyptische Erwartungen und Anfragen

Begriff und Wesen der Apokalyptik sind nach wie vor umstritten. doch kann soviel gesagt werden, daß sich die Apokalyptik nicht in einer bestimmten literarischen Gattung, der Apokalypsen, erschöpft. Apokalyptische Motive finden sich in nicht-apokalyptischen Gattungen wie Brief, Testament oder Evangelium. Umgekehrt beinhalten Apokalypsen nicht-apokalyptische Partien. Apokalyptik ist eine Weltanschauung, die von der sukzessiven Verschlechterung des kosmischen und moralischen Allgemeinzustands ausgeht, an deren End- und Höhepunkt die entscheidende und dauerhafte, von Gott selbst herbeigeführte Wende steht. Die Gegenwart erlebt der Apokalyptiker als Zeit der letzten, heftigsten Drangsal, seine Hoffnung richtet sich auf die nahe Zukunft, die Gottes Eingreifen bringen soll. Welche Hoffnungen aber konkret mit der apokalyptischen Naherwartung verbunden sind, ist durchaus unterschiedlich.

3.1 Was wird alles erwartet?

3.1.1 Revolutionistische, revelatorische und evolutionistische Erwartung

Wenn im folgenden vom nahen „Ende" die Rede ist, dann ist dies Sammelbegriff für viele Bezugsgrößen, die ein einschneidendes, von Gott selbst inszeniertes Ereignis zum Ausdruck bringen. Dieses Ereignis markiert das Ende des bisherigen Geschichtsverlaufs. Nun gibt es drei Möglichkeiten, sich mit diesem Ereignis in ein zeitliches Verhältnis zu setzen. Erstens: das Ereignis wird als einschneidende, die bisherigen Verhältnisse abbrechende und umstürzende Zäsur angesehen. Die gegenwärtige

Weltzeit (Äon) wird dann durch die zukünftige abgelöst werden.[1] Der „eschatologische Vorbehalt" bezieht sich auf das entscheidende Heilsereignis, das in der Zukunft stattfinden wird. Man kann hier von einer *Zukunftserwartung revolutionistischer Art* sprechen. - Zweitens, die *revelatorische Zukunftserwartung*. Sie gründet in der Vorstellung, daß die entscheidende Wende bereits vollzogen ist, wenn auch für uns Menschen unsichtbar. Von der Zukunft wird (lediglich) die Sichtbarwerdung bzw. Offenbarung der vollzogenen Wende erwartet. Konstitutiv ist dabei die Unterscheidung zwischen oben und unten, zwischen sichtbarer und unsichtbarer Welt. - Drittens, das Verhältnis zwischen Gegenwart und Zukunft wird nicht antithetisch, sondern im Sinne einer kontinuierlichen Entwicklung gedacht. Diese Zukunftserwartung kann als *evolutionistische* bezeichnet werden. Während die ersten beiden Möglichkeiten in der Fluchtlinie apokalyptischen Denkens liegen, steht bei der dritten ein grundsätzlich anderes Geschichtsbild Pate: Nicht das einer degenerativen Abwärtsentwicklung mit nachfolgendem Neubeginn, sondern das einer *progressio temporum*, einer fortschreitenden Aufwärtsentwicklung.

Zwischen den drei Ausprägungen von Zukunftserwartung ist im Einzelfall nicht immer scharf zu trennen. Häufig begegnen mehrere Möglichkeiten in ein und derselben Schrift kombiniert oder unverbunden nebeneinander. Gerade revolutionistische und revelatorische Erwartung gehen oft Hand in Hand. Je nach Blickwinkel, unter dem Geschichte betrachtet wird, je nach Aussageintention kommt mehr der eine oder mehr der andere Aspekt zum Tragen. Das revolutionistische Modell ist eher dazu angetan, die Erfahrungen von persönlichem oder kollektivem Leid zu benennen und aufzuarbeiten. Die Gegenwart erscheint hier unter dem Aspekt einer negativen, wenn auch notwendigen Vorstufe des Zukünftigen. Das revelatorische Modell wirkt demgegenüber komplexer: Das einfache jetzt - dann - Schema ist aufgebrochen. Die Gegenwart ist nicht die Zeit des Bösen schlechthin, vielmehr ist sie dies nur vordergründig. Zu unterscheiden ist zwischen sichtbar und unsichtbar, zwischen unten

[1] 4 Esr 4,35ff; syrBar 69,1; ApkAbr 28f; Sib IV 182; 1 Kor 7,31; 2 Petr 3,10.12f; Apk 21,1-5; vgl. Röm 13,12 (Nacht - Tag); 1 Joh 2,8.

und oben. Die negative Einschätzung der Gegenwart ist zu relativieren, denn sie betrifft nur die sichtbaren Verhältnisse. Schon jetzt gibt es aber eine unsichtbare göttliche Gegenwelt, in der die Spielregeln und Mißstände der irdischen Welt nicht oder nicht mehr gelten. Hierdurch erhält die gegenwärtige Misere den Touch des Scheinbaren, Vordergründigen. Dieses platonisierende Modell ist dazu angetan, die Haltung einer mystischen Weltüberlegenheit und -distanziertheit zu fördern. Das evolutionistische Modell schließlich ist von einer optimistischen Weltsicht getragen, es dominiert die Erfahrung, daß sich die Dinge zum Besseren hin entwickeln, ohne daß ein radikaler Neubeginn nötig wäre.

Die Ausführungen lassen erkennen, daß sich die verschiedenen Modelle unterschiedlichen historischen Erfahrungen verdanken. Während in Zeiten persönlicher oder kollektiver Krise apokalyptisches Denken Konjunktur gewinnt, setzt sich in Phasen des Wohlergehens und sichtbarer Fortschritte optimistisches Denken durch. Es liegt in der Wechselhaftigkeit geschichtlicher Entwicklungen, daß sich beide Denkformen bis heute in Modifikationen durchhalten und einander abwechseln. Ja, die Ambivalenz vieler Entwicklungen und Ereignisse läßt oft beide Sichtweisen nebeneinander zu.

3.1.2 Die Endzeiterwartungen im einzelnen

1. Erwartungen revolutionistischer Art

Die Apokalyptik hat in ihrer Geschichte vielfältige Vorstellungen entwickelt, um das bevorstehende Endzeitszenario auszugestalten. Bereits in der Prophetie ist die Vorstellung vom *großen kosmischen Entscheidungskampf* angelegt. Nach Ezechiel und Joel versammeln sich die Feindvölker Israels auf Geheiß Jahwes, um Israel zu vernichten; doch werden sie im letzten Moment von Jahwe selbst vernichtend geschlagen. Das Szenario wird von den Propheten an das „Ende der Zeiten" (Ez 38,8.16) bzw. an den „Tag Jahwes" (Joel) datiert. Aus prophetischer Perspektive ist damit ein noch nicht absehbarer Zeitpunkt in ferner Zukunft anvisiert. Anders in den apokalyptischen Schriften: Das endzeitliche Geschehen, sei es der letzte Angriff der Heiden und ihre Vernichtung (äthHen 90,13-16), der Kampf der Söhne der Finsternis gegen die Söhne des Lichts (Kriegsrolle aus Qumran, 1QM 1,8ff), die Unterwerfung Satans (Röm 16,20; Apk 20,9f), Roms (Apk 14,7) oder des „Gesetzlosen" (2Thess 2,8f) ist nur noch eine Frage relativ kurzer Zeit. Die Gegenwart läßt das Kommende schon erahnen, es kommt zu einem letzten Aufbäumen aller widergöttlichen Mächte, die ersehnte Erlösung ist nur durch einen apokalyptischen Kraftakt zu erreichen.

Noch radikaler kommt der unheilbare Zustand dieser Weltzeit dort zum Ausdruck, wo die *Vernichtung des Kosmos, der Untergang der Welt* als Voraussetzung einer neuen Ordnung betrachtet wird. Die Vorstellung ist nicht von Anfang an in der Apokalyptik präsent, sie tritt vermehrt in den Schriften des ersten und zweiten Jahrhunderts n. Chr. auf (4Esr 4,35ff; syrBar 69,1; ApkAbr 28f; Sib IV 182). Der vermutlich älteste neutestamentliche Text, der vom Vergehen dieser Welt spricht, ist 1Kor 7,31. Paulus benutzt die Vorstellung, um seine Ethik der inneren Distanz von allem Weltlichen zu begründen: „Das Wesen dieser Welt vergeht", und deshalb gilt es, sich nicht um sie, sondern um die Sache des Herrn zu sorgen. Konkret meint er damit die Empfehlung zu einer partnerlosen Existenz. - Die wohl bekanntesten Texte, die von der *Neuschöpfung der Welt* sprechen, sind Jes 65f und Apk 21f. Gott verheißt einen neuen Himmel und eine neue Erde mit Jerusalem als Mittelpunkt der neuen Welt (Jes/Apk). Nach dem Ende der ersten Welt wird das neue, himmlische Jerusalem auf die Erde herabkommen, Gott selber wird seinen Thron bei den Menschen aufschlagen (Apk). Jerusalem ist ein Ort dauernder Freude und der Gemeinschaft mit Gott (Jes/Apk). Dessen Herrschaft ist das Ende aller Trauer und allen Leidens. Kennzeichen des Neuen sind das Licht, das keiner Nacht mehr weichen wird (Apk 21,24f; 22,5), vollkommene Reinheit (Apk 21,27; 22,3) und paradiesische Zustände (Jes 65,19ff). Die, die jetzt unter Repressalien zu leiden haben, werden auf Ewigkeit herrschen. Die Aussicht auf Gottes baldige Machtübernahme, verbunden mit der Umkehrung der Verhältnisse, ist die wohl stärkste Motivation für die Angesprochenen, die gegenwärtige Zeit im Glauben durchzustehen. - Die Ansage des Weltuntergangs im Feuergericht Gottes und die Neuschöpfung von Himmel und Erde ist die Antwort, die der 2. Petrusbrief für Spötter und Skeptiker der Verheißung parat hat (2 Petr 3). Die Tatsache, daß die Hoffnungen der Christen bis dato nicht in Erfüllung gegangen sind, spricht nicht gegen die Wahrheit dieser Hoffnung: Was wie Verzögerung aussieht, ist in Wahrheit der Auftakt des nahenden Weltendes. Die Zeit jetzt ist Ausfluß der Geduld Gottes, die möglichst alle Menschen zur Umkehr rufen will. Wer sie falsch interpretiert, wird - wie die Menschheit bei der Sintflut - sein Ende finden.

In konsequenter Weiterführung der prophetischen Gerichtsankündigung über die Gottlosen und die Feinde Israels entwickelt die Apokalyptik die *Vorstellung eines allgemeinen Weltgerichts* am Ende der Zeit.[2] Das Gericht wird entweder von Gott selbst (Joel 4; äthHen 100,4) oder von Repräsentanten Gottes (Dan, äth Hen, Apk: Menschensohn) abgehalten. - Die Erwartung des Endgerichts im Zusammenhang mit der Wiederkunft Christi ist frühchristliches Allgemeingut. Die eschatologische Hoffnung ist somit ambivalent: Das Kommen Christi, des Erlösers, ist zugleich das Kommen des Weltrichters. Je nach Aussageabsicht kann der eine oder der andere Aspekt betont werden. So steht in der Bußpredigt Johannes' des Täufers (Mt 3,1-12parr) die Ansage des nahen Zorngerichts im Mittelpunkt. Abgewendet werden kann es nur durch rechtzeitige „Frucht der Buße" (Mt 3,8par). Die Unfruchtbarkeit ist für den Herrn des Feigenbaums Anlaß, dessen Abholzung zu erwägen. Die Gegenwart ist die von Gott eingeräumte letzte Bußfrist (Lk 13,6-9, vgl. Apk 2,16). Nur wer selbst auf das Richten verzichtet, braucht das künftige Gericht nicht zu fürchten (Mt 7,1-6; 18,23-35; Röm 2,1; vgl. Jak 5,9). Dem reichen Kornbauern wird der plötzlich hereinbrechende Tod vorhergesagt (Lk 12,16-21). Umgekehrt haben die, die ihren Glauben auch in Leid und Verfolgung durchhalten, Aussicht auf Erlösung (Röm 8,23; Lk 21,28). Sie werden schon jetzt seliggepriesen (Mt 5,4.10f; 24,13par Mk 13,13; 1 Petr 3,14). Die Märtyrer werden von Gott selbst gerächt werden (Apk 6,9-11; Hebr 12,24). Wenn Christus wiederkommt, wird er die Auserwählten aus allen Enden der Erde sammeln (Mk 13,27par). - Häufig werden Lohn und Gericht einander gegenübergestellt, um das richtige Verhalten zu motivie-

---

[2] äthHen 100,4; 93/91 (10 - Wochen - Apokalypse); 4 Esr 5,42f; 8,61; syr Bar 12,4 etc.; AssMos 10,2ff; ApkAbr 28f; bSan Fol. 97b usw.

ren: So in den Endzeitgleichnissen Mt 24 und 25: Der treue Knecht wird seliggepriesen, dem bösen sein Verhängnis vorhergesagt (24,45-51; vgl. 25,14-30). Die klugen Jungfrauen dürfen am Hochzeitsfest teilnehmen, die törichten bleiben draußen (25,1-13).

Der gemeinsame Zielpunkt der jüdisch-apokalyptischen Zukunftshoffnungen ist die *Wiederherstellung nationaler Identität und Größe*. Die Vernichtung der Feindvölker und der widergöttlichen Mächte, der Tag Jahwes, der Untergang des Kosmos, die Aufrichtung der Königsherrschaft Jahwes, alles mündet in die Hoffnung neuer, noch vollkommenerer staatlicher Souveränität und Größe. So schon in Daniel (7,27; 12,1) sowie später in Qumran (1 QM 1,12; 4Q 385f) und in der syrischen Baruchapokalypse (syr Bar 68,3ff). Am radikalsten werden nationale Hoffnungen in den zelotisch-messianischen Gruppierungen des ersten und zweiten Jahrhunderts laut. Kronzeuge dieser Bewegungen ist Josephus. Seine Hauptwerke ("Über den Jüdischen Krieg" und "Jüdische Altertümer") sind voll von zelotisch-messianischen Episoden (Bell 2,259f; 6,286; Ant 20,167). Demnach traten gerade im Vorfeld des Jüdischen Krieges immer wieder messianische Prätendenten und Pseudopropheten auf, die das Ende der römischen Besatzung proklamierten. Sie bedienten sich apokalyptischer Traditionen, um ihrer Sache Durchschlagskraft zu verleihen. Im Unterschied zur älteren Apokalyptik belassen sie es nicht mit der Deutung der Geschichte und dem Aufruf zum treuen Festhalten am Jahweglauben; sie rufen zum aktiven Widerstand, zum Kampf gegen die römischen Besatzer auf. Der letzte und zugleich bekannteste selbsternannte Messias ist Bar Kochba (besser: Bar Kosiba), dessen Aufstand in die Katastrophe des Jahres 135 führt. Sein Scheitern bringt die messianisch-apokalyptische Hoffnung endgültig in Mißkredit, es dauert lange, bis es im Bereich des Judentums zu einem Wiederaufleben der apokalyptischen Denkens kommt. - Doch nicht nur in alttestamentlichen und frühjüdischen Schriften, sondern auch in neutestamentlichen Schriften wird etwas von der nationalen Hoffnung sichtbar: Etwa in Mk 11,10, wo im Zusammenhang von Jesu Einzug in Jerusalem die Masse das Hosianna dem jetzt kommenden „Reich unseres Vaters David" skantiert. Oder in Apg 1,6-8, in der Jüngerfrage nach dem kommenden „Reich für Israel". Es fällt auf, daß dieser Hoffnung zu-

mindest nicht widersprochen wird. Auch Paulus hält ausdrücklich an der Hoffnung für Israel fest (Röm 11).

Die staatliche Restitution Israels wird schon in vorapokalypti-
scher Literatur mit der *Vorstellung eines messianischen (Zwi-
schen-) Reichs* verbunden. Sie orientiert sich an der staatlichen
Blütezeit unter David und Salomo und der prophetischen Verheißung für die davidische Dynastie (2 Sam 7). Und so verbinden
sich besonders mit Davididen wie Serubbabel besondere messianische Hoffnungen (Hag 2,23; Sach 3,8; 6,9-15). Auch die Ge-
schlechtsregister Jesu am Anfang des Matthäus- und Lukasevan-
geliums (Mt 1,1-17; Lk 3,23-38) zeugen vom Interesse, Jesus als legitimen Messiasanwärter herauszustellen. Neben den irdisch-politischen Messiaskönig tritt bereits bei Daniel die Gestalt des
„Menschensohns" als Repräsentant Gottes (Dan 7,13; vgl. äthHen
71,17). Auch seine Funktion ist es, die Heilszeit für Israel heraufzu-
führen und die Fremdmächte zu vernichten. Diese Heilszeit wird
entweder als ewige (Dan) oder als zeitlich begrenzte (4 Esr: 400
Jahre; Apk: 1000 Jahre, „Millennium") gedacht. Verbunden ist
diese Vorstellung, die in der Grauzone zwischen den beiden
Weltzeiten (Äonen) angesiedelt ist, mit der einer *Umkehrung der
Verhältnisse:* Die jetzt Geplagten und Verfolgten kommen im
Reich des Messias-Menschensohnes zu besonderen Ehren: Sie
werden über ihre Peiniger Gericht halten, sie werden die Macht
übernehmen (Dan 7,27; Apk 14,14). Die These ist meines Erachtens
nicht abwegig, daß die Märtyrerproblematik die Entwicklung einer noch innergeschichtlichen Heilszeit gefördert hat: Besondere
Opfer finden in besonderen Privilegien ihre Motivation und ihren Ausgleich.[3]

Im frühen Christentum erfährt die jüdisch-apokalyptische
Messiaserwartung eine spezifische Zuspitzung: Erwartet wird die
Wiederkunft (Parusie) Jesu Christi, also dessen, der bereits als
Mensch auf Erden gewirkt hat.[4] Und er wird nicht als irdisch-
politischer Machthaber zurückerwartet, sondern als einer, dessen
Reich nicht von dieser Welt ist. Entsprechend unpolitisch sind

---

[3] Dan; 4 Esr; äthHen 6,35-8,62; Joh 16,20.22; 1 Petr 1,6.8 (dauerhafte
Freude); 2 Kor 4,17 (ewige Herrlichkeit); Mt 24,45-51par (Lohn für die
Gerechten).

[4] Mt 10,23; Mk 13parr; 1 Kor 15,23; 2 Petr 1,11; Apk 20,2-6 etc.

seine Funktionen: Die Sammlung und Erlösung der Glaubenden, die Vergebung der Sünden, das Weltgericht. Als der zu Gott Erhöhte übt er bereits jetzt Herrschaft aus, eine Herrschaft unpolitisch-transzendenter Art. Die revolutionistische Erwartung, die mit der Parusie Christi verbunden ist, wird durch eine revelatorische ergänzt und zum Teil ersetzt: Mit der Auferstehung der Toten, dem Endgericht und der Erlösung der Gerechten wird offenbar, was mit Jesu Wirken bereits begonnen hat und seither gilt. Die *basileia* Gottes, die in den Wundern Jesu sichtbar wurde, war keine punktuelle Episode. sie ist vielmehr weiterhin, wenn auch unsichtbar, präsent (Apg 14,22; 28,23 u.a.). Jesus übt als der Erhöhte seine Herrschaft zur Rechten Gottes aus (Mt 28,18; Apg 7,56; 1 Kor 15,25). Die Parusieerwartung wurde daher schon früh mit der von Jesus selbst angekündigten Sichtbarwerdung der *basileia* Gottes verbunden.

Die Vernichtung des Todes und die *allgemeine Totenauferstehung* ist Thema der Apokalyptik seit Daniel (Dan 12,2). Die Überwindung des Todes ist Schlußpunkt der Unterwerfung widergöttlicher Kräfte nicht nur im Neuen Testament (1 Kor 15,26.51ff; Apk 21,4), sondern schon in der iranischen Eschatologie (vgl. Theophrast, 4. Jh. v. Chr., zitiert bei Plutarch, Über Isis und Osiris § 47)[5] und im frühjüdischen Schrifttum.[6] Nach 1 Thess 4,13-18 ist die Erweckung der Toten der erste Akt bei der Parusie Christi. Die Hoffnung auf allgemeine Totenauferstehung hat ihren Anhalt im Wirken Jesu selber und – nach Paulus in seiner Auferstehung: Christus ist der „Erstling" (gr. *aparchê*) der Auferstandenen (1 Kor 15,20.23), die Christen tragen den Auferstehungsgeist Jesu in sich (Röm 8,11). – Die Johannesoffenbarung unterscheidet zwei Auferweckungsakte: Einen ersten zu Beginn des Millenniums (Apk 20,4-6), er betrifft alle Heiligen und Märtyrer. Der zweite Auferstehungsakt betrifft die Allgemeinheit am Ende des Millenniums (Apk 20,11-15). Während das Märtyrerprivileg auch die Befreiung vom Weltgericht einschließt (20,6), werden die „Normalsterblichen" auferweckt, um anschließend vor dem Thron Gottes ihr Urteil zu empfangen (20,11ff; vgl. Dan 12,2).

---

[5] Angabe bei K. Berger/C. Colpe op.cit. Nr.457.

[6] Targum Pseudo-Jonathan zu Num 11,26 (1.-3. Jh. n. Chr.) - Text K. Berger/C. Colpe, op.cit. Nr. 625.

Diejenigen, die im letzten Gericht bestehen, werden *das ewige Leben* haben. Überhaupt wird die „Zeit" jenseits der geschichtlichen Zeit vollkommene und endgültige Freude, Herrlichkeit (gr. *doxa*) und Gemeinschaft mit Gott bringen.[7] Die (neue) Schöpfung wird an den paradiesischen Urzustand anknüpfen, es wird vollkommener *schalom* zwischen den Kreaturen herrschen (Jes 65; Röm 8,18ff).

2. Bezugsgrößen revelatorischer Art

Einiges von dem, was für die mehr oder weniger nahe Zukunft erwartet wird, kann als bereits bestehende, wenn auch unsichtbare Wirklichkeit gedacht bzw. behauptet werden. Beispiele dafür gibt es in vielen Endzeitgruppen und -sekten, besonders nach fehlgeschlagenen Prophezeiungen. Ein Beispiel sind die „Zeugen Jehovas": Nach dem Nichteintreffen des Reiches Gottes 1914 wurde bald darauf seine unsichtbare Installation behauptet. Im jüdisch-christlichen Schrifttum betrifft dies in erster Linie die Vorstellung der *malqut jahweh*, der Königsherrschaft Gottes. Gott herrscht immer schon, wenn auch unsichtbar im Himmel, und er wird seine Herrschaft in (naher) Zukunft für alle sichtbar auf Erden durchsetzen.[8] Dem Nachweis der göttlichen Gegenwelt dienen nicht zuletzt die apokalyptischen Schriften selbst. Im frühen Christentum wird die Vorstellung auf den erhöhten Christus übertragen: Er hat sich zur Rechten Gottes gesetzt, er übt bereits jetzt seine Herrschaft im Himmel aus. Zu erwarten ist (lediglich) die sichtbare Manifestation seines Herrscheramtes.

Die Christinnen und Christen fühlen sich, dem Schema von oben und unten, von äußerlicher Scheinwelt und eigentlicher Gegenwelt Gottes sowie von alt und neu entsprechend, bereits jetzt als Teil des Neuen. „Wer in Christus ist, ist neue Kreatur" (gr. *kainê ktisis*, 2 Kor 5,10). Die Identität der Glaubenden als Kinder Gottes muß allerdings erst noch offenbar werden (1 Joh 3,2; Röm 8,19.23; Gal 6,14f; Kol 3,4).

---

[7] Jes 35; Lk 14,15-24; 23,42f; Joh 16,22; 2 Kor 4,17; 1 Petr 1,8f; Apk 21 usw.

[8] AssMos 10,1; Qaddisch-Gebet; Mt 3,2; 4,17; 10,7; Mk 1,15; 9,1; Lk 9,27; 10,9.11; 21,31; Act 1,6-8; 2,20; 2 Kor 4f; Jak 5,7-9 (Parusie Gottes); vgl. Röm 8,19; 1 Joh 3,2 (Offenbarung der Herrlichkeit Gottes).

3. Bezugsgrößen evolutionistischer Art

Im nicht-apokalyptischen Geschichtsbild der steten, allmählichen Verbesserung der Verhältnisse steht am Ende nicht eine grundsätzliche Zäsur, ein Neubeginn nach einer vorherigen Katastrophe, sondern die Vollendung eines bereits angelaufenen geschichtlichen Prozesses. Der Prozeß selbst kann unterschiedlich benannt werden: Epheser- und Kolosserbrief sprechen von der Ausfüllung des Kosmos durch die Fülle (gr. *plêroma*) Christi (Eph 1,13; 2,21; 4,16; Kol 2,19). Durch die Ausbreitung der Kirche und das ethische Verhalten der Glaubenden (das „Wachsen" des Leibes hin zum „Haupt") gewinnt das *plêroma* mehr und mehr an Raum, bis es den Kosmos schließlich ganz ausfüllt. Wichtig ist dabei der Umgang mit Zeit: Es geht darum, die Zeit „auszukaufen" (Eph 5,16f), das heißt sie ganz im Sinne des Willens Gottes in Beschlag zu nehmen, um anderem Tun keinen Raum mehr zu lassen.

Die im Epheser- und Kolosserbrief angelegte Konzeption gewinnt im weiteren Verlauf an Boden. Besonders in Zeiten äußerer Ruhe und missionarischer Erfolge überwiegt der dieser Geschichtskonzeption inhärente Optimismus. Der Fortschritt wird als stete Aufwärtsbewegung der Menschheit, als Prozeß der Verähnlichung mit Gott definiert (Irenäus, Tertullian, Origenes). Die geschichtliche Entwicklung ist die des menschlichen Reifungsprozesses. Gott gilt entsprechend als Pädagoge, der weiß, zu welchem Zeitpunkt er den Menschen welche Offenbarungen zumuten darf. Dieser Prozeß des „Erwachsenwerdens" dauert seine Zeit, er ist möglicherweise sehr lang. Naherwartung hat hier nur bedingt Platz, das Endzeitbewußtsein reduziert sich auf die Vorstellung, seit Christus bzw. der Geistverleihung lebe die Menschheit in der letzten und höchsten geschichtlichen Epoche (Tertullian: Zeit des Parakleten; Origenes: Zeit des Evangeliums).

Die frühchristlichen Autoren lassen erkennen, daß evolutionistische und apokalyptische Weltsicht über längere Zeit nebeneinander existieren und zum Teil eine interessante Spannung erzeugen können. So finden sich bei Tertullian chiliastische Vorstellungen neben dem Fortschrittsgedanken.

3.2 Die Frage nach dem Zeitpunkt des Endes

Wo immer sich Menschen großem Leidensdruck ausgesetzt sehen, wo immer sie der Verzweiflung nahe sind und Sehnsucht nach baldiger Besserung aufkommt, stellen sie die Frage nach dem „Wie lange noch?". Die Frage ist an sich keine Eigenheit apokalyptischer Weltanschauung, sie stellt sich schon für den Psalmbeter. Er beschreibt in verschiedenen Klagepsalmen seine Misere, seine Schwäche und Bedrängnis. In Stoßseufzern macht er seinem Kummer Luft: „Ach du, Herr, wie lange (noch)!" (Ps 6,4). Oder: „Wie lange soll ich sorgen in meiner Seele und mich Ängsten in meinem Herzen täglich? Wie lange soll sich mein Feind über mich erheben?" (Ps 13,3). Angesichts der Entweihung des Tempels durch Fremdherrscher wendet sich auch das Volk flehend an seinen Gott: „Ach Gott, wie lange soll der Widersacher noch schmähen und der Feind deinen Namen immerfort lästern?" (Ps 74,10). Die Frage nach dem „wie lange noch" korrespondiert mit der Bitte um Rache an den Feinden: „Herr, wie lange willst du so sehr zürnen und deinen Eifer brennen lassen wie Feuer? Schütte deinen Grimm auf die Völker, die dich nicht kennen und auf die Königreiche, die deinen Namen nicht anrufen" (Ps 79,5f; vgl. Ps 119,84). Der Psalmist erwartet die Wende seines Geschicks noch zu seinen Lebzeiten, der Hinweis auf sein kurzes Leben unterstreicht die Dringlichkeit seines Anliegens: „Herr, wie lange willst du dich so verbergen und deinen Grimm wie Feuer brennen lassen? Gedenke, wie kurz mein Leben ist, wie vergänglich du alle Menschen geschaffen hast." (Ps 89,47f).

Nationale Bedrängung und kollektiver Sinnverlust befördern das Aufkommen der Apokalyptik und mit ihr die Frage nach dem Zeitpunkt des ersehnten Endes. Hinter ihr steht die viel grundsätzlichere Frage nach dem Sinn von Erwählung, ja dem Sinn von Schöpfung überhaupt angesichts der gegenwärtigen Misere, in der keine Besserung zu erkennen ist. Und das rührt an die bange Frage nach der Gerechtigkeit Gottes, nach der Theodizee: Weshalb läßt Gott, der Schöpfer und Herr seines Volkes, dieses massive Leid und Unrecht überhaupt zu? Wie steht es um seine Allmacht, um seine Gerechtigkeit? Nichts ist von ihr zu sehen, die erfahrbare Wirklichkeit spricht eine andere Sprache. Die

Frage nach dem „Wie lange noch?" zeigt aber gleichzeitig schon einen Lösungsweg an: Die Antwort auf die Sinnfrage wird für die Zukunft erwartet; wenn nicht jetzt, dann ist doch bald die Auflösung aller Rätsel zu erwarten. Die Zeit wird hier zur Projektionsebene der eigentlichen Fragen.

In der Literatur der jüdisch-christlichen Apokalyptik einschließlich des Neuen Testaments wird die Frage relativ häufig gestellt. Bei Daniel ist die Entweihung des Jerusalemer Tempels durch Antiochus IV. Epiphanes im Jahre 169/8 v. Chr. der Anlaß. Doch ist Daniel nicht selbst der Fragesteller, die Frage ist Bestandteil einer Traumvision. Es unterhalten sich zwei „Heilige" über den täglichen Frevel am Tempel: „Ich hörte aber einen Heiligen reden, und ein anderer Heiliger sprach zu dem, der da redete: Wie lange gilt dies Gesicht vom täglichen Opfer und vom verwüstenden Frevel und vom Heiligtum, das zertreten wird?" (Dan 8,13, vgl. 12,6). Anders als in den Psalmen wird die Frage beantwortet (8,14: 1150 Tage; 12,7: „Dreieinhalb Zeiten"). - Nach einem Vorblick auf die endzeitliche Totenauferweckung stellt Mose nach Pseudo-Philos „Biblischen Altertümern" die Frage nach dem Verhältnis der schon verflossenen und der noch verbleibenden Zeit bis zum Ende: „Wenn ich noch von dir, Herr, (etwas) erbitten kann gemäß der Größe deiner Barmherzigkeit, (so) zürne mir nicht und zeige mir, eine wie große Menge von Zeit vorübergegangen ist und eine wie große (Menge) übriggeblieben ist" (AntBibl 19,14). Die bange Frage versteht sich vor dem Hintergrund der Zerstörung des Jerusalemer Tempels durch römische Truppen im Jahre 70 n. Chr. In der Antwort wird die relative Kürze der Restzeit herausgestellt. - Mehr als die anderen Schriften der frühjüdischen Apokalyptik ist das 4. Esrabuch (ebenfalls entstanden nach 70 n. Chr.) von der Frage bewegt, wann endlich das Ende dieser Welt komme. Die Frage spiegelt wie bei Dan und AntBibl eine tiefsitzende Identitätskrise des Volkes wider: Die Erwählung scheint ausgesetzt, Jahwe scheint ohnmächtig dem Treiben der Fremdherrscher zuzusehen. Die Diskrepanz zwischen der Erwählung und der unheilvollen Geschichte Israels ist Leitthema der Schrift. In 4 Esr 4,23-6,8 wird die Frage wiederholt gestellt, die Antworten bieten ein Kaleidoskop apokalyptischer Vorstellungen (dazu vgl. den folgenden Abschnitt). Im Unterschied zu den Psalmen reicht der zeitliche Horizont über

das Leben des Fragestellers hinaus; ausdrücklich wird betont,
daß aufgrund des Tempos der gegenwärtigen Weltzeit die Erfüllung der Verheißungen auf den kommenden Äon vertagt werden muß (4 Esr 4,26f). Die eschatologische Hoffnung ist damit
transzendiert. Doch entsteht wie bei Daniel und Pseudo-Philo
der Eindruck einer relativ großen Nähe des Endes. Damit geht
Esra auf die wachsende Ungeduld des Volkes ein. Der Hinweis
auf Gottes nahes Eingreifen bestärkt die Glaubenden in ihrer
Hoffnung und verwirft die Option politischer Revolte, um in Eigenregie das Ende der Oppression herbeizuführen.

Ziel der apokalyptischen Schriften ist es, den Eindruck der
Ohnmacht Gottes zu zerstreuen und ihn statt dessen als den eigentlichen Lenker der Geschichte zu erweisen. Mit dem Hinweis
auf das nahe Eingreifen Jahwes und der Aufforderung, das Gesetz einzuhalten, steht die frühjüdische Apokalyptik in Opposti-
on zu politischen Aufstandsbewegungen.

3.3 Die Antworten

Auf die Frage, wann die entscheidende Wende zu erwarten sei,
geben die Texte die unterschiedlichsten Auskünfte. Die Palette
reicht von exakt scheinenden über verschlüsselte, gleichnishafte
und relative Angaben bis hin zur Verweigerung jeglicher Auskunft. Die verbreitete Meinung, die jüdische Apokalyptik zeige
im Unterschied zu frühchristlichen Aussagen eine Tendenz zum
Berechnenden, ist an den Texten zu überprüfen.

3.3.1 Grundsätzlich: „Necessitas temporum" und Vorbedingungen
des Endes

Bei allen Überlegungen über Zeiten und Zeitpunkte sieht die jüdisch-christliche Apokalyptik Gott als den Herrn über Zeit und
Geschichte im Hintergrund walten. Er hat vor aller Zeit den Ablauf der Weltgeschichte in einem großen Welt„plan" festgelegt.

Die Rede vom „Plan" Gottes ist aber nicht mit einem platten Determinismus zu verwechseln, sie meint vielmehr, daß alles, was
geschieht, von Gottes Geschichtsmächtigkeit umschlossen ist.
Gott hält die Fäden in der Hand, auch wenn es einmal nicht so
scheint. Und sie besagt, daß die gegenwärtige Misere nicht das
Letzte ist. Das Reich Gottes, oder wie immer das Ziel der Hoffnung inhaltlich benannt wird, kommt „zu seiner Zeit" (syrBar
12,4; 4 Esr passim). Das nimmt der apokalyptischen Situation ihre
Schärfe. Gott kann aber auch spontan, über Nacht in das Weltgeschehen eingreifen, um seine Heiligen zu retten. Ansonsten geht
aber alles seinen letztlich guten Gang, die jetzige Krise ist notwendige Vorstufe für das, was noch kommen wird.

Die Vorstellung einer solchen „Notwendigkeit der Zeiten" (lat.
necessitas temporum) wird ergänzt durch die der festgelegten
Zeitmaße (lat. *mensura temporum*, vgl. S. 43). Demnach kann ein
Ereignis erst eintreten, wenn das vorhergehende erfüllt ist. Das
Ende kann erst dann kommen, wenn bestimmte Voraussetzungen geschaffen sind, wie die Erreichung des „Vollmaßes der Gerechten" (äthHen 47,1-4; 4 Esr 4,35ff etc.), der „Vollzahl der Märtyrer" (AssMos 9,6ff; Apk 6,9-11) oder der Menschen (Justin, Apol I,
28,2; Dial 39,2). Erst wenn die „dreieinhalb Zeiten" bzw. die Zeit
des Antichrists vorüber sind, wird Gott seine Herrschaft endgültig durchsetzen. Erst muß Israel das Maß seiner Sünden vollma-
chen, bevor Gott zum Gericht kommen wird.[9] Mit der Tötung Jesu haben die Pharisäer und Schriftgelehrten das Sündenmaß ihrer Väter vollgemacht, jetzt ist die Zeit reif fürs Gericht (Mt 23,36).
Mit der Verwehrung der Heidenmission machen die Juden ihr
Sündenmaß voll; ihre Strafe haben sie freilich schon zuvor abbe-
kommen (1 Thess 2,16). - Eine bestimmte Anzahl von Weltreichen
oder Königen muß erfüllt sein, bevor das messianische Reich anbrechen kann (Dan 2,7; Apk 17). Erst müssen die „Zeiten der Heiden" erfüllt sein, bevor die Erlösung kommen kann.[10] Dieser
apokalyptische Topos bezeichnet eine von Gott festgelegte Zeit
der Fremdherrschaft (vgl. Ez 30,3; Apk Abr 28f). - Neben der Erfüllung eines bestimmten Maßes werden auch bestimmte end-

---

[9] Mt 23,32; 1 Thess 2,16; vgl. äthHen 18,16; 21,6; AntBibl 26,13; 1 QM 6,6
     u.a.
[10] Dan 7,25 Lk 21,24; Apk 11,2f u.a. Vielleicht auch ApkAbr 28,2 - 29,2?

zeitliche Ereignisse genannt, die vor dem Ende kommen müssen. Die Apokalyptik hat ein ganzes Repertoire solcher Endzeitzeichen entwickelt. So gilt die Wiederkehr Elias als sicheres Vorzeichen des Endes (ausweislich Mal 3,23; Mt 11,14; Mk 9,9.11parr). Kriege, Hungersnöte, Naturkatastrophen gehören dazu wie auch der allgemeine Verfall der sozialen Ordnung. Irrlehrer, Verführung und Abfall vom Glauben im großen Stil werden endzeitlich gedeutet. Nicht zuletzt gilt die Entweihung bzw. Zerstörung des Jerusalemer Tempels als Zeichen des nahe bevorstehenden Weltgerichts (ausweislich Mk 13,14ff). Als Pendant des Urzeitchaos wird kosmische Unordnung als unmittelbares Vorzeichen des Endes erwartet (äthHen 80,2; Mk 13,24f). Mit anderen Worten, die Apokalyptik erreicht durch die Vorstellung von Gott als dem Herrn über Zeit und Geschichte die Integrierung auch der heftigsten nationalen Schicksalsschläge. Sie sind eben nicht Indizien der Ohnmacht Gottes, sondern Anzeichen des nahe bevorstehenden Endes. Je schlimmer die Gegenwart erfahren wird, desto näher kann man sich der ersehnten Rettung wähnen.

Die apokalyptische Weltsicht lädt zur Spekulation ein; politische oder wirtschaftliche Krisensituationen, Naturkatastrophen, Verfolgungen und Martyrien rufen immer wieder eine angespannte Endzeitstimmung auf den Plan. In diesen Zeiten haben „Falschpropheten" und selbsternannte Erlösergestalten Hochkonjunktur. In einigen Texten des Neuen Testaments ist der Konflikt um die rechte Deutung geschichtlicher Ereignisse mit Händen zu greifen. So in der synoptischen Apokalypse Mk 13parr: Die Ereignisse um den Jüdischen Krieg, die zu verstärkter messianisch-zelotischer Aktivität führen, lassen auch in den christlichen Gemeinden die Gespanntheit wachsen. Die Synoptiker müssen massiv gegen die Attraktivität von Pseudochristussen und Falschpropheten angehen. Sie tun es, indem sie die Kriegsereignisse historisieren, das heißt sie zwar als Vorzeichen des Endes gelten lassen (anders Lukas), sie aber gerade vom Kommen des Menschensohnes absetzen: Er wird erst danach kommen, unter unmißverständlichen kosmischen Vorzeichen. Oder 2 Thess 2: Welche Ereignisse auch immer zur Proklamation der Parusie Christi geführt haben mögen, der Verfasser des Briefes bringt in Anschlag, daß noch nicht alle Vorbedingungen des Endes erfüllt sind. Gleichwohl haben die endzeitlichen Ereignisse schon ein-

gesetzt, das Ende ist absehbar geworden. Auch die Johannesoffenbarung läßt sich so verstehen: Das Ende ist zwar nah, aber
zuvor sind noch gewaltige Ereignisse zu erwarten. Gott ist Herr
der Zeit, niemand braucht angesichts der gegenwärtigen Krise
zu verzweifeln, aber Euphorie ist auch nicht angebracht, es gilt
das Kommende unbeschadet zu überstehen.

Exkurs: Über die Möglichkeiten, den Zeitplan Gottes zu
beeinflussen

Grundsätzlich gilt, daß Gottes Zeitplan unwiderruflich feststeht,
selbst wenn er selbst nötigenfalls davon abweichen kann (dazu
vgl. S. 43f); Die genannten Vorbedingungen des Endes lassen
aber zum Teil ein „Hintertürchen" für menschliche Einflußnahme
auf Gottes Plan erkennen. Ansatzpunkt ist die referierte Vorstellung vom „eschatologischen Maß" *(mensura temporum)*: Muß
erst noch die Vollzahl der Gerechten, Heiligen und Märtyrer erreicht werden, liegt es dann nicht *auch* in der Hand der Angesprochenen, dafür zu sorgen, daß dieses Maß möglichst rasch erfüllt wird? Implizit jedenfalls dient die Vorstellung dazu, ein
dementsprechendes Verhalten - Einhaltung des Gesetzes und Bereitschaft zum Martyrium - zu forcieren. In der jüdischen „Himmelfahrt Moses" (AssMos 9,1ff) ist der Gedanke belegt, wonach
das Martyrium Gottes Eingreifen nach sich zieht. Das ist zum einen Trost für die Betroffenen bzw. Hinterbliebenen; zum anderen
ist es eine implizite Aufforderung, sich dem Martyrium nicht zu
verweigern. Das Tun der Gerechtigkeit bzw. Torahobservanz ist
des öfteren die geforderte ethische Konsequenz aus dem apokalyptischen Wissen.[11] Auch die Bereitschaft zur Bekehrung ist eine
logische Konsequenz aus dem Wissen, daß sich das Ende lediglich aufgrund von Gottes Langmut verzögert (vgl. Apg 3,19f;
2 Petr 3,9). Je schneller sich die Menschen bekehren, desto eher
kann das Ende kommen. Dasselbe gilt für die Missionstätigkeit
frühchristlicher Gemeinden und Missionare. Die Apostelgeschichte nennt die Vollendung der Heidenmission als Vorbedingung

---

[11]   Vgl. äthHen 96,1; 4 Esr 4,36a; syrBar 32,1; 44,3-7; 77,2ff.

(Apg 1,6-8; vgl. Mt 24,14). Paulus ist vom Eintreffen der Parusie noch zu seinen Lebzeiten überzeugt, was seine Missionstätigkeit möglicherweise noch forciert. - Umgekehrt gilt die Verweigerung Israels als Grund für das Ausbleiben der Parusie (Apg 3,19f; zu den Erklärungsmodellen der Verzögerung vgl. S. 95f). - Auch sehnsüchtigem Warten (2 Petr 3,12, vgl. bSan 97b; bYom 86b; bBB 10a) und inständigem Gebet (Lk 18,1-8; Joh 16,23bff; Mt 6,10par; maranata 1 Kor 16,20; vgl. Apk 22,20) wird eine forcierende Wirkung beigemessen. Das Gebet kann allerdings auch eine andere Richtung nehmen - als Gebet um Aufschub des Endes (*pro mora finis,* vgl. Aristides, Apol 16,6: "Und nicht ist es mir zweifelhaft, daß wegen des Flehens der Christen die Welt (fort)besteht").[12]

3.3.2 Verweigerung exakter Auskunft

Die Vorstellung von Gottes vorab festgesetztem Zeitplan und von bestimmten Vorbedingungen des Endes öffnet der Spekulation den Raum, den Zeitpunkt zu berechnen. Doch sucht man in der Literatur des frühen Juden- und Christentums vergeblich eine exakte Antwort auf die Frage, wann das Ende kommen werde. Wir müssen diese Beobachtung an den Anfang stellen, sie steht gewissermaßen als Überschrift über allen Antworten. Wo trotzdem Terminangaben gemacht werden, entpuppen sie sich bei näherem Hinsehen als pseudo-exakte Angaben (vgl. dazu den nachfolgenden Abschnitt). Darauf basierende Berechnungen werden in späterer Zeit - so im babylonischen Talmud, Traktat Sanhedrin (bSan Fol. 97b, 3. Jh. n. Chr.) - verurteilt.

Zum Teil wird den Fragestellern ausdrücklich die Antwort verweigert. So erhält der Visionär des 4. Esrabuches auf die Frage, ob er denn selbst das Ende noch lebend erreichen werde, keine Antwort. Mehr als die zahlreichen Hinweise darauf, daß die verbleibende Zeit *relativ* kurz ist (vgl. die Gleichnisse von Flamme und Rauch, von Regen und Tropfen 4,44-50) steht Esra nicht zu zu wissen (4,52, vgl. 5,50-55). Die Kenntnis des exakten Zeitplans ist allein Gott vorbehalten. In diesem Punkt unterschei-

---

[12]   Weitere Belege: Justin, Apol I 28,2; II 7,1; Hippolyt, Comm.in Dan 4,5;
       4,12; Tertullian, Apol. 30,4 u.ö..

det sich die frühchristliche nicht von der jüdischen Apokalyptik: Eine exaktere Auskunft, als daß die letzten Ereignisse sich noch „in dieser Generation" ereignen werden (Mk 13,30parr), ist nicht möglich. Der Mensch kennt weder Tag noch Stunde (Mk 13,32par Mt 24,36.42). Überhaupt ist der Hinweis auf den unbekannten Zeitpunkt geradezu charakteristisch für apokalyptisches Denken. Durch das Spiel mit pseudo-exakten, rätselhaften und relativen Aussagen wird der genaue Zeitpunkt in der Schwebe gelassen. In einigen Texten wird die Unkenntnis des Zeitpunkts, ja die Plötzlichkeit des Endes zum Hauptmotiv. Im bereits zitierten Traktat Sanhedrin (bSan Fol.97a, 3. Jh. n. Chr.) dient es der Mahnung, wichtige Dinge nicht hinauszuschieben: „So pflegte Rabbi Zera, wenn er die Jünger traf, wie sie sich darüber unterhielten, zu ihnen zu sagen: Ich bitte euch, sie nicht hinauszuschieben, denn es wird gelehrt, drei Dinge treffen ein, wenn man an sie nicht denkt, und zwar: der Messias, ein Fund und ein Skorpion." In einigen Gleichnissen Jesu erfolgt die Aufforderung, wachsam zu sein, unter Hinweis auf das überraschende Kommen des „Herrn". So in Mt 24 und 25, in den Knechtsgleichnissen und in dem von den zehn Jungfrauen. Das Hereinbrechen des Endes hat für diejenigen fatale Folgen, die die Lage fehleinschätzen - der untreue Knecht, der aus der bisherigen Verzögerung auf ein endgültiges Ausbleiben des Herrn schließt genauso wie die fünf törichten Jungfrauen, die mit einer langen Wartezeit nicht rechnen. „Wachsamsein" meint hier, sich auf alle Möglichkeiten einzustellen und in der Zeit bis zum Ende seine Aufgabe treu zu erfüllen. - Im frühchristlichen „Hirten des Hermas" (PastHerm, Vis III 8f, Mitte des 2. Jh. n. Chr.) wird die Frage, ob das Ende schon da sei, als dumme Frage zurückgewiesen. Zugleich wird der Visionär auf das baldige Ende hingewiesen (zitiert auf S. 55). Die Appellfunktion der Aussage ist deutlich, es gilt, die fällige Buße nicht hinauszuschieben. Der „Turmbau", das heißt die Vollendung der Kirche, wird nicht mehr lange auf sich warten lassen.

3.3.3 (Pseudo-)exakte Information

Die spannendsten Aussagen in unserem Zusammenhang sind natürlich diejenigen, die eine exakte Datierung des ersehnten Ge-

schehens bieten. Rein quantitativ gesehen sind sie allerdings in
der Minderzahl. Sie beschränken sich auf Daniel, die synoptische
Apokalypse (Mk 13), einzelne frühchristliche Apokryphen (Epistula Apostolorum), Propheten (Elchasai) und Kirchenväter (Hippolyt von Rom).

Kurz erwähnt wurde im letzten Abschnitt bereits Dan 8,13f:
Daniel erfährt in einer Traumvision, daß der Entweihungszustand
des Tempels noch „2300 Abend-Morgen", das heißt 1150 Tage
andauern wird. Diese exakt wirkende Angabe widerspricht allerdings den Angaben am Ende des Danielbuches, wo es heißt
(12,11f): „Und von der Zeit an, da das tägliche Opfer abgeschafft
und das Greuelbild der Verwüstung aufgestellt wird, sind 1290
Tage. Wohl dem, der da wartet und erreicht 1335 Tage!" Die
Spannungen lassen Zweifel am Wahrheitscharakter der Aussagen
aufkommen. Zumindest stellt sich die Frage, ob sie denn überhaupt exakte Information liefern wollen. Die Zweifel verdichten
sich, zieht man weitere Textstellen aus Dan heran, die ebenfalls
Angaben über die Dauer des momentanen Unheilszustands machen. Nach 7,25 und 12,7 wird das Treiben des Seleukiden Antiochus' IV. Epiphanes auf „eine Zeit und zwei Zeiten und eine halbe Zeit", also auf dreieinhalb Zeiten befristet. Wie die „$3\frac{1}{2}$ Zeiten" nach Daniel zu deuten sind, ergibt sich aus den bereits zitierten Angaben 8,13f und 12,11f: die 1150 bzw. 1290 und 1335 Tage
entsprechen *ungefähr* dem Zeitraum von dreieinhalb (Mond-)
Jahren (exakt wären 1239 Tage). Die Rede von den „$3\frac{1}{2}$ Zeiten"
markiert aber als Symbolzahl die Zeit der letzten, großen Bedrängnis, was der Rede von der „Halbwoche" in Dan 9,27 entspricht.

Die „dreieinhalb Zeiten" sind eine in der apokalyptischen Literatur immer wieder begegnende Symbolzahl, die die Zeit der letzten, größten Bedrängnis vor dem Ende bezeichnet. Sie versteht sich vor dem Hintergrund der (apokalyptischen) Zeiteinteilung im Siebenerschema, in Jahrwochen à 7 oder in Jubiläen à 7x70 Jahre. Daniel bezieht sich dabei auf
Jer 25,11-14 und 2 Chron 36,21, wonach das Exil in Babylon 70 Jahre dauern wird, und führt die Interpretation weiter im Sinne von „70 Jahrwochen", wobei eine Jahrwoche 7 Jahre beträgt (9,24). Nach dieser Zeit
wird Gott seine Gerechtigkeit kommen lassen. Die letzte der 70 Jahrwochen ist nochmals unterteilt, ihre zweite Hälfte (7:2 = $3\frac{1}{2}$ Jahre) gilt als
die Zeit der letzten, schlimmsten Bedrängnis vor dem Endgericht.

Damit sind die Zeitangaben des Danielbuches grundsätzlich nicht als exakte, sondern allenfalls als pseudo-exakte Angaben zu werten. Mit ihrer Hilfe wird die gegenwärtige Unheilszeit als *die* apokalyptische Drangsalszeit interpretiert. Das Treiben des Seleukidenkönigs steht für Daniel in direktem Zusammenhang mit den apokalyptischen Endereignissen. Auf seine Schreckensherrschaft wird Gott unmittelbar das Ende herbeiführen. Da die Abfassung des Danielbuches in die fragliche Zeit datiert werden kann, ist mit den „$3^{1}/_{2}$ Zeiten" eine Verortung der Adressatenschaft in die Endzeit vorgenommen. Das eigentliche Problem stellt nun die Identifizierung der „$3^{1}/_{2}$ Zeiten" mit dreieinhalb Jahren bzw. der entsprechenden Anzahl von Tagen dar. Mit ihr legt sich der Autor fest und riskiert die historische Falsifikation seiner Prophetie. Und die inkongruenten Zeitangaben in 8,13f und 12,11f sind meines Erachtens genau auf dieses Problem zurückzuführen: Der Autor schreibt unter dem unmittelbaren Eindruck der Geschehnisse. Die Differenz von mehr als hundert Tagen entspricht der aktuellen Fortschreibung seiner Prophetie. Möglicherweise vollzog sich ihre Erfüllung für ihn in mehreren Etappen, von denen eine (zu denken wäre nach *H.Gese*[13] an die Einsetzung des Chanuka-Festes im Jahre 164) am Ende der „1150 Tage" stand. Wie auch immer, festzuhalten ist, daß der Autor selbst und auch die späteren Generationen keinen Anstoß an den widersprüchlichen Angaben nahmen. Das spricht für ein nicht rein informatives Verständnis und für die Deutung der Geschichte ab der Restauration des Jerusalemer Opferkults als Zeit, die kontinuierlich auf die ersehnte Heilszeit zuläuft - das Schlimmste, die „$3^{1}/_{2}$ Zeiten" sind bereits überstanden, jetzt steht dem endzeitlichen Heil nichts mehr im Wege. Es spricht für sich, daß die spätere Apokalyptik, zumal unter dem Eindruck neuer nationaler Katastrophen, zurückhaltender ist, was derlei Zeitangaben angeht. „Spätere Apokalyptiker wagen nicht mehr, den Termin so genau zu sagen wie Daniel".[14] Gegen Mißverständnisse, als seien sie wörtlich zu verstehen, sind derlei Aussagen eben nicht gefeit.

---

[13] Die Bedeutung der Krise 385f.

[14] P. Volz, op.cit. S.143, in Einschränkung seiner eigenen These vom berechnenden Charakter der jüdischen Apokalyptik.

In diese Wirkungsgeschichte gehört die sogenannte *„synoptische Apokalypse"* des Neuen Testaments (Mk 13parr) hinein. Sie ist ein Beispiel für die Rezeption des von Daniel kreierten Topos „Greuel der Verwüstung" (gr. *bdelygma tês erêmôseôs*). Die von Daniel so bezeichnete Entweihung des Tempels durch Aufstellen einer Götterstatue gewinnt im Kontext des sich anbahnenden Jüdischen Krieges (66-73 n. Chr.) neue Aktualität. Der sukzessiven Erweiterung des Zeitrahmens, innerhalb dessen die Erfüllung der prophetischen Weissagung Daniels erwartet wird, entspricht in den Evangelien die Entwicklung, die man von Markus zu Lukas feststellen kann: Markus, der allen Indizien nach noch vor dem Fall Jerusalems im Jahre 70 n. Chr. schreibt, polemisiert gegen die von Juden und/oder Christen seiner Zeit vorgenommene Identifizierung der Kriegsereignisse mit dem Ende. Diese seien erst der „Anfang der Wehen" (Mk 13,8par Mt 24,8). Die vage Erwartung der neuerlichen Entweihung oder gar Zerstörung des Tempels indessen bringt er - wie Daniel - in direkten Zusammenhang mit der letzten, großen Bedrängnis. Für die Zeit unmittelbar nach dem Fall des Tempels erwartet er das Kommen des Menschensohns (Mk 13,24par Mt 24,29f). Matthäus nennt neben dem „Greuel der Verwüstung" eine weitere Vorbedingung für die Parusie des Menschensohns: Die Vollendung der Heidenmission (24,14). Beide Konditionen stehen in einer unaufgelösten Spannung zueinander. Es drängt sich der Eindruck auf, daß Matthäus prinzipiell an der endzeitlichen Deutung des Jüdischen Krieges festhält, aber eine weitere Frist bis zur Vollendung der Missionstätigkeit einräumt. In deutlichem Abstand vom Jüdischen Krieg schreibt Lukas. Er verzichtet auf das Danielzitat vom „Greuel der Verwüstung", der Fall Jerusalems ist nicht das letzte Ereignis vor der Parusie, das Ende ist vielmehr „nicht sogleich" zu erwarten (21,9), erst müssen noch die „Zeiten der Heiden" erfüllt werden (21,24).

Wie an Daniel und an den synoptischen Evangelien zu sehen ist, verändert sich mit der Veränderung der historischen Lage auch deren Deutung; die in einem früheren Stadium noch nicht erkennbare Entwicklung wird *ex eventu* in die Deutung integriert, allerdings ohne die frühere Meinung für falsch zu erklären. Es handelt sich daher eher um ein Anwachsen und eine Modifizierung endzeitlicher Erwartung als um deren Ersetzung.

Der Inhalt früherer Verheißungen wird nicht in Frage gestellt, sondern fortgeschrieben; ihr Wahrheitsgehalt bleibt grundsätzlich unangetastet. Selbst für Lukas besteht er noch in der Ansage Jesu, daß „all dieses noch in dieser Generation" (gr. *genea*) stattfinden werde (Mk 13parr). Die Mehrdeutigkeit des Begriffes *genea*, der auch „Geschlecht" bedeuten kann sowie die nachfolgende Einschränkung, daß niemand den Tag oder die Stunde kennt (Mk 13,32par Mt 24,36.42), entschärft überdies die Aussage und macht sie auch für spätere Generationen rezipierbar. Schon die apokryphe Petrusapokalypse (1. Hälfte des 2. Jh.) weitet den Horizont der Ansagen Jesu auf die kommenden Generationen aus (Zitat auf S. 88f).

Den Vorgang der Modifizierung einer Terminangabe finden wir auch im weiteren frühchristlichen Schriften. In der apokryphen *Epistula Apostolorum* (EpAp, Mitte des 2. Jh. n. Chr.) fragen die Jünger ihren Herrn nach dem Zeitpunkt seiner Wiederkunft. In der Antwort unterscheiden sich äthiopische und koptische Textfassung voneinander: „Und wir sprachen zu ihm: O Herr, wieviel Jahre noch? Und er sprach zu uns: Wenn das hundertundfünfzigste Jahr vollendet ist, zwischen Pfingsten und Pascha wird stattfinden die Ankunft meines Vaters" (äth., Kap.17). Und: „Wir aber sprachen zu ihm: Herr, nach noch wieviel Jahren wird dies geschehen? Er sprach zu uns: Wenn das Hundertstel und das Zwanzigstel vollendet sein wird, zwischen Pfingsten und dem Fest der Ungesäuerten wird stattfinden die Ankunft des Vaters." (kopt., Kap. 28). In der äthiopischen Version kommt man - vom fiktiven Datum der Aussage aus (zwischen Ostern und Himmelfahrt Jesu) - ziemlich genau auf das Jahr 183 n. Chr. Möglicherweise steht die Ansage im Zusammenhang einer um 180 n. Chr. wütenden Pestepidemie (vgl. EpAp 34-39 (45-50). Die rätselhafte Aussage in der koptischen Fassung wird in der Forschung auf 120 Jahre gedeutet. Fraglich ist, von welchem Zeitpunkt aus zu rechnen ist - von der Geburt oder von der Auferstehung Jesu. Je nachdem kommt man auf das Jahr 119 oder 153 n. Chr. Nicht auszuschließen ist, daß die äthiopische Version ein jüngeres Überlieferungsstadium repräsentiert, in dem die koptische Version korrigiert wurde.

Daß das Jahr 119 n. Chr. als besonders bedeutungsschwanger empfunden wurde, belegen bei Hippolyt überlieferte Notizen

über den frühchristlichen Propheten Elchasai: Nach frg.2 (Hippolyt, Ref 9,13,3f) verkündigt Elchasai die Frohbotschaft einer endzeitlichen Sündenvergebung im dritten Jahr des Kaisers Trajan,
d.h. im Jahr 101 n. Chr. und damit ziemlich exakt 100 Jahre nach
der Geburt Christi an. Nachdem das Jahr ohne nennenswerte Ereignisse verstrichen ist, kündigt Elchasai in einer zweiten Pro-
phezeiung einen Weltenbrand für das dritte Jahr nach dem Sieg
Trajans über die Parther, d.h. für das Jahr 119 n. Chr. an (frg.7,
Hippolyt, Ref 9,16,2-4). - Weitere Belege für die sich gegen Ende
des 2. Jahrhunderts verdichtende apokalyptische Stimmung ist
das 8. Buch der Sibyllinischen Orakel (OrSib VIII,139-150). Hier
wird der Untergang Roms für das 948. Jahr nach der Stadtgrün-
dung, das heißt für das Jahr 195 n. Chr., angekündigt: „Wenn der
Phoenix nach fünfhundert Jahren erscheint, wird kommen, der
die Heiden vernichtet, zahllose Stämme, der Juden Volk, dann
wird Ares den Ares plündern. Der Römer bedrohliche Waffen-
übermacht wird er vernichten. Denn vernichtet ist die Macht
Roms, einst so weitreichend, die alte Gebieterin über die benachbarten Städte, nicht mehr wird siegen das Land des grünenden
Roms, wenn aus Asien der Herrscher im Krieg kommt. Hat er das
alles getan, wird er von unten her in die Stadt kommen. Dreimal
dreihundert und achtundvierzig Jahre wirst du vollenden, wenn
das unglückliche Geschick kommt, mit Zwang deine Namen
vollendend."

Ein indirektes Zeugnis über die Hochkonjunktur apokalyptischer Ansagen gegen Ende des 2. Jahrhunderts erhalten wir aus
dem Danielkommentar des Kirchenvaters Hippolyt von Rom (ca.
195-240 n. Chr.). Im Rahmen seiner Polemik gegen derlei Berechnungen führt er in Buch IV, Kap.18f zwei Beispiele mit fatalen
Folgen aus der fraglichen Zeit an. Hieraus wird ersichtlich, daß
selbst zeitgenössische Gemeindevorsteher sich von apokalyptischer Stimmung anstecken ließen und sie sogar noch anheizten.
Im ersten Fall (IV,18) überredet ein Kirchenvorsteher ganze Fami-
lien, in die Wüste zur Begegnung mit dem wiedergekommenen
Christus zu ziehen. Um ein Haar wären die Umherirrenden als
vermeintliche Räuber in die Hände der römischen Polizei gefallen. Im zweiten Fall (IV,19) kündigt ein Kirchenvorsteher aus
Pontos/Kleinasien die Parusie Christi in Jahresfrist an. Die Wirkung ist durchschlagend, die verängstigten Gemeindeglieder

verkaufen ihr Hab und Gut und werden schließlich zu Bettlern. Nicht nur das Vertrauen in den Kirchenvorsteher ist dahin, sondern auch das in die heilige Schrift. Die Verurteilung von Berechnungsversuchen in der frühchristlichen Kirche verläuft mit denselben Argumenten wie im Judentum nach dem niedergeschlagenen Bar-Kosiba-Aufstand (132-135 n. Chr.). Hippolyt selbst ist aber nicht frei von apokalyptischem Denken - er ist mit seinem Danielkommentar ein beeindruckendes Beispiel für das aktualisierende Weiterspinnen der danielischen Terminangaben. Er datiert die Geburt Jesu ins Jahr 5500 seit der Weltschöpfung und damit - gemäß der apokalyptischen Schöpfungswochenanalogie (1 Tag der Schöpfung = 1000 Jahre Geschichte, vgl. Ps 90,4!) - 500 Jahre vor Beginn des Millenniums. Mit der Datierung des Endes auf ca. 300 Jahre nach seiner eigenen Zeit hält Hippolyt zwar daran fest, in der Endzeit im weitesten Sinne zu leben, doch so, daß anderen Berechnungen wie denen der genannten Kirchenvorsteher der Wind aus den Segeln genommen wird.

Mit Hippolyt ebben die Versuche, exakte Angaben über das nahe Ende zu machen, erheblich ab. Durch die fatalen Folgen solcher Falschprophetien wird schließlich die Apokalyptik als solche desavouiert.

3.3.4 Rätselhafte und gleichnishafte Aussagen

Beliebter als (pseudo-)exakte Angaben über die verbleibende Zeitdauer sind in der apokalyptischen Literatur rätselhafte (änigmatische) und gleichnishafte Aussagen. Sie bildeten und bilden zu jederzeit einen Anreiz zu spekulieren und nachzurechnen. Die Angaben selbst verdanken sich wohl auch diesem Reiz.

Die verbreitetste rätselhafte Aussage ist die bereits besprochene „eine Zeit, zwei Zeiten und eine halbe Zeit", die zum Spekulieren geradezu herausfordert. In der jüdisch-christlichen Literatur ist sie regelmäßig auf das Geschick Jerusalems bezogen, hat aber unterschiedliche Ausdeutungen erfahren (zum traditionsgeschichtlichen Hintergrund vgl. den vorigen Abschnitt). Daniel deutet sie auf dreieinhalb Jahre Entweihung des Tempels. Auf die „Zeiten der Heiden", das heißt die Zeit, in der die Heiden den Vorhof des Tempels verunreinigen, deutet die Johannesoffenbarung in Apk 11,2f (in V.2 wird präzisiert: 42 Monate, in V.3: 1260 Tage). Apk 11,9.11 bemißt dagegen die Zeit, in der die beiden endzeitlichen Zeugen tot sein werden, auf dreieinhalb Tage. Später wurden die dreieinhalb Zeiten auf die Zeit des Antichrist gedeutet, so bei den Kirchenvätern Justin (Dial 32,1; 110,2), Irenäus (adv haer V,25,4) und Hippolyt (Danielkommentar IV,35ff und Antichr. 43). Gerade die letzten Belege lassen Zweifel daran aufkommen, ob die Angabe streng im Sinne von „dreieinhalb Jahren" zu verstehen ist. Vielmehr ist davon auszugehen, daß der Zeitraum von „dreieinhalb Jahren" in der Wirkungsgeschichte Daniels zu einem festen apokalyptischen Topos mit symbolischer Bedeutung wurde. Für die Deutung im Sinne einer Unglückszeit schlechthin vgl. auch Lk 4,25 und Jak 5,17. In beiden Textstellen wird die Unheilsansage Elias an König Ahab (1 Kön 17,1) auf dreieinhalb Jahre datiert - gegen den ursprünglichen Wortlaut.

Nicht von „dreieinhalb", sondern von „250 Zeiten" spricht die „Himmelfahrt Moses" (AssMos), eine jüdisch-apokalyptische Schrift der neutestamentlichen Zeit. Nach 10,11f schließt Moses vor seiner Entrückung seine Instruktionen an seinen Nachfolger Josua mit dem Auftrag, die Vision über das zukünftige Geschick Israels zu verwahren, da es noch 250 Zeiten bis zum beschriebenen Ende der Zeiten hin sei. Die Aussage ist in ihrer Rätselhaftigkeit nicht informativ gemeint, sondern stellt Gottes Geschichtsmächtigkeit heraus: Er hat den Ablauf der Zeiten genau vorgeplant, die Tatsache, daß zur Zeit der *Veröffentlichung* des Buches die mosaischen Prophezeiungen noch nicht erfüllt sind, spricht nicht gegen sie. Aber die seit Mose bereits lange verstrichene Zeit läßt auf ein Ende der gegenwärtigen Drangsal in absehbarer Zeit hoffen. - Noch rätselhafter ist die Zeitangabe in der ebenfalls frühjüdischen Apokalypse Abrahams (ApkAbr 28,2-29,2): „Und er zeigte mir die Menge seines Volkes und sprach zu mir: 'Deswegen wird mir durch die vier Eingänge, die du gesehen hast, Erzürnung von ihnen geschehen und in ihnen Vergeltung für ihre Werke von mir. In dem vierten Eingang sind hundert Jahre, und eine Stunde des Äons wird auch hundert Jahre sein im Bösen unter den Heiden.' Und ich sprach: 'Urewiger (Starker)! Wieviel Zeit ist eine Stunde des Äons?' Und er sprach: 'Ich habe bestimmt, daß zwölf Jahre dieses gottlosen Äons über die Heiden und über deinen Samen herrschen werden, und bis am Ende der

Zeiten wird das, was du gesehen hast, geschehen. Und zähle, und erkenne und schaue auf die Darstellung." Die Antwort auf die Anfrage Abrahams nach der Zukunft seines Volkes ist weit entfernt von jedem informativen Gehalt; zu erkennen ist eine Einteilung der geschichtlichen Zeit in vier Perioden, wovon die vierte die Zeit der Fremdherrschaft über Israel ist. Möglicherweise soll hier „eine Stunde des Äons" auf „zwölf Jahre" der Fremdherrschaft über Israel hindeuten. Eindeutig ist diese Deutung aber nicht, denn was soll dann die Formulierung „eine Stunde des Äons wird auch hundert Jahre sein"? So sehr die Aussage zum Spekulieren einlädt, so deutlich ist auch hier die Absicht zu verspüren, Gott als den Herrn über Zeit und Geschichte zu bestätigen. Die Zeit der Fremdherrschaft hat ihre Zeit, und sie ist Zeit der Strafe für die Vergehen des Volkes. Nicht mehr, aber auch nicht weniger will die Stelle besagen. - Eine weitere Rätselaussage aus dem Bereich der frühjüdischen Apokalyptik findet sich in Pseudo-Philos „Biblischen Altertümern" (AntBibl 19,14f). Wieder bietet die Sorge des scheidenden Mose um sein Volk den erzählerischen Rahmen. Mose fragt Gott nach der Dauer der noch kommenden Zeit: „Wenn ich noch von dir, Herr, (etwas) erbitten kann gemäß der Größe deiner Barmherzigkeit, (so) zürne mir nicht und zeige mir, eine wie große Menge von Zeit vorübergegangen ist und eine wie große (Menge) übriggeblieben ist. Und es sprach der Herr zu ihm: ISTIC MEL, APEX MAGNUS, MOMENTI PLENITUDO, ET CIATI GUTTA, und alles hat die Zeit erfüllt. Viereinhalb nämlich sind vergangen, und zweieinhalb sind übrig." Die Rätselsaussage ist versuchsweise zu übersetzen: „Ein Augenblick und eine Handvoll, Fülle des Augenblicks, Tropfen an einer Schale." Der Tenor liegt in der Betonung, daß die noch zu erwartende Zeit im Vergleich zur bereits verflossenen Zeit denkbar kurz ist. Zusätzlich zu der gleichnishaften Umschreibung wird ein dem danielischen Wochenschema ähnelndes Siebenerschema zugrundegelegt: Die Weltzeit ist in sieben Teile geteilt, von denen bereits viereinhalb Teile vergangen sind. Zumal aus der Perspektive Pseudo-Philos, für den die Zeit Mose der grauen Vorzeit angehört, ist damit ein verschlüsselter Hinweis auf das nahe Ende gegeben. Wann genau aber das Ende eintreten wird, läßt der Text bewußt offen. Es geht nicht um Information über das Wann?, sondern um die relative Erträglichkeit der Restzeit.

Im Hinweis auf das eindeutige Verhältnis von bereits verflossener und noch ausstehender Zeit besteht auch im 4. Esrabuch eine der Antworten auf die Frage des Visionärs nach dem Zeitpunkt des ersehnten Endes: „Ich stellte mich hin und sah, wie ein glühender Ofen an mir vorüberzog. Und als die Flamme vorübergezogen war, sah ich, wie Rauch übrigblieb. Danach zog an mir eine Wolke voll Wasser vorbei und schickte einen sehr heftigen Regen herab. Und als der Regenschauer vorübergezogen war, blieben in ihr noch einzelne Tropfen übrig. Da sagte er zu mir: Überlege selbst! Wie nämlich der Regen mehr ist als die Tropfen, und das Feuer mehr als der Rauch, so ist das Maß des Vergangenen weit größer gewesen. Übrig sind aber nur noch Tropfen und Rauch" (4,48-50). Wie bei Pseudo-Philo deuten die gleichnishaften Kontraste auf die vergleichsweise zu vernachlässigende Restzeit hin. Eine exakte Auskunft darüber, wann der neue Äon anbrechen wird, wird verweigert, Esra erhält lediglich eine rätselhafte Auskunft: „Ich antwortete und sagte: Wie wird die Trennung der Zeiten sein? Oder wann ist das Ende der ersten und der Anfang der kommenden Welt? Er sagte zu mir: Von Abraham bis zu Abraham! Denn von ihm stammen Jakob und Esau. Die Hand Jakobs aber hielt im Anfang die Ferse Esaus. Das Ende dieser Welt ist Esau, der Anfang der kommenden Jakob. Denn das Ende des Menschen ist die Ferse, und der Anfang des Menschen ist seine Hand. Zwischen Ferse und Hand suche nichts weiter, Esra!" (6,7-10). Terminspekulationen werden damit expressis verbis abgewiesen, Esra soll sich mit der Versicherung relativ großer Nähe begnügen. Bekräftigend wird am Ende des Buches noch einmal auf sie hingewiesen: „Denn die Welt hat ihre Jugend verloren, und die Zeiten nähern sich dem Alter. Denn in zwölf Teile ist die Weltzeit geteilt, und davon sind schon zehn und zwar die Hälfte des zehnten Teils vergangen. Übrig bleiben also noch zwei außer der Hälfte des zehnten Teils." (14,10-12). Das Zwölferschema ist neben dem Siebenerschema ein beliebtes Periodisierungsschema (vgl. dazu 1.2.2). Zumal aus der Perspektive des eigentlichen Verfassers, der um Jahrhunderte später als Esra selbst lebt, erscheint das ersehnte Ende in unmittelbarer Zukunft. - Die kontrastive Gegenüberstellung der Zeiten ist in der frühjüdischen Zeit ein äußerst beliebtes Mittel, um einerseits Terminspekulationen entgegenzuwirken und um andererseits für die

Verzweifelten eine Perspektive zu schaffen. So bedient sich auch der Autor der syrischen Baruchapokalypse dieses Mittels. In einem fiktiven Brief Baruchs, des Schreibers des Propheten Jeremia, an die Exulanten in Babylon heißt es (syrBar 82,2): „Indessen sollt ihr wissen, daß unser Schöpfer sich gewißlich rächen wird an allen unsren Feinden für alles, was sie gegen uns und unter uns getan haben; besonders, daß das Ende, das der Höchste bereitet hat, uns nahe ist und seine Gnade kommt und die Vollstreckung seines Urteils nicht fern ist". „Der Höchste wird ja seine Zeiten sicherlich beschleunigen und seine Perioden sicher kommen lassen" (83,1). „Die Jugend dieser Welt ist ja vergangen, die Kraft der Schöpfung ist ja schon erschöpft, der Zeiten Kommen ist sehr nahe, ja schon vorüber. Der Eimer ist dem Brunnen nahe und das Schiff dem Hafen; die Reise ist nahe der Stadt, das Leben seinem Ende" (85,10). Die Aussagen sollen die Adressaten trösten, und die sind auf der realhistorischen Ebene die Glieder des Volkes Israel, die um den Verlust des Tempels im Jahre 70 n. Chr. trauern.

3.3.5 Die gegenwärtige Generation als Zeitrahmen

In der jüdischen Apokalyptik entwickelt sich die Vorstellung, wonach das verheißene Heil nur oder in besonderem Maße der letzten, messianischen Generation zuteil wird. Dazu PsSal 17,44: „Selig, wer in jenen Tagen leben wird und schauen darf das Heil Israels in der Vereinigung der Stämme". Weiter 4 Esr 13,16ff: „Wehe denen in jenen Tagen, die übrig geblieben sind, und noch viel mehr Wehe denen, die nicht übrig geblieben sind. Denn die nicht übrig geblieben sind, waren traurig, denn sie wußten, was für die letzten Tage aufbewahrt ist, und sie werden nicht dazu gelangen. ... Du sollst also wissen, daß seliger die Übriggebliebenen sind als die Toten". Und Lk 10,23: „Selig sind die Augen, die sehen, was ihr seht."[15] Es gilt demnach als besonderer Segen, die Ankunft des Messias mit eigenen Augen erleben zu dürfen. Und so gehen die Hoffnungen der Menschen dahin, das messianische

---

[15] Weitere Texte: 4 Esr 13,24; PsSal 18,5f; Dan 12,12; Sir 48,11; Ant Bibl 55,2; Sib IV 24.

Reich möge zu ihren Lebzeiten eintreffen. So fragt Esra in 4 Esr 4,51 Gott danach, ob er das Ende selbst noch lebend erreichen werde. Im frühjüdischen Qaddisch-Gebet wird die Ankunft des Gottesreiches in den eigenen Lebenstagen erbeten. Die Zeit des Messias ist eine besondere Gnaden- und Freudenzeit (Mk 2,19f). Der fromme Simeon kann in Frieden sterben, nach dem er den Christus gesehen hat (Lk 2,25-32). Die Augenzeugen haben, was den Glauben anbelangt, einen Vorteil vor den Früheren und Späteren; sie werden deshalb selig gepriesen (Joh 20,29). Die Gemeinde in Thessaloniki ist besorgt um diejenigen, die vor der Zeit, das heißt vor der verheißenen Parusie Christi gestorben sind (1 Thess 4,13-18).

Es entspricht apokalyptischer Hoffnung, daß sich die Leserinnen und Leser apokalyptischer Schriften aus den verschlüsselten Zeitangaben als Teil der letzten, messianischen Generation entdecken können. Die zahlreichen Kontrastaussagen, verbunden mit der fiktiven Rückprojektion des visionären Geschehens, lassen das Ende in greifbarer Nähe erscheinen. Aussagen, die anderes intendieren, fehlen. Wer die apokalyptische Schrift liest, kann daraus Konsequenzen für sein eigenes Leben ziehen. In den synoptischen Evangelien wird die Generation Jesu expressis verbis als messianische Generation angesprochen. In den zwei Amen-Worten Mk 9,1parr und 13,30parr kündigt Jesus seinen Jungern das Ende noch in dieser Generation an: „Wahrlich, ich sage euch: Es stehen einige hier, die werden den Tod nicht schmekken, bis sie sehen das Reich Gottes kommen mit Kraft" (Mk 9,1). „Wahrlich, ich sage euch: Diese Generation wird nicht vergehen, bis dies alles geschieht" (Mk 13,30). Das Strafgericht für alles vergossene Blut der Gerechten kündigt Jesus den Pharisäern und Schriftgelehrten seiner Zeit an - sie haben das Maß der Greuel vollgemacht (Mt 23,34f). Neben Jesus versteht sich auch Paulus als Teil der letzten Generation (1 Kor 10,11); er zählt sich zu den Überlebenden bis zur Parusie (1 Thess 4,15.17; 1 Kor 15,51). In der Zeit nach der ersten Generation wird der zeitliche Bezugsrahmen der Endzeithoffnung erweitert. Die Petrusapokalypse (ApkPetr, 1. Hälfte des 2. Jh.) bezieht die Ölbergrede Jesu (Mk 13parr) im nachhinein nicht auf die Zeitgenossen Jesu, sondern auf die nachkommenden Generationen: „Tu uns kund, was *die Zeichen deiner Parusie und des Endes der Welt* sind, damit wir erkennen

und merken die Zeit deiner Parusie und die nach uns Kommenden unterweisen, denen wir das Wort deines Evangeliums predigen und die wir in deine(r) Kirche (ein)setzen, damit sie, wenn
sie es hören, sich in acht nehmen, daß sie merken die Zeit deiner Parusie." (ApkPetr 1). Der Zusatz „ ... und die nach uns Kommenden unterweisen" etc. suggeriert, als sei die Rede Jesu von
vornherein für die Unterweisung späterer Generationen bestimmt
gewesen. Der historischen Falsifikation der Aussage von Mk
13,30 wird auch dadurch Rechnung getragen, daß der Vers erst
gar nicht mehr zitiert wird. Es hat aber eine hohe Wahrschein-
lichkeit für sich, daß der Autor der Petrusapokalypse seine eigene Generation als die eigentlichen Adressaten der Ölbergrede Jesu ansieht. In jedem Falle gehören er und sein Adressatenkreis
zu den Nachkommenden, die auf die Zeichen der Parusie und
des Weltendes achthaben sollen.

Der Bezug visionär geschauter Ereignisse auf die jeweilige
Generation der Leserinnen und Leser wird erst später ausdrücklich zurückgewiesen, als die Apokalyptik aufgrund wiederholter
Falschankündigungen einzelner (Pseudo-)Visionäre, wie sie etwa
der Kirchenvater Hippolyt beschreibt, insgesamt desavouiert ist.
Hippolyt selbst datiert das Ende auf das Jahr 500 n. Chr. und damit auf einige Generationen nach seiner eigenen. Akute Endzeitstimmung wird damit abgebaut, die angesprochene Generation
kann beruhigt ihren Alltagsgeschäften nachgehen. Schon Justin
der Märtyrer (gestorben ca. 165 n. Chr.) erweitert den Bezugsrahmen über die erste Generation hinaus. Als Begründung für das
Ausbleiben der Verheißung führt er die Sorge Gottes um die
Menschen an; möglichst viele Menschen sollen noch gerettet
werden, auch solche, die noch nicht geboren sind (Apol I 28,2;
45,1; Dial 9,2). Doch besteht Justin - anders als Hippolyt nach ihm
- darauf, daß das Ende bald und plötzlich kommen kann. Die eigene Generation darf sich nicht beruhigt im Sessel zurücklehnen.

3.3.6 Hinweise auf Verzögerung

Rein quantitativ gesehen, nehmen sich die Hinweise darauf, daß
sich das ersehnte Ende hinauszögert, bescheiden aus. Viel öfter
wird es in die absehbare Zukunft verortet. Selbst in den Texten,

in denen offene Skepsis an den früheren Ankündigungen zur
Sprache kommt, wird an der Naherwartung festgehalten. Zu dieser Grundausrichtung apokalyptischer Hoffnung scheinen die
Verzögerungsankündigungen in schroffem Widerspruch zu stehen.

Für das Neue Testament wird dieser Widerspruch zumeist im Sinne auf-
einanderfolgender Etappen gelöst. Nach Albert Schweitzer, Erich Gräßer
und anderen ist einer ersten, heißen Phase der Naherwartung die der Ernüchterung gefolgt. Diese Phase äußere sich in zahlreichen versteckten
und offenen Hinweisen auf eine Verzögerungserfahrung. Schon der Hinweis auf den unbekannten Zeitpunkt oder die Ermahnung zur Wachsamkeit sei so zu bewerten. Erst recht natürlich Ermahnungen zur Geduld
oder die ausdrückliche Auskunft, die Zwischenzeit sei lang, das Ende
verzögere sich. Es stellt sich allerdings die Frage, ob eine solche Sicht
der Dinge dem Phänomen gerecht wird. Im Vorgriff auf Kapitel 4 be-
haupte ich, daß Naherwartung und die Erfahrung sich dehnender Zeit
Hand in Hand gehen: Je stärker die Sehnsucht nach Veränderung, desto
stärker die Fixierung auf das baldige Ende *und* der Eindruck, die Zeit
bis dahin dehne sich über Gebühr. Aussagen über die Nähe und Hinweise auf die Erfahrung der Verzögerung sind daher nicht automatisch unterschiedlichen Stadien der eschatologischen Hoffnung zuzuordnen.

Der Prophet Jeremia warnt in einem fiktiven Brief die Deportier-
ten in Babylon vor Falschpropheten, die verfrüht baldiges Heil
ansagen (Jer 29,8f). Statt dessen habe sich das Volk auf eine Frist
von siebzig Jahren, und damit auf eine mehrere Generationen
dauernde Wartezeit einzurichten (29,10; vgl. 25,11f). Der zeitliche
Bezugsrahmen der Zukunftshoffnung wird also erweitert, um un-
angebrachten Hoffnungen den Boden zu entziehen. - Alttestamentlicher „Kronzeuge" der Verzögerungserfahrung ist Hab 2,3:
„Die Weissagung wird ja noch erfüllt werden zu ihrer Zeit und
wird endlich frei an den Tag kommen und nicht trügen. Wenn
sie sich auch hinzieht, so harre ihrer; sie wird gewiß kommen
und nicht ausbleiben." Auf die Erfahrung, daß sich die Weissagung verzögert, reagiert der Prophet beschwichtigend: Aufge-
schoben ist nicht aufgehoben, die Weissagung wird sich erfüllen,
wenn ihre Zeit gekommen ist. Mit anderen Worten: Die Verzögerung ist subjektiver Eindruck der Wartenden, doch eigentlich,
und das heißt, gemessen an Gottes Zeitplan und -maß, handelt es

sich gar nicht um Verzögerung. Gottes Zeitplan muß erfüllt werden, das erfordert Geduld. - An Hab 2,3 knüpft unter anderem der Habakuk-Kommentar 1QpHab (7,3-14) an. Der Text bezieht seine Vorlage auf die endzeitliche Situation und steigert die Aussage noch: „(3) Und wenn es heißt: *Damit eilen kann, wer es liest*, (4) so bezieht sich seine Deutung auf den Lehrer der Gerechtigkeit, dem Gott kundgetan hat (5) alle Geheimnisse der Worte seiner Knechte, der Propheten. *Denn noch ist eine Schau* (6) *auf Frist, sie eilt dem Ende zu und lügt nicht.* (2,3) (7) Seine Deutung ist, daß sich die letzte Zeit in die Länge zieht, und zwar weit hinaus über alles, (8) was die Propheten gesagt haben; denn die Geheimnisse Gottes sind wunderbar. (9) *Wenn sie verzieht, so harre auf sie, denn sie wird gewiß kommen, und nicht* (10) *wird sie ausbleiben* (2,3). Seine Deutung bezieht sich auf die Männer der Wahrheit, (11) die Täter des Gesetzes, deren Hände nicht müde werden vom Dienst (12) der Wahrheit, wenn die letzte Zeit sich über ihnen hinzieht. Denn (13) alle Zeiten Gottes kommen nach ihrer Ordnung, wie er es ihnen festgesetzt hat (14) in den Geheimnissen seiner Klugheit." Der zeitliche Bezugsrahmen prophetischer Weissagung wird bewußt verlassen, jeglicher Naherwartung wird hier eine Absage erteilt. Die einzig positive Aussage über den Zeitpunkt des Endes ist - wie in Hab 2,3 -, daß alles nach Gottes festgelegter Ordnung verläuft. Deutlich ist die expressiv-praktische Ausrichtung des Textes: Die Frommen sollen in ihrem Tun nicht müde werden, sondern durchhalten.

Das Problem des scheinbaren Ausbleibens der Verheißungen wird im Neuen Testament lediglich in 2 Petr 3 theoretisch behandelt. Dort sind es Spötter, die angesichts der seit Jesu Tod vergangenen langen Zeit offen die Glaubwürdigkeit christlicher Zukunftshoffnung anzweifeln (3,3). Die Antwort wirkt, aufs ganze gesehen, apologetisch, restaurativ: Die Zweifel werden letztlich nicht ernstgenommen, sondern als Fehleinschätzung der Lage charakterisiert. Gottes und der Menschen Zeitmaß seien - in Anschluß an Ps 90,4 (,,Denn tausend Jahre sind vor dir wie der Tag, der gestern vergangen ist") - schlichtweg nicht verrechenbar. Was wie Verzögerung aussehe, sei im Grunde Zeichen göttlicher Langmut, die möglichst alle Menschen noch zum Sinneswandel führen will. Damit bestätigt der Autor des 2. Petrusbriefes aber gerade nicht die Annahme, es gebe keine Erfüllung der Verheißung; sie werde vielmehr plötzlich, wie ein Dieb, eintreffen (V.10). Die Argumente, daß sich Gott nicht in die Karten schauen lasse und daß das Ende möglicherweise gerade dann komme, wenn man gar nicht darauf vorbereitet ist, lenken den Blick der Zweifler auf den Sinn und Zweck der gegenwärtigen Wartezeit: Umkehr jetzt ist gefordert, sonst beschwört man ein fatales Ende für sich herauf. - Ein Beispiel für die neutestamentliche Auslegung von Hab 2,3 findet sich im Hebräerbrief (10,37). Die Tendenz ist der zitierten Qumranstelle entgegengesetzt: Die Verzögerung des Endes wird nicht bestätigt, sondern relativiert; der Akzent liegt auf der Beschwichtigung, daß das Ende nur noch eine kleine Weile auf sich warten lasse.

Über die genannten Stellen hinaus kommt die Erfahrung sich dehnender Zeit implizit an vielen Textstellen zur Geltung. So etwa in Gleichnissen Jesu, die auf das rechte und kluge Ausnützen der verbleibenden Zeit hinarbeiten. Das Matthäusevangelium bietet im Anschluß an die synoptische Apokalypse (Kap. 24) eine ganze Gleichnisreihe, in der die Frage der Zeitdauer thematisiert wird. Neben eigenem Sondergut (Gleichnis von den zehn Jungfrauen, Mt 25,1-13) schöpft Matthäus dabei aus der Logienquelle (Gleichnis von den beiden Knechten Mt 24,45-51par Lk 12,42-46; Gleichnis vom anvertrauten Gut Mt 25,14-30par Lk 19,11-27). Die Anordnung der Gleichnisse wirft einen Blick auf die Situation zur Zeit des Matthäus: Auf der einen Seite stehen Gemeindeglieder, die aus der langen, schon verstrichenen Zeit die Zukunftshoffnung überhaupt in Frage stellen - ähnlich wie die Spötter in 2 Petr 3. Auf der anderen stehen solche, denen nach anfänglichem Enthusiasmus die Geduld ausgeht und die müde werden. Den ersten hält Matthäus (bzw. die Logienquelle) das Beispiel des untreuen Knechts vor: Er, der aufgrund seiner Zweifel („Mein Herr kommt noch lange nicht", 24,48) seinen Auftrag nicht mehr erfüllt, sondern tut, was er will und (vielleicht aus Frustration?) die Mitknechte peinigt, wird Opfer einer fatalen Fehleinschätzung der Lage: Der Herr kommt zurück, wenn er es nicht erwartet, und läßt ihn hinrichten. Den zweiten führt Matthäus die unklugen Jungfrauen als warnendes Beispiel vor Augen: Sie rechneten mit dem baldigen Ende, verlieren dadurch aber die Möglichkeit einer längeren Zwischenzeit aus dem Auge. Die gegen alle Erwartung sich hinziehende Zeit wird ihnen zum Verhängnis, es fohlt ihnen an der nötigen Ausdauer und Geduld. Im entscheidenden Augenblick sind sie nicht bereit und verpassen das Heil. - Gemeinsamer Tenor der beiden Gleichnisse ist die Auskunft, daß Christus möglicherweise dann wiederkommen wird, wenn kaum einer damit rechnet. Und das heißt: Für die einen unerwartet und für die anderen später als erwartet. Die adäquate Einstellung ist daher die der steten Wachsamkeit (gr. *grêgoreite*) und der treuen Pflichterfüllung. Gerade der letzte Aspekt wird dann im Gleichnis vom anvertrauten Gut (Mt 25,14-30par) und in der Vision vom Weltgericht (Mt 25,31-46) konkretisiert. Konstitutives Element des erstgenannten Gleichnisses ist die Notiz, daß der Herr „nach langer Zeit" zurückkommt (25,19). Die Erfahrung sich dehnender Zeit wird hier reflektiert und auf den positiven Sinn der Wartezeit hingewiesen. In der lukanischen Variante des Gleichnisses (Lk 19,11-27) ist die Notiz aus dem eigentlichen Bild ausgelagert. Lukas läßt es als Antwort Jesu auf die gespannte Erwartung seiner Zuhörer (,, ... denn er war nahe an Jerusalem, und sie meinten, das Reich Gottes werde sogleich offenbar werden", V.11) formuliert sein.

Inwiefern auch andere Aussagen, etwa über die Plötzlichkeit des Endes oder überhaupt über die Nähe (im Unterschied zu solchen über die Gegenwart des Heils, dazu vgl. 1.3) als Indizien für die Erfahrung sich dehnender Zeit zu werten sind, hängt vom Geschichtsverständnis der Ausleger ab. Sofern das Charakteristikum der eschatologischen Botschaft Jesu in der Proklamation des gegenwärtigen Heils gesehen wird, muß jede futurische Aussage, selbst die der *Nähe,* als Relativierung aufgrund von Verzögerungserfahrung gelten. Doch es ist meines Erachtens methodisch höchst problematisch und historisch nicht zu verifizieren, die Botschaft Jesu auf einen Aspekt, sei es den präsentischen, sei es den futurischen, zu reduzieren.[16] In der Spannung zwischen beiden, und das heißt, zwischen der Zeit Jesu als besonderer Heilszeit und der Zeit der vollständigen Erfüllung, liegt das, was die christliche Hoffnung ausmacht. Christ-

---

[16] Während seitens der „konsequenten Eschatologie" (J. Weiß, A. Schweitzer) die präsentischen Aussagen weitgehend aus dem Blick gerieten, erkennt R. Bultmann gerade in ihnen, und das heißt in der Auffassung, die entscheidende Wende sei bereits geschehen, das Proprium frühchristlicher Eschatologie. Futurische Aussagen gehören nach Bultmann mythologischer Redeweise an und sind existential zu interpretieren.

liche Hoffnung ist bipolar - sie bezieht sich auf den, der als der Irdische seine zukünftige Wiederkunft versprochen hat. Und so erkenne ich in den Ansagen baldigen oder plötzlichen Kommens keine Indizien für Verzögerungserfahrung.

Eine weitere Gruppe von Texten setzt sich mit der vorzeitigen Proklamation des Endes durch Falschpropheten u.ä. auseinander. Die Antwort besteht im Hinweis auf die endzeitlichen Geschehnisse, die vor dem Ende noch kommen müssen. Es entsteht hier der Eindruck einer argumentativen Zerdehnung der zeitlichen Perspektive. Die bekanntesten Beispiele sind die synoptische Apokalypse Mk 13parr, 2 Thess 2 und die Johannesoffenbarung (Besprechung auf S. 55). Die Skepsis an früheren Verheißungen setzt sich in der frühchristlichen Literatur fort. Gerade nach dem Aussterben der ersten christlichen Generation scheint es eine Welle des Spotts und der Zweifel gegeben zu haben. Das läßt sich nicht nur dem 2. Petrusbrief entnehmen, sondern auch dem 1. Klemensbrief.[17] In 1 Clem 23 wird als Antwort auf eine auf 2 Petr anspielende Anfrage (V.3: „Dies hörten wir auch zur Zeit unserer Väter, und siehe, wir sind alt geworden, und nichts davon ist uns widerfahren") das nahe und plötzliche Eintreffen in Aussicht gestellt, und zwar einmal mehr unter Rückgriff auf Hab 2,3. Es gibt keinerlei Anlaß, in der Erwartung nachzulassen. Auch der sogenannte 2. Klemensbrief (1. Hälfte 2. Jh.) schärft gegen alle Zweifel die Möglichkeit ein, daß das Ende jederzeit eintreffen könne (2 Clem 12,1). - Die ebenfalls dem 2. Jahrhundert zuzurechnende „Himmelfahrt Jesajas" (AscJes) reflektiert den Streit in der Kirche um die Wiederkunft Christi (3,2ff): „Und danach, wenn er nahe ist, werden seine Jünger die Lehre der zwölf Apostel und den Glauben und ihre Liebe und ihre Reinheit verlassen, und es wird viel Streit entstehen über (seine Ankunft und) sein Nahesein ... Und es wird viel Lästerung und Ruhmredigkeit geben beim Nahen des Herrn, und der Heilige Geist wird sich von vielen zurückziehen."

Über lange Zeit ist die Bekräftigung der Naherwartung die übliche Reaktion auf offene oder latente Skepsis. Erst mit Hippolyts Danielkommentar, das heißt zu Beginn des 3. Jahrhunderts,

---

[17] 1 Clem wird etwa in die 90er Jahre des 1. Jh. n. Chr. datiert.

wird eine andere Antwort angeboten: das Ende kommt weit später als erwartet, die Generation Hippolyts wird sie nicht mehr erleben. Grund für die Aufgabe der Naherwartung sind einige Fälle von Falschprophetien in den Reihen der Kirchenleitung (vgl. S. 82f), also gerade keine Skepsis. Wie seine Vorgänger versucht Hippolyt demnach lediglich, akute Stimmungen auszutarieren. Erst mit der Konstantinischen Wende tritt etwas Ruhe ein, insofern der Sehnsucht nach baldiger Veränderung der äußeren Lage vorübergehend der Wind aus den Segeln genommen ist.

Exkurs: Versuche, das Ausbleiben des Endes zu erklären

Latent besteht das Problem sich dehnender Zeit da, wo Versuche unternommen werden, die Verzögerung der Verheißung zu erklären. Das beliebteste Erklärungsmodell in frühchristlicher Zeit ist neben dem Hinweis auf Gottes Zeitplan der *Hinweis auf Gottes Langmut* (gr. *makrothymia*). Es begegnet in jüdischen Schriften (AntBibl 19,8; syrBar 12,4; 21,20 etc.) gleichermaßen wie im Neuen Testament (2 Petr 3 und das Gleichnis vom unfruchtbaren Feigenbaum Lk 13,6-9), aber auch im außerkanonischen Schrifttum, wie z.B. in den Briefen des Ignatius, (IgnEph 11,1; IgnSm 9,1), im 2. Klemensbrief (8,1) und in der Paulusapokalypse (ApkPaul 3-6). Der gegenwärtigen Langmut entspricht die Erwartung eines späten, aber dafür um so schärferen Gerichts (1 Petr 4,17; 2 Petr 3,7; vgl. OrSib VIII,14: „Gottes Mühlen mahlen zwar spät, doch mahlen sie fein ..."). Gottes Langmut fordert daher die Bereitschaft zu umgehender Buße des Menschen heraus (Lk 13,6-9; Röm 2,4; 2 Petr 3,9; PastHerm Vis III,9).

Ein weiteres Erklärungsmodell für das unerklärliche Ausbleiben des Endes ist die zu erreichende Zahl der Gerechten (*numerus iustorum*, vgl. äthHen 47,1-4; 4 Esr 4,35ff; syrBar 30,2). Auf diesen Zeitpunkt werden die um Rache schreienden Märtyrer der Johannesapokalypse vertröstet (Apk 6,9-11). Möglichst viele Menschen sollen nach Gottes Heilswillen noch gerettet werden (Justin, Apol II 7; Dial 39,2). Später wird die dem Menschen zugebilligte Willensfreiheit als Faktor genannt, der die Vollzahl der Gerechten verzögert (Pseudo-Clementinen, Recognitiones III,26), oder auf das Gebet *pro mora finis* hingewiesen (Aristides).

Eine spezifisch frühchristliche Ausprägung des eben genannten Erklärungsmusters ist der Hinweis auf die noch nicht vollendete Zahl der Heiden: Erst wenn die Heidenmission zu ihrem Ziel gekommen ist, kann das Ende kommen (Mk 13,10par Mt 24,14; Apg 1,6-8). Nach Paulus ist der „Umweg" der Heidenmission die Voraussetzung für die vollständige Bekehrung Israels (Röm 11,25f). Umgekehrt ist die nach Apg 28 bis Rom vorangetriebene Mission des Paulus ein Indiz für das Endzeitbewußtseins des Autors.

3.3.1 Das Motiv der Beschleunigung bzw. Verkürzung der letzten Zeiten

So wie in einigen Texten die (nachträgliche) Verzögerung der Verheißung gedacht werden kann, so in anderen die (nachträgliche) Beschleunigung. Das Motiv von der Verkürzung der letzten Zeiten ist in der fraglichen Literatur reichlich belegt. Es dient dazu, Gott als denjenigen, der für die Seinen auch oder gerade in der schlimmsten Bedrängnis sorgt, darzustellen. Für die Glaubenden weicht Gott sogar von seinem von Ewigkeit her feststehenden Zeitplan ab und verkürzt die Zeiten. So im kürzlich edierten Fragment aus Qumran 4Q 385f; Fragment 2:[18] „ ... Mein Herz ist verwirrt, zusammen mit meiner Seele. Aber die Tage werden schnell dahineilen, bis alle Menschen sagen werden: 'Eilen nicht die Tage, damit die Kinder Israels (ihr Land) erben werden?' Und der Herr sprach zu mir: Ich werde dir deine Bitte nicht abschlagen, Ezechiel. Sieh da, ich werde die Zeit messen und die Tage und Jahre ein wenig verkürzen ..." Der Text bietet eine Analogie zum Verkürzungsmotiv in der synoptischen Apokalypse (Mk 13,20par Mt 24,22). Auch hier steht die Beschleunigung der Endzeit in direktem Zusammenhang mit dem Heilsempfang der Glaubenden: Nur dem helfenden Eingreifen Gottes ist es zu ver-

---

[18] Eigenübersetzung nach der englischen Edition von Eisenman/Wise (vgl. Anhang I)

danken, daß sie die letzte Bedrängnis unbeschadet überstehen.[19] Der Barnabasbrief (Barn 4,3) führt den Gedanken weiter und benutzt ihn als Motivation ethischen Verhaltens: Da Gott die Zeit der Drangsal verkürzt, sprich alles dazu tut, daß die Glaubenden das Erbe empfangen, gilt es, sich von der Welt und ihren Irrtümern abzugrenzen (V.1f). Als Beispiel für den Konnex von Bewahrungs- und Verkürzungsmotiv sei schließlich die Pseudo-Johannes-Apokalypse (ApkPsJoh, Kap. 8, 5. Jh. n. Chr.) erwähnt. Gott verkürzt die Zeit des Antichrists, um den Heiligen das Heil zu sichern: „Jene Zeiten werden drei Jahre sein, und ich werde die drei Jahre wie drei Monate machen, und die drei Monate wie drei Wochen, und die drei Wochen wie drei Tage, und die drei Tage wie drei Stunden, und die drei Stunden wie drei Augenblicke, wie der Prophet David spricht: 'Du hast seinen Thron auf die Erde herabgeworfen, du hast die Tage seiner Zeit verkürzt.'"[20]

Beschwichtigend wirkt die Ankündigung, daß sich die Zeiten gegen das Ende zu beschleunigen, in AntBibl 19,13: „Dieser Himmel wird aber vor meinem Angesicht sein wie ein eilender Nebel und wie der gestrige vorbeigehende Tag. Und es wird geschehen, wenn ich mich nahen werde, um den (Erd-)Kreis heimzusuchen, werde ich den Jahren gebieten und den Zeiten befehlen, und sie werden abgekürzt werden, und es werden die Sterne sich beschleunigen, damit das Licht der Sonne zum Untergang eile, und nicht wird das Licht des Mondes bleiben, weil ich eilen werde, euch Schlafende zu erwecken, damit an dem Ort der Heiligung, den ich dir gezeigt habe, wohnen mögen alle, die leben können." Zweck der Beschleunigung ist die möglichst rasche Erweckung der Toten. Das gilt auch für den hier angesprochenen Moses, dem zuvor (V.12) der Tod angekündigt wurde. Der Tod erscheint im Kontext als schnell vorübergehende Ruhephase. - Trost und Beschwichtigung ist Zweck des Beschleunigungsmotivs in syrBar 20,1f: „Darum, siehe, die Tage werden kommen und die Zeiten eilen mehr als die früheren, und die

---

[19] Zum Motiv des helfenden Eingreifens Gottes in der letzten Phase vgl. äthHen 100,5; 4 Esr 13,19f.23; syrBar 29,2; TestDan 6 (Engel des Friedens); CD B 9,10; 1 Kor 10,11.13; Apk 3,11.

[20] Eigenübersetzung nach der Edition von Tischendorf (vgl. Anhang I).

Zeiträume werden schneller eilen als die vergangenen, und die Jahre laufen schneller als die jetzigen. Schon habe ich Zion weggenommen, damit ich um so rascher die Welt zu ihrer Zeit heimsuchen kann." Verarbeitet wird die Zerstörung Jerusalems im Jahre 70 n. Chr., die Katastrophe wird als Vorbedingung für das allgemeine Endgericht interpretiert, das jetzt unmittelbar bevorsteht. Dabei schwingt die Vorstellung mit, wonach die vorzeitige Bestrafung der Glaubenden geradezu ein Privileg darstellt, da sie relativ milde ausfällt. Die Gottlosen hingegen werden ihre Bestrafung im Endgericht, und dann um so heftiger, erhalten. Zweifel an der Geschichtsmächtigkeit Gottes werden ebenfalls mithilfe des Motivs der Beschleunigung ausgeräumt (82,1; 83,1, vgl. S. 87).

3.3.8 Hinweise auf die verborgene Präsenz

Die bisher besprochenen Antworten auf die Frage nach dem Zeitpunkt des Endes verweisen auf einen Zeitpunkt in der näheren oder ferneren Zukunft. Daneben gibt es eine relativ kleine Gruppe von Aussagen, in der sich zur Überraschung der Fragesteller die Frage als falsch gestellt erweist: Die Frage ist nicht, wann das Ende kommen werde, denn: es ist bereits da, es wird nur von denen, die fragen, nicht wahrgenommen. So beantwortet Jesus eine entsprechende Anfrage der Pharisäer in Lk 17,20f: „Das Reich Gottes kommt nicht so, daß man's beobachten kann; man wird auch nicht sagen: Siehe, hier ist es! oder: Da ist es! Denn siehe, das Reich Gottes ist mitten unter euch (gr. *entos hymôn*)." Es stellt sich die Frage, wie die Aussage Jesu zu verstehen sei.[21] Die meines Erachtens wahrscheinlichste Erklärung ist die, daß Jesus sich als Wegbereiter - im Werbejargon könnte man sagen: „Promoter" des Reiches Gottes präsentiert: Wo er ist, gewinnt das Reich Gottes Gestalt, setzt es sich greifbar und spürbar durch. Dafür spricht auch, daß nach Lukas im Unterschied zu den anderen Synoptikern die Ansage der nahen Gottesherrschaft

---

[21] Die Schwierigkeit ergibt sich aus der Mehrdeutigkeit im Griechischen: „entos hymôn" kann sowohl „in euch" als auch „zwischen, unter euch" heißen.

kein integrativer Bestandteil der „Antrittspredigt" Jesu ist, sondern daß Jesus sein Kommen mit der Erfüllung prophetischer
Verheißung in Verbindung bringt (Lk 4,21). Die Zeit nach Jesu
Erhöhung wird dann die Zeit des Wartens auf die Wiederkunft
des Menschensohnes sein, der „eschatologische Vorbehalt" besteht in der vollständigen Durchsetzung der Gottesherrschaft (Lk
17,22-37). - Ein vergleichbares Verständnis liegt an den Stellen
vor, in denen Jesus seine exorzistische Tätigkeit als Manifestation
des gegenwärtigen Gottesreiches interpretiert (Mt 12,28par Lk
11,20). Im Unterschied zu anderen Exorzisten handle er in der
Kraft des Heiligen Geistes bzw. Gottes. In der Vertreibung der
unsauberen Dämonen werde Gottes Herrschaft sichtbar und spürbar. Mit Jesu Wirksamkeit geschieht bereits Wesentliches, was
noch kommt, ist die Vollendung des schon gesetzten Anfangs.

Die Vorstellung von der verborgenen Präsenz konnte schon
früh - das zeigt die Auslegungsgeschichte von Lk 17,20f - im Sinne einer Spiritualisierung des „Gottesreiches" verstanden werden.
Die Deutung tritt im Thomasevangelium (EvThom, 2. Jh.) in den
Vordergrund. Auf die Frage nach dem Zeitpunkt folgt die Antwort, das Gottesreich sei „in euch und außerhalb von euch" (Log
3; vgl. Log 51, 113 und das Evangelienfragment PapOx 654). Im
Papyrusfragment PapOx 1 gilt Fasten als Voraussetzung, um das
Reich Gottes zu finden.

3.4 Fazit

1. Die Bezugsgrößen der Endzeiterwartung sind äußerst vielge-
staltig, sind aber in der Mehrzahl mit einem von Gott gewirk-
ten Ereignis verknüpft, das dem bisherigen Geschichtsverlauf
ein definitives Ende setzt *(revolutionistische* bzw. *revelatorische Erwartung).* Das Ereignis ist ambivalent: Für die Glaubenden bringt es die ersehnte Erlösung, für die Gottlosen das
unausweichliche Gericht. Das Rechnen mit dem Abbruch dieser Weltzeit entspricht einer negativen Einschätzung der geschichtlichen Entwicklung. Wo hingegen eine positive Entwicklung der Dinge gesehen wird, entwickelt sich eine Er-

wartung, die auf die Vollendung des schon sichtbaren Prozesses hin zum Besseren zielt *(evolutionistische Erwartung)*.

2. *Die Frage nach dem Zeitpunkt des Endes* gewinnt in der
Apokalyptik besondere Bedeutung. Sie versteht sich als Sym-
ptom tiefsitzender Probleme wie etwa einer (nationalen) Sinn-
und Erwählungskrise. Mit der Frage wird das Problem auf die
Ebene der Zeit verlagert, vom geschichtsmächtigen Gott erwarten sich die Fragesteller die Lösung der gegenwärtigen
Krise. Das dabei Pate stehende Gottesbild ist zeitlich strukturiert: Gott wird jetzt anders erfahren als in der Zeit des Anfangs und in der Zeit des (absehbar gedachten) Endes. Zweck
der Fragen und ihrer Antworten ist es, den Eindruck der Ohnmacht Gottes zu zerstreuen und das Vertrauen in ihn zu stärken. Die Apokalyptik geht grundsätzlich davon aus, daß Gott
als der Herr der Zeit alle geschichtlichen Abläufe und Ereignisse vorab geplant und festgelegt hat *(necessitas temporum)*.
Daher verlieren die gegenwärtigen Bedrängnisse ihren
Schrecken, sie sind lediglich Mosaiksteine in Gottes Heilsplan.
So gesehen, ist der Zeitpunkt des Endes eigentlich nicht be-
einflußbar. Er ist auch nicht berechenbar, denn Gottes Zeitmaß
ist mit dem des Menschen inkommensurabel (vgl. die Wirkungsgeschichte von Ps 90,4). Freilich ist vorstellbar, daß Gott
seinen Plan nachträglich verändert - sei es, daß er die letzten
Zeiten zugunsten der Erwählten abkürzt, sei es, daß er das Ende hinauszögert, um möglichst vielen die Bekehrung noch zu
ermöglichen oder aber den Seinen eine Zeit der Bewährung
zu geben.

3. *Die Antworten auf die Frage nach dem Zeitpunkt* haben gemeinsam, daß exakte Auskünfte weitgehend vermieden werden. Das Gros bilden Aussagen, die die schon verflossene
Weltzeit der noch ausstehenden kontrastartig gegenüberstel-
len, was eine relative Nähe des Endes suggeriert. Auch rätselhafte und gleichnishafte Aussagen bringen die Nähe des Endes zum Ausdruck. Demgegenüber stellen Aussagen, die einen exakten Termin nennen, die Ausnahme dar und haben
zudem eher pseudo-exakten Charakter. Der informative Gehalt ist in allen Fällen lediglich *ein* Moment neben expressiv-
praktischen, also auf Emotionen und Verhalten abzielenden

Momenten. Diese Beobachtung trifft sich mit der anderen, daß in den meisten Fällen die Vorhersagen zumindest implizit auf die angesprochene Generation bezogen werden: Sie ist (zumindest potentiell) die letzte, messianische. In einigen neutestamentlichen Texten wird dies sogar ausdrücklich gesagt. Außerdem sind die Aussagen über den Zeitpunkt des Endes regelmäßig in eine bestimmte Argumentation eingebunden, stehen also nicht für sich und haben nicht in erster Linie lehrhaften Charakter. Die Aussagen sind nicht abgelöst von bestimmten historischen Erfahrungen und Hoffnungen ihrer Trägerkreise zu verstehen. Damit sind wir aber bereits beim Thema des folgenden Kapitels.

Kapitel 4: Sinn und Zweck der Aussagen über das Ende

Die Analyse der Antworten auf die Frage nach dem „Wann?" des Endes hat gezeigt, daß sie nicht in erster Linie auf eine bestimmte Information abzielen. Nicht einmal die (pseudo-)exakten Auskünfte des Danielbuches wollen lediglich informieren. Sie zielen über die Information hinaus - und das scheint mir entscheidender zu sein - auf Stimmungen, Haltungen und Verhaltensweisen. Die Ansage der nahen Gottesherrschaft etwa erzeugt in höchstem Maße eine Aufbruchsstimmung, sie löst bei den einen Freude, bei den anderen Schrecken und Panik aus. *Wie* nah die Gottesherrschaft ist, ist dabei von untergeordneter Bedeutung - sie ist nah, und das heißt, die Angesprochenen dürfen sie in absehbarer Zeit erwarten. Das zukünftige Geschehen bestimmt schon jetzt die Gegenwart. Angesichts der baldigen Wende erhalten die gegenwärtigen Ereignisse und Zustände den Anstrich des Vorläufigen. Der momentane Zustand ist im Vergehen begriffen. Es gilt, sich auf das angekündigte Eingreifen Gottes vorzubereiten, und das betrifft Stimmung und Verhalten. Neben die *informative* Funktion treten damit die *expressive* und die *praktische*. Es liegt nicht in der Absicht der Propheten, Apostel und Evangelisten, daß sich ihre Hörerinnen und Hörer auf einen bestimmten Zeitpunkt fixieren, sozusagen mit der Stoppuhr in der Hand den „Countdown" des Endes mitzählen. Vielmehr geht es darum, die Zeit des Wartens, die Zwischenzeit aktiv zu nutzen, umzukehren, anzupacken, zu verändern, das bereits Erreichte festzuhalten, wie auch immer. Die Ansage naher Veränderung ist daher regelmäßig in argumentative Zusammenhänge eingebunden, sie soll ein bestimmtes Verhalten, eine bestimmte Stimmung verändern, erhalten, verstärken. Die Endzeitaussagen stellen kein dogmatisches Lehrstück dar, sie sind nicht Selbstzweck, sondern dienen der Begründung bzw. der Motivation ethischen Verhaltens. In allen Schichten der Überlieferung ist Naherwartung *funktionalisiert*. Nnicht zufällig begegnen die meisten Aussagen formgeschichtlich gesprochen, im Kontext *symbuleutischer*, das heißt auf ein bestimmtes Verhalten ausgerichteter *Mahnrede*.[1] Im folgenden sollen die wichtigsten Funktionen dargestellt werden.

4.1 Die informative Funktion

4.1.1 Die nahe Zukunft als Domäne Gottes

Mit der Ansage des nahen Eingreifens Gottes, sei es zum Strafgericht oder zur Erlösung, findet die bisherige Kontinuität der Geschichte ein jähes Ende. Alles, was bislang in steter, dauerhafter Gleichförmigkeit erschien - soziale Rahmenbedingungen, politische Konstellationen, das Verhältnis zwischen Gott und seinem Volk -, erscheint nunmehr als höchst provisorisch, vergänglich. Schon in naher Zukunft wird sich Grundsätzliches ändern, nichts wird mehr sein, wie es bislang war. Die Zukunft, und zwar potentiell schon die allernächste, ist die Domäne Gottes: Seine Zeit ist nahe, die nahe Zukunft ist bereits Gottes Zeit - nicht erst die ferne, wie es Spöttern und Resignierten scheinen mag, die an Gottes Geschichtsmächtigkeit nicht oder nicht mehr glauben können. Vor diesem Hintergrund ist der Aufforderung Jesu in der Bergpredigt zu verstehen: „Sorget nicht für morgen, denn der morgige Tag wird für das Seinige sorgen" (Mt 6,34a). Es geht um die Konzentration auf das Heute, auf die Zeit, die jetzt zur Verfügung steht; denn alles andere ist in Gottes Hand. Das gilt es wahrzunehmen und sich danach zu richten. Wer sich auf eine längere Zukunft einrichtet, rechnet nicht mit Gott. Das Gleichnis vom reichen Kornbauern (Lk 12,16-21) macht dies deutlich. Auch der Knecht, der mit dem baldigen Kommen des Herrn nicht rechnet, täuscht sich (Mt 24,45-51 par). Zeitvergessenheit ist gleichbedeutend mit falscher, trügerischer Sicherheit. Aber auch Resignation angesichts nicht enden wollender Repressalien und Leiderfahrungen geht von falschen Voraussetzungen aus.

---

[1] K. Berger, Formgeschichte.

4.1.2 Das Ende im Bereich unverfügbarer Absehbarkeit

Das ersehnte oder gefürchtete Ende ist absehbar geworden - das
ist die positive Information der Naherwartung. Absehbarkeit bedeutet aber nicht Verfügbarkeit, so als könne man das Ende berechnen, herbeizwingen oder sich darauf fixieren. *Wann genau*
Gottes Plan zu seinem Ziel kommt, bleibt offen. Gott läßt sich nur
soweit in die Karten schauen, wie es für den Menschen sinnvoll
und notwendig ist. Darüber hinaus muß mit allem gerechnet
werden. Die Vorstellung vom plötzlichen, ja überfallartigen
Kommen zu einer Zeit, in der man am wenigsten darauf gefaßt
ist, unterstreicht dies. Das Gottesbild erhält hier einen dämonischen Zug. Wie ein Blitz (Lk 17,24) oder wie ein Dieb (1 Thess
5,2.4) wird sein Kommen sein, der Zeitpunkt ist schlichtweg un-
einsehbar, unverfügbar, niemand kennt ihn. Das entscheidende
Ereignis wird in einem Bereich stattfinden, den man als *Bereich
der unverfügbaren Absehbarkeit* bezeichnen könnte. Natürlich
hat diese Vorstellung ihren Anhaltspunkt in konkreter geschichtlicher und persönlicher Erfahrung; das jähe Ende des Gottlosen,
der plötzliche Umschwung des persönlichen Geschicks ist ein fe-
ster Bestandteil weisheitlichen Denkens. Und die Vorstellung zielt
auf eine bestimmte, adäquate Einstellung, auf ein kluges ethisches Verhalten, das mit allem rechnet. Die Information über das
Kommen Gottes zu einem menschlicher Verfügbarkeit entzoge-
nen Zeitpunkt bleibt nicht für sich stehen, sie bleibt nicht graue
Theorie, sondern fordert ihre praktischen Konsequenzen ein.

4.1.3 Die besondere Qualität der Restzeit

Angesichts des potentiell jederzeit möglichen Endes, angesichts
der Kompromißlosigkeit der endzeitlichen Ereignisse erhält die
Zeit zwischen Ansage und Eintreffen eine besondere Qualität.
Die verbleibende Wartezeit ist zwar, relativ gesehen, überschaubar und kurz. Doch gilt nach apokalyptischem Denken gerade
diese Zeit als die schwierigste überhaupt. Die letzten „dreieinhalb Zeiten", die Zeit der stärksten Gefährdung der Glaubenden,
ist im Anbruch oder ist bereits angebrochen. Viele werden ihr

zum Opfer fallen, konkret meint das: viele werden auf den letzten Metern vom Glauben abspringen. Die konkrete Verfolgungssituation, die massive Anfeindung von außen und die Irritation durch Falschlehrer wird ihre Folgen haben. Nur wenige werden diese Zeit unbeschadet überdauern. Grund ist die kosmologische Dimension des Konflikts, der jetzt ausgetragen wird. Es geht letztlich nicht um die Glaubenden in ihrem Kampf gegen Repressalien und Irrglaube, sondern um den Kampf zwischen Gott und den widergöttlichen Kräften. Auf sich gestellt haben die Glaubenden da keine Chance, deshalb wird Gott selbst seine Fürsorgepflicht wahrnehmen. Die Glaubenden appellieren und glauben an Gottes beschützendes Eingreifen schon vor dem eigentlichen Ende, vgl. 4 Esr 13,23: „Wer die Gefahr in jener Zeit herbeiführt, der wird auch die bewahren, die in Gefahr geraten, wenn sie Werke und Glauben an den Gewaltigen haben." Und 1 Kor 10,13: „Bisher hat euch nur menschliche Versuchung getroffen. Aber Gott ist treu, der euch nicht versuchen läßt über eure Kraft, sondern macht, daß die Versuchung so ein Ende nimmt, daß ihr's ertragen könnt" (vgl. Ps 68,20; 2 Petr 2,9). - Auch das Motiv der Beschleunigung bzw. Amputation der Restzeit ist in diesem Sinn zu verstehen (vgl. dazu 3.3.7). - Die Restzeit ist auch deshalb von entscheidender Bedeutung, da sie alles, was die Glaubenden bisher an Glauben und Geduld aufgebracht haben, infrage stellen kann. Wer jetzt abspringt, verspielt alles, was er sich schon erarbeitet hat (vgl. Hebr 10,32ff). Wer im entscheidenden Augenblick nicht als Glaubender erkannt wird, bleibt von der Heilsveranstaltung ausgeschlossen (vgl. Mt 25,1-13). Die Information über den entscheidenden Charakter der Restzeit drängt natürlich nach Konsequenzen. Die Einstellung muß stimmen, das praktische Verhalten muß dieser Tatsache Rechnung tragen.

4.2 Die expressive Funktion

Expressive und praktische Funktion sind letztlich nicht voneinander zu trennen. Beides geht Hand in Hand. Über Emotionen wird Einfluß auf das geforderte Verhalten genommen. Gleich-

wohl lassen sich expressive und praktische Aspekte unterscheiden. Der expressive Aspekt von Endzeitaussagen besteht darin,
daß bestimmte Stimmungen oder Einstellungen wachgerufen
und andere, problematische, korrigiert werden.

4.2.1 Vorgezogene Trauer

Die Unausweichlichkeit des göttlichen Strafgerichts wird in einigen prophetischen Texten des Alten Testamentes durch den Aufruf, schon jetzt über das bevorstehende Unglück zu trauern, drastisch vermittelt. So heißt es in der jesajanischen Gerichtsansage
an Babylon Jes 13,6: „Heulet, denn des Herrn Tag ist nahe; er
kommt wie eine Verwüstung vom Allmächtigen".[2] Assur wird
von Jeremia aufgefordert: „Heulet, ihr Hirten, und schreit, wälzt
euch in der Asche, ihr Herren der Herde; denn die (eure) Zeit ist
erfüllt, daß ihr geschlachtet und zerstreut werdet und zerbrechen
müßt wie ein kostbares Gefäß" (Jer 25,34). Die Aufforderung,
schon jetzt alle Zeichen der Trauer zu zeigen, steht in krassem
Gegensatz zur derzeit herrschenden Stimmung. Provoziert werden soll ein radikaler Stimmungsumschwung, der freilich nichts
anderes sein kann als vorgezogene Trauerarbeit. - Ein Schuß Iro-
nie liegt im politischen Leichenlied Jer 51: Israel wird aufgefordert, den plötzlichen Fall Babylons zu beweinen: „Heulet über
Babel, bringt Balsam über seine Wunden, ob es vielleicht geheilt
werden könnte" (V.8). Dazu *Josef Schreiner:* „Man muß bereits
die Totenklage über es anstimmen, denn es ist, wie ein Sterben-
der, nicht mehr zu retten, selbst wenn von außen jede nur denk-
bare Hilfe gebracht würde. Die göttliche Strafe ist riesengroß,
nicht abwendbar."[3] Der Aufruf zur „Trauer" über die feindliche
Großmacht ist implizit ein Aufruf, die eigene Trauer über das
Exil in Babylon abzustreifen. - Aber auch über Israel kann vorweg Trauer verhängt werden, vgl. Joel 1,13-15: „Umgürtet euch
und klagt, ihr Priester, heulet, ihr Diener des Altars! Kommt, be-
haltet auch im Schlaf das Trauergewand an, ihr Diener meines

---

[2] H. Wildberger (Jesaja I 500) übersetzt: „Stimmt die Wehklage an, denn
nahe ist Jahwes Tag, als Verheerung der Verheerer kommt er heran."

[3] Jeremia II 265f.

Gottes! Denn Speisopfer und Trankopfer gibt es nicht mehr im
Hause eures Gottes. (14) Sagt ein heiliges Fasten an, ruft die Gemeinde zusammen! Versammelt die Ältesten und alle Bewohner
des Landes zum Hause Gottes des Herrn, eures Gottes, und schreit
zum Herrn: (15) O weh des Tages! Denn der Tag des Herrn ist nahe und kommt wie ein Verderben vom Allmächtigen." Der Aufruf zum „heiligen Fasten" (V.14) läßt im Unterschied zu den anderen Texten die Möglichkeit durchschimmern, noch etwas gegen das drohende Unheil zu tun. Der Text teilt nicht einfach eine
bereits gefallene Entscheidung mit, sondern legt ein bestimmtes
(präventives) Verhalten nahe. Das heißt formgeschichtlich: er ist
nicht *dikanisch* ausgerichtet wie Jes 13 oder Jer 25, sondern *symbuleutisch*.[4] Die sprachliche Antizipation des Kommenden läßt
noch ein Hintertürchen offen, es in letzter Minute abzuwenden.

4.2.2 Vorgezogene Freude

Ist die Ansage des nahen Eingreifen Gottes für die einen Grund
zur Wehklage schon jetzt, so ist sie für die anderen Grund zur
vorgezogenen Freude. Einen Stimmungsumschwung unter den
in Babylon Exilierten möchte Deuterojesaja herbeiführen. Den
Deprimierten wird die nahe Wende ihres Schicksals vorhergesagt, das Ereignis wirft bereits ein Licht auf die Stimmung des
Volkes: „Zion, du Freudenbotin, steig auf einen hohen Berg; Jerusalem, du Freudenbotin, erhebe deine Stimme mit Macht; erhebe
sie und fürchte dich nicht! Sage den Städten Judas: Siehe, da ist
euer Gott; (10) siehe, da ist Gott der Herr! Er kommt gewaltig,
und sein Arm wird herrschen" (Jes 40,9f). Die Freude gegen allen äußeren Anschein ist die adäquate Haltung der angekündigten Großtat Gottes gegenüber, und damit auch Zeichen des Ver-
trauens in Jahwe. - Das Wissen um die endzeitliche Situation und
das absehbar gewordene Ereignis der Wiederkunft Jesu Christi ist
für Paulus der Grund, seine Gemeinden wiederholt zur Freude
und Fröhlichkeit aufzurufen. Die Aufforderung, sich zu freuen,
steht in mehreren Briefen an exponierter Stelle, in der Schlußpar-
änese (2Kor 13,11; Phil 3,1; 4,5; 1Thess 5,16). In Phil 4 wird der

---

[4] K. Berger, Formgeschichte.

Aufruf direkt mit der Ansage der nahen Parusie in Verbindung gebracht (V.4f). Aber nicht nur die Gewißheit des nahen Endes, sondern auch die Gabe des heiligen Geistes als sichtbarer und spürbarer Anfang, der die noch ausstehende Erfüllung aller Verheißungen verbürgt, läßt die Wirklichkeit voller Zuversicht ertragen (2 Kor 5,6.8). Der Geist sorgt so für einen Stimmungsumschwung selbst auf der argumentativen Ebene (vgl. V. 1-4: „seufzen", „beschwert sein" *versus* V. 6-8: „Mut haben", „zuversichtlich sein"). - Freude *contra factum* versucht der Autor des 1. Petrusbriefes seinen Adressaten schmackhaft zu machen. Die gegenwärtigen Anfeindungen ehemaliger Nachbarn und Freunde können nicht darüber hinwegtäuschen, daß die ewige Freude kurz bevorsteht (1 Petr 1,6par 5,10). Das Leiden erfolgt analog zum Geschick Jesu. Und so gibt es die Gewißheit, daß die Leidenden auch in Analogie zur Erhöhung Christi Freude und Wonne erleben werden (1 Petr 4,13). Damit sind die Leiden gegen allen Anschein zutiefst Anlaß zur Freude schon jetzt; sie tragen die „Garantie" künftiger Herrlichkeit in sich.[5]

4.2.3 Geduld im sehnsüchtigen Warten

Ungeduld angesichts erwartbarer Veränderung zum Besseren ist ein in vielen Texten implizit oder explizit zur Sprache gebrachtes Problem. Es ist nicht gleichbedeutend mit dem der sogenannten „Parusieverzögerung", sofern darunter eine meßbare Verzögerung, eine Falsifizierung zuvor gegebener Verheißung zu verstehen ist.[6] Aber es hat etwas mit der Erfahrung zu tun, daß sich Zeit schier ins Unendliche zu dehnen scheint. Diese Erfahrung wiederum hat mit Sehnsucht zu tun, mit der Sehnsucht nach einer entscheidenden Verbesserung der momentanen Situation. Die Mahnung zur Geduld findet sich schon in Klgl 3,26: „Es ist ein köstlich Ding, geduldig sein und auf die Hilfe des Herrn hoffen." Hab 2,3 mahnt ebenfalls zur Geduld und bringt die Gewißheit

---

[5] So argumentiert auch Paulus in 2 Kor 4,17: Die Leiden „erarbeiten sich" die ewige Herrlichkeit. Allerdings operiert Paulus an der Stelle ohne Naherwartung.

[6] Vgl. dazu S. 47ff und Kap. 5.

kommender Erfüllung ins Spiel, die entscheidender ist als ein bestimmter Zeitpunkt. - Im Neuen Testament ist die Sehnsucht nach
dem Reich Gottes bzw. nach der Wiederkunft das beherrschende
eschatologische Thema. Und diese Sehnsucht ist jederzeit vorstellbar, sofern eine entsprechende Hoffnung besteht. Meines Erachtens folgt die ungeduldige Frage mancher Jünger Jesu, wann
endlich das Gottesreich kommen werde, schon bald auf dessen
Ankündigung, und nicht erst beim Verstreichen eines Termins.
Dafür spricht auch der *relationale* und *elastische* Charakter des
Begriffs „Nähe". In seiner terminlichen Unbestimmtheit weckt er
Erwartungen, die sich eben nicht an einem bestimmten Termin
orientieren. Umgekehrt ist die Rede von der nahen Gottesherrschaft etc. historisch schwer zu falsifizieren, der Begriff ist dehn-
bar. - Auch die nachösterliche Situation ist von Sehnsucht geprägt. Die Sehnsucht nach der Wiederkunft Jesu Christi, des ge-
liebten und schmerzlich vermißten Herrn wird in Lk 17,22-37 thematisiert. Gegen die Versuchung, sich auf Falschprophetien einzulassen, wird den Jüngern das plötzliche und unmißverständli-
che Kommen des Menschensohns vor Augen gestellt. Implizit ist
damit die Aufforderung zur Geduld gegeben.

Mit einer Palette von Argumentationsmustern gehen die Auto-
ren gegen latente oder offene Ungeduld an. Häufig erhält der
Fragesteller die Auskunft, das Ende komme „zu seiner Zeit", der
Zeitpunkt stehe schon lange fest. So wie alle Vorgänge in der
Natur ihre Zeit brauchen, so auch das erhoffte Ereignis. Beliebte
Bilder sind das von der Schwangerschaft: Sie dauert immer neun
Monate, ihre Dauer ist nicht manipulierbar, und ohne Wehen
kann es nicht zur Geburt kommen.[7] Weiter das Bild von Saat
und Ernte: Jedes Wachstum bis hin zur Reife hat seine Zeit und
seine Ordnung, es gibt Zeichen, die untrüglich auf die nahe Ern-
tezeit hinweisen.[8] Auch die Erklärungsmodelle für (scheinbare)
Verzögerung können gegen Ungeduld gerichtet sein, ebenso die
Aufzählung von Ereignissen und Phänomenen, die erst noch
kommen müssen (vgl. Mk 13parr; 2Thess 2; Apk). Auch der Hinweis auf die Inkommensurabilität von göttlichem und menschli-

---

[7] 4 Esr 4,38ff; Mk 13,8par; Joh 16,21; 6 Esr 16,39f.
[8] 4 Esr 4,28f; Mk 4,26-29; 13,28fparr; Joh 4,35; Jak 5,7; 1Clem 23,4;
2Clem 11,3.

chem Zeitmaß kann Ungeduld abbauen helfen - Gottes Uhren
gehen eben anders als die menschlichen. In frühchristlicher Zeit
wird der Zeitpunkt des Endes gegen die Erwartungen „vertagt",
was ungeduldigem Herbeiredenwollen den Boden entzieht (Hippolyt, Euseb u.a.). - In jedem Falle erscheint Gott als der große
Planer, der das Weltgeschehen in heilvoller Weise ordnet. - Häufig mahnen die Autoren auch ganz einfach zur Geduld, ohne das
Problem weiter zu thematisieren. Geduld (gr. *hypomoné*) ist eine
besondere Tugend der Endzeit[9] und ist angesichts der kosmologischen Dimension des endzeitlichen Konflikts gegenüber aktivi-
stischer Ungeduld die bessere, da sicherere Haltung.

4.2.4 Vertrauen in die umstrittene Verheißung

Die nahe Erfüllung ergangener Verheißungen wird gerade da
bekräftigt, wo latente oder offene Zweifel an ihnen zu spüren
sind. Neben den unterschiedlichen Erklärungsmustern für das
bisherige Ausbleiben des angekündigten Heils (vgl. dazu S. 95ff)
wird das nahe Ende mit sprachlicher Emphase unterstrichen. Negative Aussagen wie „die Verheißung zögert nicht" oder „ ...
bleibt nicht aus" deuten auf eine mögliche Besorgnis der Angesprochenen hin. So in der bereits besprochenen Habakuk-Stelle
Hab 2,3 und in den sie zitierenden Texten 2Petr 3,9; Hebr 10,37
und 1Clem 23,4ff. Unter den Exilierten in Babylon ist ähnlich sorgenvolle Skepsis, wenn nicht Resignation, vorauszusetzen. Deuterojesaja arbeitet ihr mit einer langen, assertorisch wirkenden Bekräftigung des Heilswillens Gottes entgegen (Jes 46). An ihrem
Ende steht die dreifache, positiv und negativ formulierte Aussage: „Ich habe meine Gerechtigkeit nahe gebracht; sie ist nicht
ferne, und mein Heil säumt nicht. Ich will zu Zion das Heil geben und in Israel meine Herrlichkeit" (Jes 46,13; vgl. 51,14LXX). -
Im Anschluß an die breite Schilderung kommender Leiden und
Verfolgungen folgt in Mk 9,1parr und Mk 13,30parr der Hinweis,
daß das ersehnte Ende noch in dieser Generation eintreffen werde. Die Umstrittenheit dieser Aussagen wird durch ihre Einbin-

---

[9] Paulus: Röm 5,3; 8,25; 15,4; Gal 5,22 etc. Weiter Jak 5,7-12; IgnRöm
     10,3; 2Phil 8,2; 10,1; Barn 21,3.5; 2Clem 11,5.

dung in Amen-Worte entkräftet: Jesus selbst steht mit seiner Autorität hinter diesen Voraussagen, die gerade in der Zeit der Entstehung der Evangelien, also in der Zeit, in der die erste Generation sichtlich abnahm, Skepsis hervorrufen mußten. Mit sprachlicher Emphase geht auch der Autor des sogenannten zweiten Klemensbriefes gegen Zweifel an der Verheißung vor: Das Reich Gottes ist „jederzeit" (gr. *kat' hōran*) zu erwarten, allein der Zeitpunkt ist ungewiß (12,1). Anstelle von Skepsis ist Stetsbereitschaft und geduldiges Ausharren gefordert. Der Hinweis auf die Treue Gottes wirkt zusätzlich vertrauenschaffend (11,3-6).

In allen Fällen soll das ursprüngliche Vertrauen in die Verheißungen wiederhergestellt oder um sich greifender Skepsis vorgebeugt werden. Auf dem Spiel steht letztlich die Glaubwürdigkeit Gottes und seiner Boten. Mit allen Mitteln wird der Wahrheitsgehalt des prophetischen Wortes herausgekehrt. Man kann von einer *konservativen Tendenz* der Naherwartung sprechen. - Das Problem der Glaubwürdigkeit wird auf der Ebene der Zeit gelöst: Die scheinbare Verzögerung wird erklärt, die Erfüllung für die nahe Zukunft angekündigt, zu umgehender Einstellungs- bzw. Verhaltensänderung aufgerufen. Sorgenvolle Skepsis und Resignation gelten als die falsche Einstellung; statt dessen gilt es, das Vertrauen in Gottes Geschichtsmächtigkeit durchzuhalten.

4.2.5 Verunsicherung der Spötter und Sorglosen

Versuchen die Autoren auf der einen Seite, das Vertrauen der Glaubenden in die Verheißungen zu stärken bzw. wiederzubeleben, haben sie auf der anderen Seite mit Spott und Sorglosigkeit, ja Ignoranz zu kämpfen. In diesen Fällen wird das nahe Gericht mit sprachlicher Emphase und teilweise argumentativ ausladend angekündigt. - Die vorexilischen Propheten haben in besonderem Maße mit Opposition zu rechnen, denn das Erwählungsbewußtsein des Volkes und seiner Führungsschicht ist bis dato ungebrochen. Die Ansage des nahen Gerichts Gottes *contra factum* kratzt an der Substanz der nationalen Identität, die sich auf die Kontinuität des segnenden Handelns Jahwes stützt. Die Propheten gelten von daher als Schwarzmaler und Staatsfeinde, die ungerechtfertigt Stimmung machen. Die Propheten Amos, Jesaja,

Micha, Jeremia und Ezechiel weisen deutliche Spuren dieser
Auseinandersetzung auf. Bereits Amos, der älteste uns bekannte
Schriftprophet[10], hat mit einer massiven Fehleinschätzung der
Situation seitens der von ihm Angesprochenen zu kämpfen. Das
zeigt der Abschnitt Am 6,1-6: Die „Sorglosen in Zion" und „Zu-
versichtigen in Samaria" wähnen einen möglichen Gerichtstag
Jahwes weit weg (6,3; vgl. 9,10) und fahren in ihrem Unrecht
den Bürgern gegenüber unbeirrt fort (6,3b.4.6; vgl. 3,9f; 4,1). Darauf folgt - freilich ohne explizite Nah-Aussage - die Ankündigung des Gerichts (6,7-14). In 7,10-17 wird Amos offen als Aufrüh-
rer und Staatsfeind bezeichnet. - Der Prophet Micha sieht sich
ähnlichen Anfeindungen ausgesetzt. Seine Gerichtsprophetie
über Jerusalem und die politischen Machthaber zieht eine massive Kampagne gegen ihn nach sich, in der die Nähe des Zornes
Jahwes heftig bestritten wird: „'Geifert nicht', so geifern sie. 'Solches soll man nicht predigen! Wir werden nicht so zuschanden
werden! Ist denn das Haus Jakob verflucht? Meinst du, der Herr
sei schnell zum Zorn? Sollte er solches tun wollen?' Es ist wahr,
meine Reden sind freundlich den Frommen. Aber ihr steht wider
mein Volk wie ein Feind ..." (2,6-8). Und: „So höret doch dies, ihr
Häupter im Hause Jakob und ihr 'Herren im Hause Israel, die ihr
das Recht verabscheut und alles, was gerade ist, krumm macht;
die ihr Zion mit Blut baut und Jerusalem mit Unrecht ... und
euch dennoch auf den Herrn verlaßt und sprecht: 'Ist nicht der
Herr unter uns? Es kann kein Unglück über uns kommen': Darum wird Zion um euretwillen wie ein Acker gepflügt werden,
und Jerusalem wird zu Steinhaufen werden und der Berg des
Tempels zu einer Höhe wilden Gestrüpps" (3,9-12). Für die Geg-
ner Michas scheint es undenkbar, daß Jahwe seinen Segen Jerusalem entziehen könnte, sie können eine „Naherwartung" im
Sinne Michas nicht teilen (vgl. 3,11). Sie spekulieren auf Jahwes
bleibende Loyalität, auf den dauerhaft bleibenden Segen über
seinem erwählten Volk. Die Ansage des nahen Gerichts macht
damit das Problem seiner Glaubwürdigkeit virulent; der ohnehin
schon schwere Stand des Propheten wird durch die Nah-Aussagen noch weiter erschwert.

---

[10] Seine Verkündigungstätigkeit fällt in die Regierungszeit Jerobeams II
(8. Jh. v. Chr.).

Spott und Skepsis derer, die sich bei ihrem Tun und Treiben sicher fühlen und nicht ernsthaft mit einem nahen Eingreifen Gottes rechnen, sind Anlaß für Ezechiel, dies als fatale Fehleinschätzung darzustellen (Ez 12,21-28: „(21) Und des Herrn Wort geschah zu mir: (22) Du Menschenkind, was habt ihr da für ein Gerede im Lande Israels? Ihr sagt: 'Es dauert so lange und es wird nichts aus der Weissagung'. (23) Darum sage zu ihnen: So spricht Gott der Herr: Ich will diesem Gerede ein Ende machen, daß man es nicht mehr im Munde führen soll in Israel. Sage vielmehr zu ihnen: Die Zeit ist nahe, und alles kommt, was geweissagt ist. (24) Denn es soll hinfort keine trügenden Gesichte und keine falsche Offenbarung geben im Hause Israel. (25) Denn ich bin der Herr. Was ich rede, das soll geschehen und sich nicht lange hinausziehen, sondern in eurer Zeit, du Haus des Widerspruchs, rede ich ein Wort und tue es auch, spricht Gott der Herr. (26) Und des Herrn Wort geschah zu mir: (27) Du Menschenkind, siehe, das Haus Israel spricht: Mit den Gesichten, die dieser schaut, dauert's noch lange, und er weissagt auf Zeiten, die noch ferne sind. (28) Darum sage ihnen: So spricht Gott der Herr: Was ich rede, soll sich nicht lange hinausziehen, sondern es soll geschehen, spricht Gott der Herr." Dem Text voraus geht eine breit angelegte Gerichtsankündigung über den Großteil des Volkes (Kap. 11) und über Jerusalem (12,1-20). Im Anschluß des Textes folgt eine Unheilsankündigung gegen Lügenpropheten, die das Volk mit falschen Friedensweissagungen beruhigen (13,1-16; bes. V.10). Dazwischen wird Ezechiels eigene prophetische Botschaft denen der Falschpropheten gegenübergestellt und legitimiert (12,21-28). Die Ansage des Gerichts dient der Wiederherstellung der Glaubwürdigkeit Jahwes und seines Propheten, die Nah-Aussage intensiviert die implizit gegebene Umkehrforderung.

Die Verunsicherung der Sorglosen und Spötter ist auch im Neuen Testament eine Hauptfunktion von Endzeitaussagen. So im Gleichnis von den beiden Knechten Mt 24,45-51 par. Der Knecht, der sich sicher wähnt und mit der Rückkehr seines Herrn nicht mehr rechnet, erlebt eine böse Überraschung: Der Herr kommt zurück, gegen seine Erwartung und zu einem völlig überraschenden Zeitpunkt. Das Motiv des plötzlich hereinbrechenden Geschehens macht bildhaft deutlich, welch fatale Folgen eine solche Fehleinschätzung der Lage haben kann. - Dasselbe gilt für den reichen Kornbauern, der sich ebenfalls sicher wähnt (Lk 12,16-21). Der drastische Hinweis auf den unbekannten Todeszeitpunkt soll auf die, die ihre Zukunft sichern wollen, zutiefst verunsichernd wirken. - Einer fatalen Sorglosigkeit sitzen auch die fünf törichten Jungfrauen im Gleichnis Mt 25,1-13 auf: Sie hätten sich Gedanken für den Fall der Verzögerung machen sollen, sie aber rechnen mit einer nur kurzen Wartezeit bis zur Parusie. - Nach 1 Thess 5,1-11 kommt das Ende gerade dann, wenn keiner daran denkt, wenn Sorglosigkeit und trügerisches Sicherheitsgefühl überhand nehmen. Die Rede vom Kommen des Tages „wie ein Dieb" soll verunsichern, um das Gebot dem Wachsamkeit und Nüchternheit plausibel zu machen (vgl. auch 4.2.7). - Den Spöttern in 2 Petr 3 wird das Beispiel der Sorglosen und Spötter bei der ersten Sintflut vor Augen gestellt. An ihnen mögen sie lernen, daß ihr Spott an den Möglichkeiten Gottes vorbeigeht!

Wie beim mangelnden Vertrauen der Glaubenden steht auch bei Sorglosigkeit und Spott der Nichtglaubenden die Glaubwürdigkeit Gottes auf dem Spiel. Die Ankündigung des nahen Gerichts bekommt hier drohenden Charakter. Das Motiv des plötzlich einbrechenden Geschehens fördert die notwendige Verunsicherung und entzieht jedem Spott die argumentative Grundlage.

4.2.6 Neuer Mut statt Depression und Resignation

Ein starker Impuls ist nötig, um aus fehlender Perspektive erwachsene Mutlosigkeit, Resignation, fehlende Hoffnung und (fatalistisches) in-den-Tag-Hineinleben zu überwinden. Gerade dagegen haben Heilspropheten, Visionäre und Ausrichter des Evangeliums anzukämpfen. So hat Deuterojesaja mit derselben Skepsis zu kämpfen, gegen die auch die Gerichtspropheten vor ihm angehen mußten - nur mit umgekehrtem Vorzeichen: Nicht wenige Exulanten in Babylon haben die Hoffnung aufgegeben, daß sie jemals wieder in das Land der Verheißung zurückkehren können. Gegen diese resignative Haltung proklamiert Deuterojesaja den Beginn von etwas Neuem (Jes 43,18f): „Gedenkt nicht an das Frühere und achtet nicht auf das Vorige! (19) Denn siehe, ich will ein Neues schaffen, jetzt wächst es auf, erkennt ihr's denn nicht? Ich mache einen Weg in der Wüste und Wasserströme in der Einöde." Die Proklamation des Neuen erfolgt nicht ohne die Aufforderung, es auch wahrzunehmen, überhaupt den Blick wieder nach vorne zu richten, um so für eine neue Perspektive offen zu werden. Der Prophet erinnert dabei an Gottes Schöpferkraft, daran, daß er in und aus jeder Situation etwas Neues schaffen kann; keine Situation kann so aussichtslos sein, daß Gott sie nicht wenden könnte. In Jes 46 wird Jahwe den babylonischen Göttern gegenübergestellt: Er allein kann wirklich helfen, die Exulanten sollen sich an den Gott erinnern, der sich schon immer geschichtsmächtig gezeigt hat. Die Erinnerung soll die Glaubwürdigkeit der erneuten Heilsansage gegen alle Skepsis unterstützen (V.12f). - Nur aus dem Wissen um die soziopolitische Lage Palästinas zur Zeit Jesu können wir erschließen, auf welchen Boden die Ankündigung des nahen Gottesreiches durch Johannes den Täufer und Jesus gefallen sein muß. Die Situation war deprimierend, Aussicht auf ein baldiges Ende der römischen Besatzungsmacht bestand nicht. Eher latent lebte die messianische Idee, die Hoffnung auf den endzeitlichen Befreier aus Davids Stamm fort. Mit der Proklamation des nahen Gottesreiches bekommt sie neue Nahrung. Viele, die nichts zu verlieren haben, gewinnen eine neue Perspektive. In Mk 1,15par Mt 4,17 ist die Proklamation des nahen Gottesreiches mit der Forderung nach Umkehr verknüpft; es geht darum, „Gott den Weg zu bereiten" (Jes 40,3), sich der neuen Situation entsprechend zu verhalten (vgl. dazu weiter 4.3.1). - Neben der Proklamation des Neuen dient auch das Motiv der Verkürzung bzw. Beschleunigung der Restzeit dazu, den Mut nicht fallenzulassen. Gott wird es nicht bis zum Letzten kommen lassen, sondern die Seinen vor dem Schlimmsten bewahren, und sei es durch nachträgliche Korrektur seines Weltplanes (dazu vgl. 3.3.1).

4.2.1 Klugheit, Wachsamkeit und Nüchternheit

Gemeinsam ist diesen drei Einstellungen zur Wirklichkeit das Rechnen mit allem und der Verzicht auf trügerische Berechnung des Endes. Klugheit, Wachsamkeit und Nüchternheit sind gefordert, denn das Ende kommt unversehens, vielleicht gerade dann,

wenn man am wenigsten damit rechnet. Das betont bereits die
frühjüdische Weisheitsliteratur. Es ist ein Gebot der Klugheit, sich
schon früh auf den Tod vorzubereiten, denn sein Zeitpunkt ist
unbekannt (Koh 12,1ff; 9,12). Kluge Vorsorge, speziell die rechtzeitige Erfüllung von Gelübden verlangt das Geschick, das sich jederzeit wandeln kann, dem Klugen ab (Sir 18,22-26). - Das Motiv
des unbekannten, ja plötzlich eintreffenden Zeitpunkts ist ein Appell an kluges, wachsames Verhalten. Ausdrücklich findet sich
die Aufforderung zur Wachsamkeit (gr. *grēgoreite*) in den matt-
häischen Parusiegleichnissen Mt 24f. Klugheit heißt hier, mit dem
Unvorhersehbaren zu rechnen, sich nicht auf bestimmte Erwartungen festzulegen. Klugheit meint in diesen Gleichnissen auch,
die Zeit bis zum Ende aktiv und im Sinne des Willens Christi zu
nutzen, selbst wenn er nicht en detail Aufträge vor seinem Weg-
gang verteilt hat; die Tatsache der verbleibenden Zeit an sich
verpflichtet zum klugen Handeln. - Wachsamkeit meint, die Erwartungshaltung nicht aufzugeben, jederzeit bereit zu sein für
das Kommen Christi, die Augen offen zu halten, auch wenn andere sie verschließen. Zeitvergessene Unbekümmertheit ist die
falsche Einstellung, das Ende kann überraschend kommen (vgl.
dazu auch 4.2.5). Drastische Metaphern wie die vom Dieb[11], vom
Blitz[12] und vom Fallstrick[13] machen deutlich, welch fatale Folgen solche Unbekümmertheit hat. Den Gleichgültigen wird es so
ergehen wie den Menschen bei der Sintflut (Mt 24,37par; 2Petr
3,4-6). Zeit zum Handeln bleibt dann nicht mehr.[14] - Vor dem
Hintergrund massiver Anfeindungen seitens der jüdischen Bevöl-
kerungsmehrheit ruft der Autor des 5. Esrabuches die Glaubenden zur Wachsamkeit auf (5Esr 2,13). Der Grund ist, daß gegen
allen Anschein das Reich und damit das Heil schon bereitet ist.
Das Ende kann demnach jederzeit eintreffen.[15] Wer zum Zeitpunkt des Endes wachsam gefunden wird, wird selig gepriesen
(OrSib II,179ff). - Die Aufforderung zur Nüchternheit (gr. *nēpsate*,
vgl. 1Thess 5,6.8, 1Petr 4,7) ist doppeldeutig: Vordergründig zielt

---

[11]   Mk 13,35; 1Thess 5,1-5; 2Petr 3,10; Apk 3,3; 16,15.

[12]   Mt 24,27par; vgl. 1Clem 23,5.

[13]   Lk 21,34.

[14]   6Esr 16,53; Mt 25,1-13; Mk 13parr; Apk 10,6.

[15]   Vgl. auch 2Clem 12,1.

sie gegen Alkoholgenuß als Kennzeichen weltlichen Verhaltens
(1 Thess 5,7). Darüber hinaus geht es darum, „einen klaren Kopf"
zu behalten, selbst wenn andere in Endzeiteuphorie geraten oder
an der Verheißung verzweifeln. Es gilt im Blick zu behalten, daß
Gott letztlich der Herr der Zeit und der Geschichte ist, daß bei
ihm die letzte Entscheidung liegt, wann er das Ende bringen
wird - gegen alle Euphorie und dumpfe Resignation.

4.2.8 Fazit: Rechnen mit Gott contra factum als geforderte Einstellung

Die Aussagen über den Zeitpunkt des Endes wirken über die
reine Information hinaus auf Emotionen und Einstellungen der
Angesprochenen. Ihr Verhältnis zur Zeit wird neu bestimmt, vom
nahen Ende her erscheint die gegenwärtige Situation in einem
anderen Licht: Vorgezogene Trauer und Freude, Geduld selbst in
der größten Sehnsucht, Vertrauen in die umstrittene Verheißung,
Verunsicherung statt falscher Selbstsicherheit und neuer Mut in
scheinbar aussichtsloser Lage kennzeichnen die geforderte Einstellung. Andere, scheinbar der Situation entsprechende Emotionen und Haltungen werden als Fehleinschätzungen eingestuft.
Angesichts des geschichtsmächtigen Gottes, der jederzeit das
scheinbare Kontinuum der Geschichte ab- und unterbrechen
kann, verbieten sich Skepsis, Spott, Resignation, Euphorie und
Gleichgültigkeit. Klugheit, Wachsamkeit und Nüchternheit, also
Offenheit für Gottes Eingreifen schon bald, sind dagegen das Gebot der endzeitlichen Situation.

4.3 Die praktische Funktion

Wie sich die geforderte Einstellung und die evozierten Emotionen konkret auswirken sollen, ist Inhalt der folgenden Überlegungen. Hierin folge ich der Reihenfolge der Gleichnisse Mt 24f,
die durch das Konzept zunehmender Konkretisierung des gefor-

derten Tuns bestimmt ist. - Man kann die praktischen Funktionen nach formgeschichtlichen Gesichtspunkten ordnen: Ein Teil der Endzeitaussagen findet sich im Rahmen *präconversionaler Buß- oder Missionspredigt*. Sie zielen auf die Bildung neuer Gemeinschaft (Aufruf zur Entscheidung jetzt, Distanzierung von hinderlichen Bindungen, Aufforderung zum Besitzverzicht). Ein anderer Teil ist in *postconversionale Mahnrede* eingebunden (Korrektur des bisherigen Verhaltens, Festhalten am Erreichten, Verteidigung der Wahrheit, Durchhalten bis zum Ende, Ermutigung zu Leiden und Martyrium, Aufruf zum Gebet, Appell zu innerer Geschlossenheit).

4.3.1 Aufruf zur Entscheidung jetzt

Die Ansage des nahen Gottesreiches durch Johannes den Täufer und Jesus ist nach Markus und Matthäus unmittelbar mit der Forderung nach Umkehr (gr. *metanoia*) verbunden. Der Sinneswandel ist nötig, da neue Wirklichkeiten neue Einstellungen erfordern. Es geht darum, „Gott den Weg zu bereiten" (Jes 40,3; Mt 3,3) und für das kommende Gottesreich bereit zu werden. In der Bußpredigt des Täufers hat dies einen drohenden Unterton: Mit dem Gottesreich kommt das Gericht: „Es ist schon die Axt den Bäumen an die Wurzel gelegt; jeder Baum, der nicht gute Frucht bringt, wird abgehauen und ins Feuer geworfen." (Lk 3,9par Mt 3,10; vgl. auch das Gleichnis vom unfruchtbaren Feigenbaum Lk 13,6-9). Drastisch kommt damit die Unaufschiebbarkeit der Buße zum Ausdruck - nur so ist das drohende Gericht in letzter Minute abzuwenden. Durch die Mahnrede soll ein präventives Verhalten provoziert werden. Dabei ist zweitrangig, ob das kommende Ereignis einladenden oder drohenden Charakter trägt. Jetzt ist der Zeitpunkt, um sein Verhalten der kommenden, neuen Wirklichkeit anzupassen. Konkret heißt dies Anerkennung Gottes und seiner Boten.[16] In Mk 8,34-9,1parr motiviert die Aussicht auf das Kommen des Gottesreiches noch in dieser Generation den Eintritt in die Nachfolge mit allen Konsequenzen. Insofern dient das Va-

---

[16] Gemeint sind neben Johannes dem Täufer und Jesus auch die Jünger Jesu, vgl. Lk 10,11.

ticinium Mk 9,1parr auch der Leidensbereitschaft bis hin zum Martyrium (vgl. 4.3.5). - Das Beispiel des Schächers am Kreuz, dem Jesus Heilsgemeinschaft „noch heute" zusichert (Lk 23,42f), kann für solche, die am Erfolg eines Bekehrungsschrittes zweifeln, motivierend sein: Wenn selbst so ein Verbrecher auf sein Bitten hin keine Abfuhr erhält, um wieviel mehr dürfen sie selber auf Gehör hoffen. - Die Tatsache, daß sich das Ende hinausschiebt, ist in einigen frühchristlichen Schriften als deutliches Signal der Langmut Gottes interpretiert. Ihr Ziel ist die Bekehrung möglichst vieler Menschen. Die Rede vom Ende in absehbarer Zeit unterstreicht die Dringlichkeit der Entscheidung (PastHerm Vis III 8,9f; ApkPaul 3-6 u.a.).

Mit der Ansage des nahen Endes erscheint die verbleibende Zeit in einem neuen Licht: Halbheiten haben keinen Raum mehr, es geht um alles oder nichts. Gegenüber dieser Zeit verliert die bisherige an Gewicht, eigentlich heilsrelevant ist lediglich die jetzt noch verbleibende Zeit - Trost für die, die sich zur Bekehrung entschließen, Mahnung an die, die sich auf den Lorbeeren der Vergangenheit ausruhen möchten.

4.3.2 Distanzierung von der Welt und ihren Bindungen

Schon in alttestamentlicher Prophetie und Weisheit ist die Mahnung zur Abgrenzung von gottlosen Kräften reichlich belegt (Ps 73; Jes 5,20f; Zeph 2,2; Sir 11,16ff u.a.). Wer sich nicht selbst in Gefahr begeben will, soll sich beizeiten von solchen absondern, denen das Gericht Jahwes droht. Statt dessen soll der Fromme, aller Anfechtung zum Trotz, an seinem eigenen, mitunter mühsamer scheinenden Weg des Gesetzesgehorsams festhalten. Implizit ist diese Mahnung überall dort ausgesprochen, wo das Geschick der Gottlosen als unabwendbar dargestellt wird. - Im Kontext der frühchristlichen Missionspredigt ergeht ebenfalls des öfteren die Mahnung, sich von hinderlichen Bindungen und Beziehungen freizumachen. Soziologisch gesehen, geht es dabei um das Problem des Wechsels des sozialen Beziehungsgeflechts. Bisherige, weltliche Bindungen und Werte erscheinen aufgrund der Bekehrungssituation in einem neuen, negativen Licht: Als Hemmschu-

he auf dem Weg zum neugewählten Ziel. Dazu sind nicht nur
Verwandte, Freunde oder sogar Ehepartner zu zählen, sondern
überhaupt alles, was den bisherigen, präconversionalen Weg at-
traktiv machte: Macht, Einfluß, Geld, Besitz. - Bekanntestes Bei-
spiel für die Skepsis weltlichen Bindungen gegenüber ist der
Traktat des Paulus über den Sinn bzw. Unsinn partnerschaftlicher
Beziehungen in 1 Kor 7. Grundsätzlich empfiehlt der Apostel die
Partnerlosigkeit. Begründung ist die endzeitlich - apokalyptische
Situation, in der solche Bindungen fatale Folgen haben könnten.
Denn nur in der ungeteilten Konzentration auf das Wesentliche,
und das heißt auf die kommende Parusie sowie im positiven
Ausnutzen der Restzeit liegt die Chance, die letzte Zeit unbe-
schadet zu überstehen. Man könnte auch sagen: Angesichts der
Kürze der Zeit lohnt es nicht mehr, sich dauerhaft zu binden.
Doch wer schon gebunden ist, möge sich in innere Distanz zum
Partner begeben (gr. *hôs mê*). Denn dieser Kosmos wird samt sei-
nen Strukturen und Spielregeln bald verschwinden (V.31).

Mehr als für andere neutestamentliche Autoren ist für Lukas
der Verzicht auf Besitz und Geld der neuralgische Punkt bei
oder nach Bekehrungen. Für ihn ist Geld und Besitz als „Mam-
mon" geradezu ein Gegengott (Lk 16,13; vgl. Mt 6,24). Entsprechend kritisch äußert er sich zu diesem Thema, wobei er zum
Teil den Hinweis auf das nahe Ende unterstützend hinzuzieht. So
beim Gleichnis vom großen Gastmahl Lk 14,15-24: Es sind gerade
die materiellen Werte und Bindungen, die den erstgeladenen
Gästen den drohenden Selbstausschluß einbringen[17]. Das Gleichnis vom reichen Kornbauern (Lk 12,16-21) zeigt die Absurdität des
Schätzesammelns angesichts des jederzeit möglichen Todes auf.[18]
Die Sicherheit, in der sich der Kornbauer wiegt, ist trügerisch, sie
hat verhängnisvolle Folgen. - Einmal mehr ist materieller Besitz
im apokalyptischen Sendschreiben an Laodizea Apk 3,20 der
Stein des Anstoßes: Die Gemeindeglieder, die sich grundsätzlich
bereits zum Verzicht auf Besitz bereit erklärt hatten, werden *post*

---

[17] Vgl. auch die Variante im Thomasevangelium, EvThom Log 64. We-
      niger merkantil ausgerichtet dagegen Mt 22,1-14. Dazu K. Erlemann,
      Das Bild Gottes 170ff.

[18] Jak 5,3 argumentiert analog: Nicht Schätzesammeln an sich ist
      schlimm, aber die Tatsache, daß dies jetzt, „in diesen letzten Tagen"
      passiert, läßt solches Verhalten absurd erscheinen.

conversionem in die Pflicht genommen: Christus steht bereits vor der Tür, seine Nähe unterstreicht die Dringlichkeit und Notwendigkeit der Kurskorrektur. Motivierend ist die abschließende Aussicht auf himmlischen Ausgleich (V.20b.21).

Im frühchristlichen Schrifttum wird auffallend oft asketische Absonderung von der Welt gefordert.[19] Zum Teil wird die Forderung auf sexuelle Askese hin zugespitzt (2 Clem 12,3-6). Die Mahnung läßt auf das Problem ethischer Nivellierungstendenzen schließen.

4.3.3 Korrektur des bisherigen Verhaltens

Ein Beispiel für die geforderte Korrektur des bisherigen Verhaltens ist bereits genannt (Apk 3,20). Viele andere postconversionale Ermahnungen sind auf Verhaltenskorrektur ausgerichtet. In einigen Texten wird das geforderte Verhalten ausdrücklich in Kontrast zum bisherigen gesetzt. So in Röm 13,11f: Jetzt ist es höchste Zeit „aufzuwachen" und die praktischen Konsequenzen aus der Bekehrung zu ziehen. Motivation ist der Hinweis auf das Ende, das jetzt noch näher sei als zum Zeitpunkt der Konversion. - Einen drohenden Unterton haben die postconversionalen Bußforderungen in Apk 2,16; 3,3: Wer jetzt nicht, und zwar als Christin und Christ, Buße tut (gr. *metanoein*), den wird das nahe Gericht überraschend treffen.

4.3.4 Durchhalten und Festhalten am Erreichten

Die Zeit der letzten Bedrängnis ist nach apokalyptischer Auffassung eine Zeit besonderer Bewährung. Die, die durchhalten, werden in Dan 12,12 ausdrücklich selig gepriesen (vgl. Dan 11,35). Durchhalten heißt konkret Festhalten an der bisher geübten Gesetzesobservanz. Die Vollzahl der Gerechten ist Bedingung dafür,

---

[19] 1 Clem 30; Barn 4,1f.6; 21,4; 2 Clem 5,6; 6,4ff; 16,2; EvThom Log 27; 110; PastHerm Sim I 1,8; PapOx 1,4ff; 5 Esr 2,36; ActAndr Narr.33; Hippolyt, Comm. in Dan 4.

daß das Ende kommen kann (4 Esr 4,35ff; vgl. 1QpHab 7,3-14). Die
Gesetzlosen ziehen dagegen das Gericht auf sich: „Sie haben in
ihren Herzen gesprochen, es gebe keinen Gott, und zwar obwohl
sie wußten, daß sie sterben müßten. Wie deshalb auch das Verheißene euch in Empfang nimmt, so jene Durst und Qualen, die
vorbereitet sind. Denn der Höchste wollte nicht, daß die Menschen verlorengehen, vielmehr befleckten sie, die Geschaffenen,
den Namen dessen, der sie gemacht hat. Sie waren undankbar
gegen ihn, der ihnen doch das Leben bereitet hat. Deshalb naht
mein Gericht bald heran" (4 Esr 8,58-61; vgl. syrBar 48,38f). - In
der frühchristlichen Literatur findet die Durchhalteethik ihre Ent-
sprechung. Die, die durchhalten, werden selig gepriesen (Mk
13,13par Mt 24,13; vgl. Jak 5,11; Did 16,5). Die Glaubenden werden
aufgerufen, Gottes Rechtsforderungen weiterhin nachzukommen
und im Tun des Guten nicht nachzulassen.[20]

In der postconversionalen Unterweisung neutestamentlicher
Briefliteratur wird - neben der Korrektur bisheriger Halbherzig-
keiten - dazu ermahnt, am bereits erreichten Heilsstand festzuhalten. Hintergrund ist die Interpretation der Restzeit als Zeit besonderer Gefährdung und die Erfahrung, daß der erste Elan mit
der Zeit nachläßt. Kennzeichen der Argumentation ist die Betonung der bisherigen Errungenschaften, die aufzugeben jetzt, auf
den letzten Metern, geradezu absurd erscheint. So ist es kein Zu-
fall, daß Paulus gerade die Philipper, die er von Anfang des
Briefes an in höchsten Tönen lobt, in seiner Schlußmahnung auf-
fordert „steht fest im Herrn" (Phil 4,1). Sie, die besonders viel gewonnen haben, haben auch viel zu verlieren. Die gemeinsamen
überstandenen Kämpfe sind Motivation zu besonderer Fürsorg-
lichkeit (V.3). Sie sollen sich ihre Freude trotz der äußeren Umstände erhalten, sie ist gerechtfertigt als Vorfreude auf die nahe
Parusie Christi (V.4f). Es fehlt im Kontext die negative Kehrseite -
was passieren kann, wenn die Philipper nicht fest bleiben. Das
ist in Hebr 10 anders: Wer nicht am Glauben festhält, sondern zu-
rückweicht, wird verdammt werden (10,38f). Diese Auslegung
von Hab 2,3f ist Zielpunkt der Argumentation des gesamten Ab-
schnitts Hebr 10,19-39. Der Autor stellt den bisherigen, erfolgreich
bestandenen Leidenskampf der Gemeinde heraus, der neben

---

[20] Barn 21,1f.5; 1 Clem 33,1; 34,4; Did 16,5; 2 Clem 18,2; vgl. 2 Phil 10,2.

verbalen Anfeindungen auch Enteignung und anderes miteinschloß. Es geht jetzt darum, den begonnenen Kampf bis zum Ende durchzustehen, und das Ende ist, gegen den subjektiven Eindruck, nicht mehr fern (V.37). Zusätzlich wird argumentiert, daß ein Zurückweichen eine unverzeihliche Versündigung gegen die einstmals empfangene Erkenntnis der Wahrheit sei (V.26ff; vgl. Hebr 6,4-6). Die in V.25 und V.37 bekräftigte Naherwartung dient demnach der Festigung der Glaubensgrundlagen und stellt den Abfall in letzter Minute als fatale, ja absurde Fehlentscheidung heraus. Dem Wesen des Glaubens entspricht es, daß er gerade gegen alle sichtbare Wirklichkeit am Unsichtbaren bis zum Schluß festhält (Hebr 11). - Erheblich knapper, aber der Sache nach durchaus vergleichbar ist die Argumentation im apokalyptischen Sendschreiben an Philadelphia Apk 3,7-13: Die Gemeinde wird gelobt, sie hat Gottes Wort bewahrt und Christi Namen nicht verleugnet (V.8.10). Das Lob führt zu einer Heilsansage - die Gemeinde soll von der letzten Bedrängnis verschont werden (V.10). Mahnend wird angefügt: „Siehe, ich komme bald; halte, was du hast, daß niemand deine Krone nehme!" (V.11). Das Festhalten am Erreichten ist die zentrale Bedingung für die Teilnahme am kommenden Heil. Es lohnt sich, zumal die Zeit, die zu überstehen ist, überschaubar kurz ist. Naherwartung ist einmal mehr Motivation bzw. Begründung für das ethische Verhalten.

4.3.5 Ermutigung zu Leiden und Martyrium

Sind die im vorigen Abschnitt besprochenen Nah-Aussagen dazu angetan, eine Durchhalteethik zu motivieren bzw. zu begründen, so geht es bei den folgenden insbesondere um diejenigen, die dazu ermutigen, falls nötig auch Leiden und Martyrium nicht zu scheuen. - Die Wahl zwischen Gebotsübertretung und Martyrium wird in AssMos 9,6ff eindeutig im Sinne des Martyriums beantwortet: „Laßt uns drei Tage lang fasten und am vierten in eine Höhle gehen, die auf dem Felde ist, und laßt uns lieber sterben, als die Gebote des Herrn der Herren, des Gottes unserer Väter, übertreten! (7) Denn wenn wir das tun und so sterben, wird unser Blut vor dem Herrn gerächt werden. (10,1) Und dann wird seine Herrschaft über seine ganze Schöpfung erscheinen, und dann wird der Teufel nicht mehr sein. (2) Dann werden die Hände des Engels gefüllt werden, der an höchster Stelle steht, und sogleich wird er sie rächen an ihren Feinden. (3) Denn (es wird aufstehen) der Himmlische vom Sitz seiner Herrschaft und heraustreten aus seiner heiligen Wohnung mit Empörung und Zorn wegen seiner Kinder ..." - Die Aussicht auf baldige Rache Gottes und die nachfolgende Hoffnung auf die baldige Erhöhung der Märtyrer unter die Sterne läßt das Martyrium als den lohnenswerteren Weg erscheinen. Im Hintergrund steht die Vorstellung vom nach Rache schreienden Blut der Gerechten, das das Kommen der Gottesherrschaft forciert. - Die Vorstellung kommt auch in Apk 6,9-11 zum Tragen. Ohne daß dies ausdrücklich gesagt wird, bringt der Hinweis auf die Vollzahl der Märtyrer, die vor dem Ende erreicht werden muß, zum einen die Notwendigkeit von Martyrien zum Ausdruck, zum anderen setzt er damit die Hemmschwelle herab, selber im Falle des Falles diesen Weg zu gehen. Wer zum Martyrium bereit ist, steht in guter Tradition, sein Geschick ist nicht in den Wind geschrieben und er erfüllt seinen Part im endzeitlichen Drama. - Nicht die nahe Rache Gottes, sondern der Blick auf den Geist als Fürsprecher vor weltlichen Gerichtsbarkeiten nimmt in Mk 13parr dem Weg der Zeugenschaft den Schrecken: Der Geist wird den Betroffenen die richtigen Worte eingeben (Mk 13,11). Zudem werden die gegenwärtigen Anfeindungen als Teil des Endzeitszenarios dargestellt, die Zeugenschaft gewinnt dadurch an Stellenwert. Tröstlich wirkt weiterhin, daß Gott die letzte Zeit abkürzen wird (Mk 13,20par Mt 24,22). Die Vorstellung, daß Gott die Seinen in der schlimmsten Zeit bewahrt, baut möglicher Resignation vor. Nicht zuletzt werden die, die bis zum Letzten durchhalten, selig gepriesen (Mk 13,13par Mt 24,13). - Das im Vergleich zur kommenden Freude kurze Leid ist eine der Motivationen, die der erste Petrusbrief aufbietet, um seine Gemeinde zum Leiden bereit zu machen (1 Petr 1,6par 5,10). Daneben erinnert der Autor an die tiefere Bedeutung der Leiden: Sie sind der Anfang des göttlichen Gerichts, die Glaubenden sind geradezu privilegiert, ihr Gericht schon jetzt abzubekommen; die Gottlosen kommen erst später, aber dafür um so härter dran (1 Petr 4,17f, vgl. dazu S. 95). In ihrer kosmischen Dimension sind die Leiden zudem das Bewährungsfeld (gr. *peirasmos*) der Glaubenden, sie haben also positive

Funktion (1 Petr 1,6; 4,12). - Die Überwindung von Leid und Trauer ist Zweck der johanneischen Abschiedsrede Joh 16,16-33. Unter Zuhilfenahme des Bildes von den Geburtswehen wird der eigentliche Charakter der derzeitigen Misere herausgestellt: Gegen allen Anschein sind die „Wehen" die sicheren Vorboten des baldigen freudigen Ereignisses. Es lohnt sich, die heftige, aber kurze Zeit des Leidens durchzuhalten, Gott selber wird die Trauer in Freude verwandeln. - Die frühchristlichen Apostelakten stellen den Leserinnen und Lesern den Apostel, der tapfer das Martyrium durchhält, als Vorbild vor Augen. Besonders erwähnenswert ist der Bericht über das Martyrium des Andreas in Act Andr 33 (2. Jh. n. Chr.). Schon am Kreuz hängend weist der Held Versuche seiner Freunde zurück, ihn an der Vollendung des Martyriums zu hindern. Er beschließt seine Rede: „Lasset mich nunmehr in der Weise, wie ihr es vor Augen habt, sterben, und auf keinen Fall soll mich jemand von diesen Banden lösen. So ist es mir nämlich bestimmt: aus dem Leibe zu scheiden, um beim Herrn daheim zu sein, mit dem ich auch gekreuzigt werde. Dies soll denn auch geschehen." In bewußter Anlehnung an Phil 1,23 resp. 2 Kor 5,8 erinnert der Autor an die Gemeinschaft mit Christus, die dem Märtyrer nach seinem Tod winkt. Zudem erinnert der Text an die Haltung Jesu selbst, der den Versuch des Petrus, ihn von seinem Weg abzubringen, harsch zurückweist (Mt 16,22f).

4.3.6 Verteidigung des anvertrauten Gutes

Neben der generellen Aufforderung, am bereits Erreichten festzuhalten und nicht auf den letzten Metern alles zu verspielen, wird die einmal empfangene Wahrheit als besonders gefährdetes und zu verteidigendes Gut genannt. Im bereits behandelten Abschnitt Hebr 10,19-39 wird der Abfall vom Glauben als Verrat an der Erkenntnis der Wahrheit charakterisiert. Wer sie einmal empfangen hat - Hebr 6,4-6 nennt darüber hinaus den Geist, das gute Wort Gottes und die Kräfte der zukünftigen Welt als Initialgaben - und danach trotzdem den Glauben aufgibt, dem ist schlichtweg nicht mehr zu helfen. Erkenntnis der Wahrheit, im Neuen Testament

regelmäßig mit der Gabe des heiligen Geistes verbunden, ist
mithin das wichtigste Gut der Christinnen und Christen, aber
auch das gefährdetste. Denn die letzte Zeit vor dem Ende ist die
Zeit der Irrlehrer und Falschpropheten. Ihr Auftreten ist umgekehrt ein sicheres Indiz für das nahe Ende. Regelmäßig erfolgt
die Ankündigung von Irrlehrern mithilfe der *„Endzeitformel"*
(„in den letzten Tagen" o.ä.). Der endzeitliche Widersacher wird
vor allem in seiner verführenden Kraft gezeichnet. In 1 Tim 4,1
sind es die „Irrgeister, dämonischen Lehren und Pseudolehren",
die der Gemeinde zusetzen, in der frühchristlichen „Apostellehre" (Did 16,4) erhält der Widersacher den Beinamen „Weltverwir-
rer" (gr. *kosmoplanos*). Der oder die Antichristus(se) des 1. Johan-
nesbriefes zeichnen sich durch die Verfälschung des christologi-
schen Bekenntnisses aus (1 Joh 2,22f; 4,2). Die illegitime, vorzeitige
Proklamation des wiedergekommenen Messias ist das Kernpro-
blem der synoptischen Apokalypse Mk 13parr. Auch die Skeptiker des 2. Petrusbriefes werden als Zeichen der Endzeit interpretiert (2 Petr 3,3; vgl. Jud 18[21]). Paulus führt das Phänomen von
Spaltungen in der Gemeinde auf das Wirken des Satans zurück
(Röm 16,17-20). - In allen Texten dient die Qualifizierung der Irrlehrer als endzeitliche, satanische Phänomene dazu, den Stellenwert der rechten Lehre nicht zu tief anzusetzen und gleichzeitig
die Gemeinde gegen die Verfälschung der Wahrheit zu immuni-
sieren. Das Phänomen selbst ist von begrenzter Dauer, aber es
macht die Brisanz der letzten Zeiten aus, in der Verführung der
Glaubenden liegt seine eigentliche Gefährlichkeit. Schon Daniel
weiß, daß nur ein Teil des Volkes diese Gefährdung unbeschadet
übersteht (Dan 11,33ff).

Offenbar aus historischer Erfahrung heraus macht der Autor
der Johannesoffenbarung das unverfälschte Bewahren der prophetischen Worte zur Kernbedingung dafür, aus der endzeitli-

---

[21] Vgl. weiterhin den sogenannten „3. Korintherbrief" (3 Kor) in den
Paulusakten (Ende 2. Jh.): „(3,1) Paulus, der Gefangene Jesu Christi,
an die Brüder in Korinth - Gruß! (2) Während ich in vielen Bedräng-
nissen bin, wundere ich mich nicht, wenn so schnell die Meinungen
des Bösen Boden gewinnen. (3) Denn (mein) Herr Jesus Christus wird
schnell kommen, da er verworfen wird von denen, die seine Worte
verfälschen." (Übersetzung W. Schneemelcher, Neutestamentliche
Apokryphen II 232).

chen Bedrängnis errettet zu werden. „Ich bezeuge allen, die da
hören die Worte der Weissagung in diesem Buch: Wenn jemand
etwas hinzufügt, so wird Gott ihm die Plagen zufügen, die in
diesem Buch geschrieben stehen. Und wenn jemand etwas weg-
nimmt von den Worten des Buchs dieser Weissagung, so wird
Gott ihm den Anteil wegnehmen am Baum des Lebens und an
der heiligen Stadt, von denen in diesem Buch geschrieben steht"
(Kanonisationsformel, Apk 22,18f). Die Warnung wird durch die
nachfolgende Ankündigung Jesu Christi, des Kronzeugen der Offenbarung, bekräftigt (V.20). Der Inhalt der Apokalypse ist für
die Heiligen von höchster Bedeutung, an ihm hängt ihr Schicksal. Nur mit dem apokalyptischen Wissen können sie sich auf die
kommenden Ereignisse einstellen und die richtigen Konsequenzen daraus ziehen. Die Offenbarung hat demnach soteriologische
Funktion, sie ist das Mittel, das Christus seiner Gemeinde in die
Hand gibt, um sie sicher durch die letzte Drangsal zu führen.
Wer sich an ihr vergeht, vergeht sich damit an den Heiligen
und am Heilswillen Gottes. - Die Verteidigung des anvertrauten
Gutes (gr. *parathêkê*) ist das Grundthema der Pastoralbriefe. Die
Naherwartung ist dabei nicht die unmittelbare Motivation. Doch
wird aus 1 Tim 4,1 und 2 Tim 3,1 deutlich, daß der bzw. die Auto-
ren keinen Zweifel an der endzeitlichen Situation haben, die unter anderem eben zur Gefährdung des anvertrauten Gutes führt.
Der Geist ist dabei der Garant der Wahrheit und diejenige Größe,
die für die Erkenntnis der falschen Lehre sorgt.

In IgnSm 9,1 dient die Aussicht auf das baldige Ende der Motivation, Gott und den Bischof anzuerkennen. Hintergrund der
Mahnung ist das Problem von Schismen (vgl. 7,2: Spaltungen
sind der Anfang vom Übel). Die Mahnung, den Bischof anzuerkennen, wurzelt in der neutestamentlichen Sorge um die Wahrheit und setzt voraus, daß der Bischof ein oder der Garant der
christlichen Wahrheit ist.

4.3.1 Aufruf zum Gebet

Die Bitte um das helfende, heilende oder rächende Eingreifen
Gottes ist ein Grundthema der Psalmenliteratur. Als Beispiele sei-
en Ps 6,10f und Jer 15,15 zitiert: (Ps 6,10f) „Der Herr hört mein Fle-

hen; mein Gebet nimmt der Herr an. Es sollen alle meine Feinde
zuschanden werden und sehr erschrecken; sie sollen umkehren
und zuschanden werden plötzlich." - Um das rächende Kommen
Jahwes fleht Jeremia in 15,15: „Ach Herr, du weißt es! Gedenke
an mich und nimm dich meiner an und räche mich an meinen
Verfolgern! Laß mich nicht hinweggerafft werden, während du
deinen Zorn über sie noch zurückhältst; denn du weißt, daß ich
um deinetwillen geschmäht werde." Dem fortdauernden, beharr-
lichen Gebet wird zum Teil eine forcierende Wirkung zugeschrieben, so auch im Gleichnis von der bittenden Witwe Lk 18,
1-8. - In liturgischen Gebeten des frühen Juden- und Christentums ist die Bitte um das baldige Kommen des Gottesreiches fest
verankert, vgl. das Vaterunser (Mt 6,10par Lk 11,2) und das nicht
genau datierbare Qaddisch-Gebet: „Es werde verherrlicht und
geheiligt sein großer Name in der Welt, die er nach seinem Willen erschaffen. Er wolle sein Reich herbeiführen (Zusatz Maimo-
nides: daß seine Erlösung wachse, er seinen Gesalbten (Messias)
bringe und sein Volk erlöse) in euren Lebenstagen und in denen
des ganzen Hauses Israels, bald und in naher Zeit. Darauf spre-
chet: Amen!" - Am Ende seiner Version der synoptischen Apokalypse bringt Lukas die Mahnung zum Gebet an exponierter Stelle (Lk 21,36). Es ist hier nicht Mittel, um die Parusie zu forcieren,
aber als die adäquate Haltung neben der Wachsamkeit, um die
bevorstehende Drangsal zu meistern. Im Hintergrund steht, wie
beim Motiv der Verkürzung der Restzeit, das Bild von Gott als
dem, der allein die Glaubenden bewahren kann. Das entspricht
der Einsicht in die kosmologische Dimension der Drangsal. -
Auch in den Schlußparänesen des Philipper- und ersten Petrusbriefes (Phil 4,6; 1 Petr 4,7) wird das Gebet als adäquate Haltung
angesichts des nahen Endes gekennzeichnet. Ähnlich wie in Lk
21,36 sieht auch 1 Petr 4,7 im Gebet die Chance verankert, die
kommende Leidenszeit zu überstehen ("Es ist aber nahegekom-
men das Ende aller Dinge. So seid nun besonnen und nüchtern
zum Gebet").

4.3.8 Appell zu innerer Geschlossenheit

All die bisher aufgezählten praktischen Konsequenzen aus der
Naherwartung wären falsch verstanden, würde man sie im Sinne
einer individualistischen Endzeitethik interpretieren. Das Gegenteil ist der Fall. Nach Auffassung der neutestamentlichen Autoren
ist der endzeitliche Konflikt nur kollektiv, als Gemeinde, zu meistern. Das intakte Verhältnis der Gemeindeglieder untereinander
ist daher eine Grundforderung, die in sich geschlossene Gemeinde gilt als „Visitenkarte" des Apostels im Endgericht (2 Kor 1,14;
Phil 2,16; 1 Thess 2,19). Das Gebot der Nächstenliebe hat auch von
daher seine zentrale Bedeutung; sie ist das Erkennungszeichen
der Gemeinde im entscheidenden Augenblick (Joh 13,35; 1 Thess
5,1-11; 1 Joh 4,11f). - Nach Röm 13,8-10 ist das Praktizieren der
Nächstenliebe die Summe des Gesetzes und die Konkretion der
in V.11f geforderten Verhaltenskorrektur (dazu vgl. S. 121). Die
zentrale Bedeutung des Liebesgebotes wirft auch ein Licht auf
die Ausführungen des Apostels zum Verhältnis zwischen Gemeinde und Staat (Röm 13,1-7). Wichtiger als soziale oder politische Initiativen und Veränderungen ist der gegenseitige Zusam-
menhalt in dieser letzten, kurzen Zeit. Es geht um die Konzentration auf das Wesentliche, alles andere lohnt nicht mehr, ja setzt
den Bestand der (marginalen) Christengemeinschaft unnötiger
Gefährdung aus. - Sich gegenseitig aufzumuntern und aufzubau-
en ist die Grundforderung in 1 Thess 4f, 1 Petr 1,22; 4,8; Hebr 3,13;
10,25 und Jak 5,8. Nur wenn sie erfüllt wird, hat das Ganze der
Gemeinde die Chance zu überleben. Die verbleibende Restzeit
ist die Zeit der intensiv gelebten neuen Glaubensidentität, deren
Kennzeichen die geschwisterliche Liebe ist. - Das Vergehen des
alten Äons, also die endzeitliche Situation, ist die Begründung,
weshalb jetzt das Gebot der geschwisterlichen Liebe gilt: Besondere Zeiten erfordern neue Spielregeln - so wie neuer Wein keine alten Schläuche verträgt. Innere Geschlossenheit ist das Gebot
der (letzten) Stunde. Die Forderung ist nicht ohne innere Logik:
Wer sich zur Gemeinde hält, bleibt automatisch in der Sphäre
des Lichts. Wer sich separiert und die geschwisterliche Liebe
vernachlässigt, separiert sich damit auch von der Sphäre des
Heils. Nur der Gemeinde als ganzer ist es eben möglich, das, was
kommt, zu meistern. Hier ist kein Platz für Einzelkämpfertum.

4.4 Fazit

Die zur Diskussion stehenden Endzeitaussagen stehen in keinem
Falle als „Lehre an sich", vergleichbar einer dogmatisch gefaßten
Eschatologie, sondern sind argumentativ in bestimmte Problem-
und Fragestellungen eingebunden. Formgeschichtlich gesprochen sind die meisten Nah- und Endzeitaussagen eine Funktion
symbuleutisch ausgerichteter Argumentation. Die Autoren stellen
kein geschlossenes System vor, sondern rezipieren die eschatolo-
gisch-apokalyptische Tradition selektiv, nach Maßgabe der an-
stehenden Problematik, ihres eigenen theologischen Standpunkts
und der Verstehensdingungen ihrer Adressatinnen und Adressaten. Die einzelnen Endzeitvorstellungen entstehen nicht im luftleeren Raum, sondern sind Antworten auf bestimmte Fragen der
Zeit. Die spezifische Auferstehungshoffnung des Paulus in 1 Thess
4 zum Beispiel erweckt den Eindruck einer *ad - hoc* - Konstrukti-
on, um die Sorgen der Thessalonicher zu zerstreuen. - Die mit
den Aussagen mitgegebene Information zielt auf Emotionen und
Verhaltensweisen der Angesprochenen. Das, was zu erwarten ist,
soll schon jetzt die Gegenwart bestimmen. Diese expressiv-praktische Funktion der Endzeithoffnung geht nur langsam, in
nachneutestamentlicher Zeit, verloren. Hier kommt es allmählich
zu einer Trennung von Ethik und eschatologischer Lehre. - Fünf
Punkte der vorgetragenen Analyse möchte ich besonders her-
vorheben:

1. *Gott der Herr der Zeit und der Geschichte:* Die Ansage des nahen Eingreifens Gottes, sei es zum Heil oder zum Unheil der
   Betroffenen, drückt etwas über das Gottesbild selbst aus. Vor
   dem Hintergrund von verzweifelter Frage nach Gott auf der
   einen und von selbstsicherer Sorglosigkeit auf der anderen
   Seite legt die Naherwartung den Ton auf die Geschichtsmächtigkeit Gottes. Gegen allen Anschein, gegen alle trügerische
   Solidität der Lage, gegen alle scheinbare Aussichtslosigkeit ist
   Gott Herr der Lage. Anstelle seiner angeblichen Ohnmacht
   wird er in absehbarer Zeit nachprüfbar seine Macht erweisen.
   Nicht an einem Sankt-Nimmerleinstag, sondern potentiell
   schon heute oder morgen. Es geht nicht um billige Vertrö-

stung auf ferne Zeiten, sondern um die Gewißheit, daß Gott sich morgen schon ganz anders zeigen kann als heute. Das Gottesbild der jüdisch-christlichen Apokalyptik ist demnach zeitlich strukturiert, dynamisch. - Das, was heute noch bedrückt, Leid und Verfolgung, ist nicht Gottes Wirkmacht entzogen. Er selbst, so die apokalyptische Überzeugung, hat die geschichtlichen Ereignisse in der Hand. Es ereignet sich nichts, was nicht von Gottes „Plan", von seinem Heilswillen für Israel umschlossen wäre. Wenn die ersehnte Befreiung und Erlösung noch auf sich warten läßt, dann wegen der *necessitas temporum,* der notwendigen Abfolge der Zeiten und Ereignisse. Der Mensch braucht keine Sorge zu haben, daß Gottes Eingreifen durch widergöttlichen Einfluß verzögert oder gar verhindert werden könnte. Alles läuft nach festgelegten, gleichsam natürlichen Gesetzmäßigkeiten ab. Niemand außer Gott selbst kann sie beeinflussen. Wo er sie beeinflußt - und das ist ein besonderer Trost für die Glaubenden - geht es ihm darum, die Seinen vor dem Schlimmsten zu bewahren. Er tut es, indem er die letzte und schlimmste Zeit abkürzt bzw. beschleunigt. Diesem Gott kann man sich anvertrauen gegen alle äußeren Widerstände und Bedrängnisse. Er wird selbst das Geschick wenden und für Gerechtigkeit sorgen; die Glaubenden müssen nicht selbst aktiv werden. Das einzige, was ihnen zu tun bleibt, ist im Gehorsam dem Willen Gottes gegenüber wachsam und nüchtern bleiben sowie sich von den Gottlosen unmißverständlich abgrenzen.

2. *Einstellung auf Gottes Handeln contra factum:* Der zeitlichen Strukturiertheit des jüdisch-christlichen Gottesbildes entspricht es, daß die gegenwärtigen Zustände und Konstellationen als äußerst vergänglich und provisorisch angesehen werden. Was jetzt noch gilt, kann morgen schon außer Kraft gesetzt sein. Gott ist fähig, jederzeit die herrschenden Verhältnisse umzukehren. Wer jetzt noch arm und entrechtet ist, kann morgen schon reich und in richterlicher Funktion sein. Wer heute sich seiner Macht noch sicher wähnt, kann morgen schon von Gott gerichtet sein. Der Hinweis auf die Brüchigkeit bestehender Verhältnisse und die Ansage des jederzeit zum Eingreifen bereiten Gottes zielt nicht auf reine Information, sondern über die Information auf die Stabilisierung bzw. Destabilisierung

von Emotionen, Einstellungen und Verhaltensweisen. Und die Hoffnungen und Erwartungen sind so intensiv, daß sie das Kommende sprachlich antizipieren können. Antizipiert werden sollen auch Stimmungen, die eigentlich erst aus den kommenden Ereignissen zu begründen sind. *Contra factum,* gegen allen gegenwärtigen Anschein, aber im Wissen um die Brüchigkeit des Bestehenden, soll es schon jetzt zu einem Stimmungsumschwung kommen. Trauer in einer (noch) nicht traurig stimmenden Lage, Freude in einer Situation, die zur Freude (noch) keinen Anlaß gibt. Geduld soll herrschen trotz vielleicht übergroßer Sehnsucht und Ungeduld, Vertrauen trotz äußerlichem Anlaß zu Skepsis. Wer noch sorglos dahinlebt und über Gottes Verheißungen seinen Spott treibt, sollte sich verunsichern lassen, wer depressiv und verzweifelt ist, soll neuen Mut fassen. Der Glaube an Gottes Geschichtsmächtigkeit rechnet mit dem schier Unmöglichen, er stellt sich klug, wachsam und nüchtern auf Gott, den Unberechenbaren, ein.

3. *Die Dringlichkeit des geforderten Tuns:* Die praktische Konsequenz aus dem Gesagten kann nur heißen: Das, was zu tun ist, sogleich zu tun, ohne Umschweife und Aufschub. Denn die Zukunft ist Gottes Domäne, morgen schon kann die Zeit zum Handeln vorbei sein. Das gilt unabhängig davon, ob man eher in kollektiven Kategorien (Hoffnung auf das Weltende, Endgericht, Parusie etc.) denkt oder eher in individuellen (persönlicher Tod). Klugheit heißt, so lehrt schon die alttestamentliche Weisheit, sich beizeiten auf kommende und manchmal plötzlich einbrechende Veränderungen einzustellen. Es ist keine Zeit zu verlieren, und angesichts der Tragweite und Endgültigkeit des kommenden Geschehens bekommt das jetzige Verhalten ebenfalls den Charakter des Endgültigen, Irreversiblen. Jetzt ist keine Zeit für Halbheiten mehr, jetzt gilt es, mit den guten Vorsätzen ernst zu machen. Die verbleibende Zeit bis zum Ende bekommt von daher einen eminent hohen Stellenwert. Sie ist von grundsätzlich anderer Qualität als die Zeit *vor* der Ansage des baldigen Endes. Jetzt entscheidet sich das künftige Schicksal - sei es zum ewigen Heil oder zur ewigen Verdammnis. Demgegenüber verliert das frühere Verhalten deutlich an Stellenwert - ein Trost für

die, die sich jetzt noch bekehren, eine Mahnung für die, die sich auf den Lorbeeren vergangenen Rechtverhaltens ausruhen.

4. *Konzentration auf das Wesentliche:* Nach apokalyptischer Weltanschauung sind die gegenwärtigen Bedrängnisse des Gottesvolkes bzw. der Gemeinden nicht abgelöst von ihrer kosmologischen Dimension zu betrachten. Was die Glaubenden physisch erleben und erleiden, ist nur die sichtbare Manifestation eines viel weiterreichenden Konflikts zwischen Gott und den widergöttlichen Kräften. Satan ist selbst am Werk, er steht hinter all den Irrlehrern, Verführern und Despoten. Hinter den Glaubenden steht Gott bzw. Jesus Christus als der Herr der Gemeinde. Ohne sein bewahrendes Eingreifen wären die Glaubenden dem Zugriff der widergöttlichen Kräfte hilflos ausgeliefert. In dieser Situation wäre es grundverkehrt und zudem ein Zeichen für mangelndes Vertrauen in Gottes Geschichtsmächtigkeit, das Heft selbst in die Hand zu nehmen und selbst für Erlösung zu sorgen. Falsch wäre es auch, sich mit dem Staat anzulegen, etwa durch Steuerverweigerung. Und es wäre falsch, jetzt noch, so knapp vor dem Ende, die soziale Ordnung durcheinanderzuwirbeln, etwa die Sklaverei abzuschaffen oder die traditionellen Geschlechterrollen aufzuheben. Die „Endzeitethik" erweckt hierdurch einen konservativen und defensiven Charakter. Verständlich ist das im Rahmen des zugrundeliegenden, apokalyptisch geprägten Geschichtsverständnisses: In der letzten und gefährlichsten Etappe der Geschichte kommt alles darauf an, die Kräfte auf den entscheidenden Punkt zu konzentrieren - auf die Bereitschaft für das Kommen des Endes selbst, darauf, im entscheidenden Moment bereit zu sein, und das heißt im Neuen Testament konkret: Einhaltung des Liebesgebots.

5. *Herstellung und Konsolidierung der Gemeinschaft:* Die praktischen Konsequenzen aus der Naherwartung, das heißt die mit Blick auf das nahe Ende motivierten bzw. begründeten ethischen Forderungen wie Ruf zur Entscheidung, Distanznahme von der Welt, Verhaltenskorrektur, Durchhalten, Festhalten am Erreichten, Ermutigung zu Leiden und Martyrium, Verteidigung des anvertrauten Gutes und Appell zu innerer Ge-

schlossenheit laufen in ihrer Gesamtheit auf die Herstellung und Konsolidierung der neuen Gemeinschaft hinaus. Gegen alle äußeren und inneren Gefährdungen soll die Gemeinschaft gestärkt und gefestigt werden. Der Gemeinde kommt gleichsam soteriologische Funktion zu, als das Überdauern der letzten apokalyptischen Zeit jenseits einer gefestigten Gemeinde undenkbar erscheint. Der hohe Stellenwert des Gebets in diesem Zusammenhang macht deutlich, daß sich nach frühchristlicher Auffassung die letzte Zeit nur in einer „konzertierten Aktion" von Apostel, Gemeinde und dem Herrn der Gemeinde überstehen läßt.

Kapitel 5: Der politische und soziale Kontext der Endzeithoffnung

Die bisherigen Fragen konzentrierten sich darum, was im einzelnen erwartet wird, welche Antworten auf die Frage nach dem Zeitpunkt gegeben werden und welche Funktionen die einzelnen Aussagen in ihrem Kontext haben. Mitunter wurde bereits die Frage nach den politischen und sozialen Rahmenbedingungen der Endzeitvorstellungen angeschnitten. Das folgende Kapitel rückt diese Frage in den Mittelpunkt. Denn es ist eines, die Aussagen in ihrem literarischen Kontext zu untersuchen und zu verstehen. Es ist ein anderes, und nicht minder wichtig zum Verständnis, die eschatologischen und apokalyptischen Vorstellungen in ihrem nicht-literarischen Kontext wahrzunehmen, als Interpretationsmodelle bestimmter historischer, sozialer und politischer Erfahrungen.

5.1 Allgemeine Rahmenbedingungen für Endzeithoffnung

5.1.1 Politische, soziale und religiöse Marginalität

Die bange Frage nach dem Zeitpunkt des Endes ist im allgemeinen Ausdruck einer als ungut, wenn nicht als unerträglich empfundenen Situation. Wer die Frage stellt, erhofft und ersehnt sich von Gott die baldige Wendung seines derzeitigen Geschicks. Es macht da keinen Unterschied, ob es einzelne Psalmbeter sind, ob die Psalmbeter ganze Gruppen oder das ganze Volk repräsentieren, ob da ein Prophet Gottes Eingreifen gegen das Volk und seine Führer erfleht oder ob ein Apokalyptiker die Fragen seines Volkes aufgreift. Die Not mag individuell oder kollektiv sein, die Art der Fragestellung ist immer die gleiche, die Hoffnung richtet

sich auf die Zukunft, die eine entscheidende Verbesserung der
Lage bringen soll. Das Anliegen wird vor Gott gebracht, vor den
Gott, der der Garant des Lebens des Einzelnen und der Erwählung des Volkes ist. Er hat sich in der Vergangenheit, besonders
in der Herausführung Israels aus Ägypten und in der Landnah-
me, geschichtsmächtig erwiesen, von ihm darf auch für die nahe
Zukunft erneute Zuwendung erhofft werden. Die Tatsache, daß
das Anliegen vor Gott gebracht wird, besagt etwas über die politisch-soziale Befindlichkeit der Fragesteller: Sie erleben sich als
ohnmächtig und hilflos denen gegenüber, die sie bedrängen und
unterdrücken. Das mag der persönliche Kontrahent sein, der
Gottlose, der sich nicht um die Torahgebote schert, das mag die
politisch-religiöse Führungsschicht sein, denen die prophetische
Botschaft ein Dorn im Auge ist, das mögen schließlich die Unter-
drücker der Nation sein, die durch ihr unangefochtenes Auftreten
jeglichen Glauben an den Sonderstatus Israels zu zerstören dro-
hen. Wer immer den Hilferuf an Gott richtet, erfährt sich in der
Rolle politischer, sozialer oder religiöser Marginalität. Und je pre-
kärer, aussichtsloser die Situation erscheint, desto umfassender
bzw. radikaler artikuliert sich die Endzeithoffnung. Die langatmi-
gen Argumentationsgänge des 4. Esrabuches und der syrischen
Baruchapokalypse zeugen von einer tiefsitzenden Sinn- und Erwählungskrise. Die ungeduldige, immer wieder vorgetragene
Frage nach der Dauer der Restzeit spiegelt die Situation der Trä-
gergruppe: Sie empfindet es als unerträglich, daß so lange nach
der Zerstörung des Tempels im Jahre 70 n. Chr. noch immer
nichts von einem Eingreifen Gottes zu sehen ist.

5.1.2 Bereitschaft zu sozialer Entwurzelung

Nach den Studien von *Gerd Theißen*[1] ist die soziale Situation Palästinas im 1. Jahrhundert nicht nur durch die überall spürbare römische Oppression bestimmt, sondern durch eine massive Zunahme sozialer Gegensätze innerhalb der jüdischen Bevölkerung.
Sie führen zu einer zunehmenden Marginalisierung der mittleren
Schicht. Sie reagiert besonders empfindlich auf die allmähliche

---

[1] Soziologie der Jesusbewegung, und: „Wir haben alles verlassen".

Verschärfung der Situation und wird zum Ort innerjüdischer Erneuerungsbewegung. Gerade in dieser Schicht, und noch einmal mehr in der Jugend, sieht *Theißen* die latente Bereitschaft zum sozialen Bruch. Bei ihnen fallen prophetische Botschaften mit messianischer Ausrichtung auf besonders fruchtbaren Boden. Sie sind denn auch die bevorzugten Adressaten und potentiellen Trägerkreise apokalyptischer Hoffnung. Sie haben relativ wenig zu verlieren, da sie an den Privilegien der Gesellschaft wenig Anteil haben. Die Jüngerinnen und Jünger im Wirkungsbereich Jesu sind nicht nur sozial, sondern auch politisch marginalisiert. In der Aussicht darauf, eine neue soziale Gruppe zu finden, die ihnen mehr Zukunftsperspektive bieten kann als die ihrer Herkunft, vollziehen sie den sozialen Bruch und begeben sich in die Nachfolge. Ihre Hoffnungen sind naturgemäß nicht rein jenseitig, sondern durchaus diesseitig, sozial-politisch vorzustellen. Privilegierte Schichten und Gruppen werden zwar auch von Jesus angesprochen, doch reagieren sie ähnlich wie die Führungsschicht Israels zur Zeit der alttestamentlichen Propheten: Mit Skepsis und Ablehnung, denn eine Veränderung der Situation kann nicht in ihrem Interesse liegen.

5.1.3 Weitere Auslöser von Endzeitstimmung

Neben der Erfahrung von bedrückender und ausgrenzender Marginalität in verschiedenen Bereichen des gesellschaftlichen Lebens können auch persönliche Schicksalsschläge, Epidemien, Naturkatastrophen oder politische Umwälzungen Sehnsucht nach Veränderung aufkommen lassen. Das untersuchte Schrifttum ist voll von Belegen für die These, daß sich akute Endzeitstimmung an bestimmten Knotenpunkten der Geschichte einstellt. Einige Beispiele mögen dies illustrieren: Wichtige Apokalypsen des frühen Judentums entstehen im Kontext politischer Katastrophen. Das Buch Daniel etwa ist recht genau auf die Zeit der Tempelentweihung durch den Seleukidenkönig Antiochus IV. Epiphanes zu datieren (169/8 v. Chr.). Der Angriff auf das sichtbare Symbol der Erwählung Israels, zumal nach dem Verlust der politischen Souveränität, verlangt nach einer grundsätzlichen theologischen Reflexion und befriedigenden Interpretation. Außerdem

stellt sich die Frage, wie am besten auf die Bedrängnis zu reagieren sei. Daniel interpretiert das Geschehen vor dem Hintergrund des bekannten apokalyptischen Geschichtsbildes, als vor-
gesehener Teil in Gottes Geschichtsplan. Vom Axiom des geschichtsmächtigen Gottes aus entwickelt er seine Verhaltensstra-
tegie: Nicht Aufstand ist das geeignete Mittel, sondern das Festhalten am Gesetz und Durchhalten bis zum absehbar erscheinen-
den Ende. Wie die Propheten vor ihm kritisiert er implizit jeglichen Versuch, das nationale Geschick in Eigenregie zu wenden.
Die Interpretation Daniels gibt das Modell für die Bewältigung
der zweiten Entweihung und Zerstörung des Jerusalemer Tempels im Jahre 70 n. Chr. ab. In wörtlicher Anspielung deuten
Markus und Matthäus das Geschehen als Aufstellung des „Greu-
el(bild)s der Verwüstung" (gr. *bdelygma tês erêmôseôs*, Mk
13,14par Mt 24,15; vgl. Dan 9,21; 11,31). Mit dem Jüdischen Krieg
sei der „Anfang der messianischen Wehen" (gr. *archê ôdinôn*) erreicht, die Erlösung absehbar geworden. Doch komme die Erlösung nicht durch einen irdisch-politischen Messiasprätendenten,
sondern durch den unpolitisch gedachten, himmlischen Menschensohn. Die Opposition gegen den Zelotismus und politisch-
militärisches Handeln in Eigenregie ist auch hier deutlich. 4 Esr
und syrBar raten eindringlich zur Torahobservanz als allein
wichtigem und richtigem Verhalten angesichts der Heilsmisere.

Politische Umbruchsituationen wie Jüdischer Krieg, Partheraufstände nach 113 n. Chr., der Bar-Kosiba-Aufstand zu Beginn
der dreißiger-Jahre des 2. Jahrhunderts, das christenfeindliche
Edikt des Septimius Severus im Jahre 202 n. Chr. oder die Konstantinische Wende zu Beginn des 4. Jahrhunderts verhelfen apokalyptischer Hoffnung zu je neuer Konjunktur. - Für die Zeit vor
und während des Jüdischen Krieges berichtet der Jüdische Ge-
schichtsschreiber Flavius Josephus von zahlreichen Falschpropheten und Messiasprätendenten im jüdischen Volk. Ihre Attraktivität erklärt sich aus der zunehmend als unerträglich empfundenen römischen Oppression. Von zelotischen Gruppen werden
sie geschickt vor den politischen Karren gespannt. - Der Verfasser des 5. Buchs der Sibyllinen (Sib V) bezeugt ein ausgeprägtes
Endzeitbewußtsein der alexandrinischen Juden im Kontext der
Partheraufstände unter Trajan. Möglicherweise hat das Auftreten
der Parther die Sage um den wiederkehrenden Nero (*Nero redi-*

vivus), wonach Nero einstmals von Osten her kommend Rom einnehmen werde, neu belebt. Die Juden Alexandrias finden in „König" Lukuas ihren Hoffnungsträger. Der Aufstand der Juden endet mit einem Desaster, die alexandrinische Gemeinde wird weitgehend ausgemerzt. - Namhafte jüdische Gelehrte wie Rabbi Aqiva sehen in Bar Kochba (besser: Bar Kosiba) den verheißenen „Stern aus Jakob" (Num 24,17). Die erfolgversprechende Aufstandsbewegung endet ebenfalls desaströs: Jerusalem wird zu Aelia Capitolina, eine für Juden verbotene römische Provinzhauptstadt. - Nach über zwanzigjähriger Ruhephase für die Christengemeinden löst ein christenfeindliches Edikt des Kaisers Septimius Severus (202 n. Chr.) apokalyptische Hochstimmung in einigen Gemeinden Kleinasiens aus. Der Kirchenvater Hippolyt von Rom berichtet von zwei kleinasiatischen Kirchenfunktionären, die ihre Gemeinden mit Falschmeldungen ins Unheil stürzen (vgl. S. 82f). In dieselbe Zeit datiert das bei Euseb von Cäsarea bezeugte Auftreten des Schriftstellers Judas: „Um diese Zeit stellte Judas, ein anderer Schriftsteller, in einer Abhandlung über die siebzig Wochen Daniels eine Chronographie bis zum zehnten Jahr der Regierung des Severus auf. Er glaubte, daß die vielbesprochene Ankunft des Antichristen schon damals nahe gewesen sei. So sehr hatte die damals gegen uns wütende Verfolgung die Gemüter der Mehrzahl verwirrt." (h.e. 6,7). Die Ereignisse um die Konstantinische Wende schließlich, über die Laktanz berichtet, fordern einmal mehr apokalyptische Interpretationsversuche heraus.

Epidemien und Naturkatastrophen als Auslöser apokalyptischer Endzeitstimmung sind ebenfalls mehrfach belegt. So ist für die Jahre um 180 n. Chr. eine Pestepidemie für den Osten des Römischen Reiches bezeugt.[2] Die frühchristliche Epistula Apostolorum deutet die Pest als sichtbares Zeichen der Endzeit (EpAp 34-39 (45-50)). In dieselbe Zeit kommt es in Kleinasien zur prophetischen Bewegung der Montanisten, die ebenfalls die Nähe des Endes propagiert.

---

[2] Hist Aug vit Marc Ant 28,4 (Angabe bei G. Schöllgen, Tempus in collecto est 79; vgl. A. Wlosok, Rom und die Christen 50).

5.1.4 Gründe für das „Überleben" apokalyptischer Gruppen

Es ist relativ leicht verständlich zu machen, welche politischen und sozialen Faktoren das Aufkommen apokalyptischer Strömungen begünstigen. Weitaus schwieriger scheint es dagegen zu sein, eine Erklärung für die oft erstaunliche Regeneration endzeitlich ausgerichteter Gruppierungen nach dem Nichteintreffen ihrer Prophezeiungen zu finden. Ist es doch keinesfalls selbstverständlich, daß Sekten wie die Zeugen Jehovas oder die Adventisten sich bleibender Attraktivität erfreuen - allen falschen Terminangaben zum Trotz. Doch man muß dabei gar nicht an christliche Randgruppen und Sekten denken, das frühe Christentum selbst ist Beispiel eines solch erstaunlichen Regenerationsprozesses. Anfangs angetreten unter dem Vorzeichen apokalyptischer Naherwartung, hat sich die eschatologische Perspektive der christlichen Kirchen erheblich gewandelt. Niemand, der nicht mit endzeitlich ausgerichteten Sekten sympathisiert, glaubt heute noch ernsthaft an das nahe Gottesreich oder das nahe göttliche Endgericht. Wenn überhaupt, dann hat der persönliche Tod die Funktion eschatologischer Erwartung übernommen. Haben sich also Jesus oder Paulus getäuscht? Ist die Geschichte der Kirchen das Ergebnis einer Fehlentwicklung, wie *Alfred Loisy* meinte? Oder wie ist es zu erklären, daß das Christentum diesen Aufschwung nahm?

Religionssoziologen haben das Problem theoretisch und anhand von Fallstudien untersucht und Bedingungen für das Überleben apokalyptischer Gruppen benannt. Demnach seien der soziale Bruch, die tiefe Glaubensüberzeugung, nicht rückgängig zu machende Investitionen an Zeit und Aktionen und ein starker Rückhalt in der Gruppe die besten Voraussetzungen, auch mit der historischen Widerlegung von Terminangaben fertigzuwerden. Konkret geschieht dies häufig durch eine intensivierte Missionstätigkeit, um den Widerspruch zwischen Anspruch und Wirklichkeit abzubauen. Das Nichteintreffen des prophezeiten Ereignisses wird dabei nur partiell zugestanden; in Wahrheit sei das Ereignis, wenn auch nicht für jedermann sichtbar, in Erfüllung gegangen. Anders gesagt: Die *revolutionistische Erwartung* wird durch eine *revelatorische* ergänzt bzw. modifiziert. Die Kriterien erklären zumindest den Fortbestand neuerer Sekten. Für das frühe Christentum sind kaum exakte Terminangaben belegt, lediglich die relativ unpräzise Erwartung, das Ende werde noch zu Lebzeiten der ersten Generation eintreffen, ist hier zu nennen. Anstelle einer genau meßbaren Verzögerung ist eher von der (latenten) Erfahrung sich dehnender Zeit zu sprechen. Doch sind es auch hier der soziale Bruch, die intensiv gelebte Glaubensidentität und der starke Rückhalt in den Gemeinden, die für das Überdauern der jungen christlichen Kirche verantwortlich sind. Diese hat bewährte theologische Deutungsmuster für das Verzögern des Endes hervorgebracht (vgl. dazu S. 95), und die Zukunftshoffnung findet ein Gegengewicht in zahlreichen, schon jetzt sichtbaren Zeichen der neuen Glaubenswirklichkeit. Der Stellenwert der eschatologisch-apokalyptischen Hoffnung wird durch Hinweise auf bereits gegenwärtige Erfüllung alter Verheißungen austariert. Der große missionarische Erfolg des frühen Christentums spricht darüber hinaus für die Nachvollziehbarkeit seines eschatologischen Konzepts. Die Geschichte der Kirche ist deshalb nicht als Ergebnis einer Fehlentwicklung, sondern eines erfolgreichen theologischen Bemühens um tiefere Erkenntnis zu interpretieren.

5.2 Endzeithoffnung in der Geschichte des frühen Christentums

Nach der Beschreibung allgemeiner Rahmenbedingungen für apokalyptisch-eschatologische Zukunftshoffnung stellt sich nun die Frage, welchen Weg die Endzeithoffnung in der Geschichte des frühen Christentums genommen hat.

5.2.1 Methodische Vorbemerkungen

Die historisch-kritisch arbeitende Exegese, die versucht, die Genese und Modifikation endzeitlicher Vorstellungen im Neuen Testament nachzuzeichnen, steht vor allem vor zwei Problemen:

Zum einen ist die Datierung vieler Schriften umstritten, die Kriterien der Datierung verdanken sich oft ungesicherten geschichtstheoretischen und dogmatisch-theologischen Prämissen. Ein Beispiel: Der postulierte historische Abstand vieler nichtpaulinischer Briefe von Paulus geht Hand in Hand mit deren theologischer Distanzierung vom Heidenapostel. Zum anderen hat die Forschung mit dem Problem zu kämpfen, daß die einzelnen Jesusüberlieferungen nur selten eindeutig der vor- oder nachösterlichen Zeit zugeordnet werden können. Man steht, anders formuliert, vor der Frage, welche Stoffe von Jesus selbst, und welche Stoffe von der nachösterlichen Gemeinde stammen. Um sich nicht von vornherein von diesen Einleitungsfragen lähmen zu lassen, möchte ich folgende Überlegungen voranstellen:

1. Was die neutestamentliche Briefliteratur angeht, orientiere ich mich kritisch an der „*Theologiegeschichte des Urchristentums*" von *Klaus Berger* ([2]1995). *Berger* entwickelt seine Sicht der Dinge aufgrund theologiegeschichtlicher Vergleiche. Als ein Ergebnis erwägt er gegen die *communis opinio* für einige Schriften eine Früherdatierung.

2. Die Intensität und der Stellenwert von Naherwartung bzw. der Grad an Verzögerungserfahrung wird nicht als Kriterium der Quellendatierung herangezogen.

3. Was die Frage der Authentizität von Jesusüberlieferung angeht, bin ich der Meinung, daß entgegen allen Versuchen, Kriterien zu benennen[3], in den meisten Fällen ein Erweis letztlich weder positiv noch negativ möglich ist. Die Ergebnisse erwecken oft den Eindruck der Austauschbarkeit: Je nach vorgefaßtem Jesusbild, erkenntnisleitenden Interessen und Geschichtsbild können Stoffe nahezu beliebig Jesus zu- oder abgesprochen werden.

4. Positiv gewendet, bin ich für ein unprätentiöses Vorgehen bei der Authentizitätsfrage. Bestimmte Merkmale, die Jesus nach den Evangelien zugeschrieben werden, dürfen nicht von vornherein als nachträgliche Fälschung geltend gemacht werden (etwa: Jesus als Allegoriker, Apokalyptiker, Prophet). Ich bin der Auffassung, daß Jesu Wirken und Lehre viele, oft spannungsvolle Facetten aufweist, die im Nachhinein, auf-

---

[3] Vgl. dazu F. Hahn, Methodologische Rückfrage nach Jesus.

grund bestimmter historischer Ereignisse, Erfahrungen und Problemstellungen unterschiedlich gewichtet werden können. Mit anderen Worten: Im Licht von Tod und Auferstehung Jesu, aber auch weiterer Ereignisse wie Verfolgungen, Martyrien und Jüdischem Krieg werden die Stoffe über Jesus selektiv eingesetzt und modifiziert. Weit mehr Stoffe als allgemein anerkannt sind zumindest potentiell als vorösterliche Bildung anzusehen, nur wenige Stoffe lassen sich relativ eindeutig als nachösterliche Gemeindebildung erweisen. Aussagen wie Mk 9,1 oder Mk 13,30 etwa, die in späterer Zeit problematisch erscheinen, lassen sich am ehesten mit der Autorität Jesu selbst begründen.

5. Die hermeneutische Gleichung: was authentisch ist, ist wahr und verbindlich und umgekehrt, ist fragwürdig. Die hermeneutische Situation *vor* Ostern dürfte sich nicht grundsätzlich von der *nach* Ostern unterscheiden: Hier wie dort ist die Entstehung und Verwendung von Endzeitaussagen nicht im „luftleeren Raum" zu denken, sondern im Kontext bestimmter Fragestellungen und Ereignisse. Diese Überlegung nimmt etwas die Luft aus der Debatte um authentisches Jesusgut.

5.2.2 Irdisch-politische Messiaserwartung zur Zeit Jesu

Der Kern der eschatologischen Botschaft Jesu ist die Ansage des nahen Gottesreiches (Mk 1,15par; Mt 10,7; Lk 10,9.11). Das Gottesreich hat für die Betroffenen einen ambivalenten Charakter: Für die einen ist es Frohbotschaft (gr. *euangelion*), für die anderen eine Bedrohung. Die Ansage des Gerichts ist ein Charakteristikum der Täuferpredigt (Mt 3par Lk 3). Das Reich Gottes hat nach alttestamentlicher Tradition politischen Charakter: Die Machtübernahme Jahwes auf dem Zion ist Metapher für die Hoffnung endzeitlicher politischer und religiöser Neuordnung Israels. Es ist kaum vorstellbar, daß die Proklamation des nahen Gottesreiches unter den Zuhörerinnen und Zuhörern Jesu keine entsprechenden Hoffnungen weckte. Im Gegenteil, in den Evangelien finden sich Hinweise auf die enttäuschte Erwartung der Jünger. Im Johannesevangelium schlägt die Stimmung des Volkes in dem Moment gegen Jesus um, als dieser seinen Tod ankündigt (12,37). So-

wohl Markus (11,10) als auch Lukas (19,11; 24,21; vgl. Apg 1,6) berichten von einer angespannten Erwartungshaltung im Zusammenhang des Einzugs Jesu in Jerusalem. Der Gang in das politisch-religiöse Machtzentrum mußte, ein entsprechendes Messias-
bild vorausgesetzt, die Entscheidung bringen. Die Erwartungshaltung wird jedoch - so zumindest im jetzigen Kontext der
Evangelien - entschärft und korrigiert. Darüber hinaus konnte Jesus von seinen Gegnern als politischer Usurpator ans Messer geliefert werden - es muß dafür Anhaltspunkte gegeben haben,
und sei es nur eine gewisse Ambivalenz seines Wirkens. Die
Jünger Jesu erleben den Kreuzestod als Schock, schon zuvor begegnen sie seinen Leidensankündigungen mit Unverständnis.

Damit sind wir bei einem Problem, das offensichtlich bereits
zu Lebzeiten Jesu virulent war: Das Problem miteinander konkurrierender Erwartungen. Ab der Ansage der nahen *basileia*
Gottes ist mit Erwartungen zu rechnen, die mit Jesu eigenen Vorstellungen kollidierten. Das betrifft sowohl den Charakter des
Gottesreiches an sich, als auch die Frage des Zeitpunkts, wann es
sich durchsetzen werde. Für Jesus selbst, so darf man manchen
Gleichnissen entnehmen, ist die *basileia* Gottes zum einen ein
unschätzbares Gut, für das es sich lohnt, alles andere auf- und
herzugeben. Sie ist der Inbegriff der eschatologischen Hoffnung,
des Ortes der Seligkeit, der Gemeinschaft mit Gott, ein Zustand,
der sich als Freudenfest ohne Grenzen beschreiben läßt. Zum anderen meint Gottesherrschaft für Jesus eine bestimmte Art der
Herrschaftsausübung, die der irdischer Potentaten entgegengesetzt ist. Ihre Kennzeichen sind Verzicht auf Machtmißbrauch, Solidarität mit den Randständigen und Entrechteten, Sündenvergebung und Bereitschaft zur Vergebung.

Welche Rolle im endzeitlichen Drama sich Jesus selbst zu-
schrieb, ist schwer zu entscheiden. Wohl sah er sich als jeman-
den, der das Reich Gottes anzukündigen, ihm den Weg zu bereiten hatte. Mehr noch: der als bevollmächtigter Bote den Beginn
der Gottesherrschaft sichtbar und spürbar zu markieren hat. Die
Exorzismen interpretiert er als Erweis der Herrschaft Gottes, die
sich schon jetzt gegen die widergöttlichen Kräfte durchzusetzen
beginnt. Jesus verstand seine eigene Zeit offenbar als eine eschatologisch besonders qualifizierte Zeit, als Zeit der Erfüllung prophetischer Verheißungen (vgl. Mk 2,18-20parr; Lk 4,21). - Noch

schwieriger ist zu entscheiden, ob Jesus mit der endgültigen Durchsetzung der Gottesherrschaft noch zu seinen Lebzeiten oder erst nach einer Zwischenzeit rechnete. Meines Erachtens ist es jedenfalls nicht *a priori* auszuschließen, daß Jesus in prophetischer Voraussicht seine Jünger auf eine zeitliche Verzögerung vorbereitete. Einigermaßen wahrscheinlich scheint mir nur, daß er seine Generation als die letzte, messianische ansah. - Ungeklärt ist auch das Verhältnis zwischen Jesus und dem „Menschensohn". Eine direkte Identifizierung wird zumeist vermieden, denn erst bei seiner Wiederkunft wird er als der Menschensohn - Richter fungieren. Nur im JohEv (Joh 6,53 und 12,34f) identifiziert sich Jesus *expressis verbis* mit dem Menschensohn, und das hängt mit der spezifischen Eschatologie des vierten Evangeliums zusammen: Jesus fungiert als der vom Vater gesandte Richter, der schon jetzt das göttliche Gericht in erster Instanz abhält und damit die Rolle des Menschensohns übernimmt. Doch auch hier ist die Rede von einem zukünftigen Gericht Gottes nicht obsolet: Johannes denkt sich zwei Gerichtsakte, deren erster als „Filter" wirkt; wer Jesus jetzt, zu Lebzeiten, anerkennt, muß nicht mehr in die zweite Instanz, in das Zorngericht Gottes am letzten Tag, sondern hat schon jetzt das ewige Leben (Joh 5,24.29).

5.2.3 Nachösterliche Erwartung des Strafgerichts Gottes

Die Gewißheit, zur letzten, messianischen Generation zu gehören, setzt sich nach Ostern fort. Das zeigt nicht nur die Rezeption entsprechender Ankündigungen Jesu bis an die Schwelle der zweiten Generation, sondern auch Paulus. Der Heidenapostel schließt sich an zwei exponierten Stellen, an denen er über die Ereignisse um die Parusie handelt, mit den bis dorthin Überlebenden zusammen (1 Thess 4,15.17; 1 Kor 15,51). Wie selbstverständlich geht er davon aus, daß das Ende bald kommen wird. Und das forciert möglicherweise seine Missionstätigkeit noch: Die Vollendung der Heidenmission ist nach frühchristlicher Auffassung eine der Vorbedingungen der Parusie (vgl. Mt 24,14; Lk 21,24; Apg 1,6-8; vgl. Röm 11). Die apokalyptische Erwartung scheint demnach ungebrochen, doch mischen sich nach Ostern andere Töne in die Hoffnung mit ein. Grund ist die Erfahrung von Tod und Auferste-

hung Jesu. In der Logienquelle Q bekommt die Erwartung des
nahen Endes einen stark bedrohlichen Unterton. Es dominiert die
Ansage des Gerichts und der Rache Gottes sowie das Motiv des
plötzlich einbrechenden Endes (Mt 24,27.37-39.45-51par). Der
Heilsvorzug der religiösen Elite wird in der Bußpredigt des Täufers (Mt 3par Lk 3) radikal in Frage gestellt. Das Bildwort von der
Axt an der Wurzel macht die Unmittelbarkeit des bevorstehenden Gerichts deutlich (Mt 3,10par). Der Grund liegt darin, daß die
Betreffenden „keine Frucht" bringen. - Auch die Gerichtsrede Jesu an Schriftgelehrte und Pharisäer (Mt 23par Lk 11) kündigt das
nahe Strafgericht Gottes an. Grund: Das fortwährende Vergehen
gegen die Gesandten und Gerechten. Q nimmt hier die alttestamentliche Prophetenmordtradition auf und verknüpft sie mit der
apokalyptischen Vorstellung vom „eschatologischen Maß": Die
für den Tod Jesu Verantwortlichen haben das Sündenmaß ihrer
Väter vollgemacht, das Gericht wird sie noch in dieser Generation treffen (Mt 23,35). Der Tod Jesu wird demnach als endzeitliches Ereignis angesehen, Jesus ist der letzte Gerechte, der den
numerus iustorum voll macht und die Rache Gottes provoziert
(vgl. auch möglicherweise Hebr 12,24). Daß sie bislang noch
nicht eingetroffen ist, erklärt sich aus der Langmut Gottes, der
den Menschen eine letzte Bußfrist, eine letzte Möglichkeit zur Bekehrung einräumt. In der Rezeption des Textes bei Mt und Lk ist
diese Bußfrist mit der Zerstörung des Jerusalemer Tempels endgültig abgelaufen (s.u.). Für die Glaubenden selbst ist die sich
dehnende Restzeit eine aktiv zu nutzende Wartezeit: Sie sollen
mit dem anvertrauten Gut wuchern, möglicherweise ein Aufruf,
in der Missionstätigkeit nicht nachzulassen (Mt 25,14-30par).

Erst mit Tod und Auferstehung Jesu rückt die Reflexion über
eine Auferstehung auch der Glaubenden in den Vordergrund.
Paulus deutet die Leiden der Christinnen und Christen in Analogie zum Geschick Jesu (vgl. 2Kor 4; vgl. Gal 6,17). Die Taufe
wird als Akt der Aneignung des Heilsgeschehens interpretiert
(„Taufe in den Tod Jesu Christi", Röm 6). Mit der Taufe ist die Gabe des heiligen Geistes verbunden, der schon für die Auferstehung Christi verantwortlich war. Aus alledem leitet Paulus die
Gewißheit individueller Auferstehung ab. Negativ gesagt, Tod
und Auferstehung Jesu werden in keinem direkten Zusammenhang mit der allgemeinen Totenauferstehung gesehen, sondern

als Anfang, der das, was an Verheißung noch aussteht, verbürgt. Die Erwartung des nahen Endes bekommt damit ein Pendant, die Begründung christlicher Zukunftshoffnung ist hinfort zweipolig: Auf der einen Seite steht die Zusage Jesu, der Menschensohn werde bald erscheinen, auf der anderen stehen die bereits manifesten Anfänge wie Geist, (Mit-)Leiden der Glaubenden oder die Wirksamkeit Jesu selbst.

5.2.4 Die Entpolitisierung der eschatologischen Hoffnung

Mit der Zunahme der Gewaltbereitschaft gegen die Römer - namentlich von zelotischen Gruppierungen - stellt sich für das junge Christentum das Problem, seinen politischen Standort zu bestimmen. Auf der einen Seite schüren zelotische Gruppen politisch-messianische Hoffnungen, auf der anderen steht die pazifistisch ausgerichtete Ethik der Bergpredigt. Die eskalierende Aufstandsbewegung, die schließlich zum Jüdischen Krieg führt, bringt die Gemeinden in Entscheidungszwang: Vor dem Hintergrund der noch nicht formell vollzogenen Trennung vom Judentum erwarten die zum Aufstand bereiten Juden aktive Solidarität von den Christen. Sie können sich dabei auf die gemeinsame messianisch-apokalyptische Tradition berufen. Doch genau das widerspricht der pazifistischen Ethik der Christen und würde sie überdies in die Schußlinie der Römer bringen. Diese Situation ist ein wesentlicher Impuls für den Umbau von Christologie und Eschatologie in den sechziger Jahren des ersten Jahrhunderts. Irdisch-politische Erwartungen werden zugunsten einer transzendierten Menschensohnerwartung aufgegeben. Zeugen für diese Entpolitisierung sind das Markusevangelium (besonders Mk 11-13; vgl. Joh 18,36), aber auch deuteropaulinische Schriften wie Epheser- und Kolosserbrief. Die erwartete Heilswirklichkeit wird nicht irdisch-politisch, sondern transzendent-unpolitisch formuliert. Unter Rückgriff auf Daniel führt Markus, wie Paulus schon vor ihm, die Erwartung des auf den Wolken des Himmels daherfahrenden Menschensohns ein. Dessen Reich ist nicht von dieser Welt, seine Aufgaben sind unpolitischer Art: Auferweckung der Toten, Sündenvergebung, Sammlung der Gerechten. Der Blick verlagert sich damit vom Schema jetzt und dann auf das Sche-

ma oben und unten. Die eigentliche Heimat der Glaubenden ist
im Himmel, es entsteht eine himmlisch-transzendente Gegenwelt, die die Christen vom Vorwurf politischer Machenschaften
entlasten soll. Weitere Zeugen dieser Zeit sind möglicherweise
der Hebräerbrief, der 1.Petrusbrief und die Apokalypse des Johannes. Bei diesen Schriften ist - wie auch bei Markus - die Erfahrung massiver Anfeindung vorausgesetzt, wie sie erstmals unter Nero in den sechziger Jahren zu vermuten ist. Die Haltung
gegenüber der staatlichen Obrigkeit wird hier zur Existenzfrage.
Parallel zur Entpolitisierung der eschatologischen Hoffnung entwickelt sich eine apokalyptisch geprägte Durchhalte- und Mär-
tyrerethik nach der Devise: Jetzt gilt es durchzuhalten, um nicht
auf den letzten Metern alles zu verspielen. Jesus selber, Opfer eines Justizskandals, ist das Vorbild im Leiden (1 Petr 4,1; vgl. Hebr
12,1f). Als der erhöhte Weltherrscher hat er zudem den Glaubenden das Heil bereitet und die Welt überwunden (Joh 16,33). Der
Blick auf die bereits sichtbaren Anfänge des Neuen dient als
Trost und Bestärkung.

5.2.5 Das Nebeneinander zweier Geschichtskonzeptionen

Das degenerativ ausgerichtete apokalyptische Geschichtsbild bekommt über die ersten Jahrhunderte Kirchengeschichte immer
wieder Konjunktur. In Phasen der Verfolgung, vor ge-
schichtsträchtigen Ereignissen und Jahreszahlen nimmt die Endzeitstimmung auch nach dem Jüdischen Krieg noch zu, die Naherwartung wird reaktiviert. Die entscheidenden Knotenpunkte
wurden bereits genannt (vgl. 5.1.3). Zwischen diesen Zeiten an-
gespannter Erwartung gibt es aber Phasen der äußeren Ruhe
und der inneren Konsolidierung, die der apokalyptischen Sicht
der Geschichte zuwiderlaufen. Wann immer sich die Dinge zum
Positiven hin zu entwickeln scheinen, verstärkt sich die Hoffnung, man komme vielleicht doch um die gefürchtete letzte
Drangsal herum. Diese optimistische Stimmung schlägt sich in
einem Geschichtskonzept nieder, das vom Gedanken des kontinuierlichen Fortschritts, der *progressio temporum,* beseelt ist.
Demnach ist die verbleibende Zeit bis zum Ende eine Zeit der
steten Aufwärtsentwicklung der Menschheit und die Zeit der

Vollendung der Kirche. Anders gesagt: die *revolutionistische Erwartung* wird nach und nach durch die *evolutionistische* überlagert und ersetzt. Das Ausbleiben des Endes begründet sich darin, daß dieser „Reifungsprozeß" eben seine Zeit braucht, vielleicht noch mehr als eigentlich zu erwarten, da die Menschen ihre Willensfreiheit auch gegen diese Entwicklung einsetzen können.

Schon im Neuen Testament ist dieses alternative Geschichtskonzept zu greifen, und zwar in der Eschatologie des Kolosser- und des Epheserbriefes. Beide Briefe entwickeln die Konzeption eines allmählichen Wachstumsprozesses der Gemeinde hin zur Fülle (gr. *plêroma*) Christi. Apokalyptisches fehlt hier fast völlig. - Im bereits besprochenen „Hirten des Hermas" (PastHerm Sim IX 5ff; X 4,4) ist jetzt die Zeit der qualitativen Vollendung der Kirche. Irenäus von Lyon (2. Jh. n. Chr.) führt den Gedanken der *progressio temporum* erstmals programmatisch ein. Lange Zeit bestehen die beiden Geschichtskonzeptionen nebeneinander her. Die Irenäus-Schüler Tertullian und Hippolyt von Rom vereinen Elemente beider miteinander, was zu einer interessanten Spannung führt: Auf der einen Seite halten beide an der Idee des Chiliasmus fest, wenn auch unter Verzicht von Endzeitberechnungen. Die Gegenwart wird als „Endzeit" im weitesten Sinne verstanden. Auf der anderen Seite erkennt gerade Tertullian in der Gegenwart die letzte von vier heilsgeschichtlichen Phasen, die Phase des „Erwachsenseins" des Menschen (Virg.vel. 1,10), die natürlich einen Fortschritt gegenüber den früheren Phasen darstellt. - Der Fortschrittsgedanke wird im 3. Jahrhundert systematisch ausgebaut (vgl. Origenes), doch bricht sich die Apokalyptik immer wieder Bahn (Cyprian v. Karthago, Viktorin von Pettau u.a.).

5.2.6 Ende der apokalyptischen Hoffnung?

Nach verbreiteter Auffassung hat sich mit Laktanz, Euseb und Augustin, und das heißt mit dem Ende der Christenverfolgungen und der gesellschaftlichen Marginalität der Kirche zu Beginn des 4. Jahrhunderts, das apokalyptische Geschichtskonzept grundsätzlich erledigt. „Die Kirche blickt nicht mehr von der Gegenwart weg auf das eschatologische Gericht, sondern sie wendet sich

der Welt zu."[4] Doch spricht die weitere Kirchengeschichte eher
für das Gegenteil: Beispiele für spätere Apokalypsen gibt es genug[5], und in entsprechend disponierten Gruppierungen und/
oder vor besonders symbolträchtigen Jahreszahlen flackert apokalyptische Endzeitstimmung immer wieder auf. Besonders da,
wo die Großkirche ihrerseits kirchliche Gruppen marginalisiert
und verketzert, ersteht mit der Apokalyptik eine innerchristliche
Opposition.

5.3 Entwicklungslinien?

Von der historisch relativ weitgespannten Analyse von Endzeitaussagen und Geschichtskonzeptionen läßt sich nun die Frage
nach längerfristigen Tendenzen und Entwicklungslinien angehen. Die Debatte darum im Bereich neutestamentlicher und pa-
tristischer Forschung bewegt sich in eingefahrenen Bahnen. Bestimmte, etablierte Konzeptionen und deren Voraussetzungen
sind zuerst kritisch darzustellen. Danach sind vermeintliche von
tatsächlichen Entwicklungslinien zu unterscheiden.

5.3.1 Etablierte Alternativen und Deutungsmuster

Folgende Gegensatzpaare bestimmen seit längerem fast unhinter-
fragt die apokalyptisch - eschatologische Diskussion: Jüdische
Apokalyptik *versus* neutestamentliche Eschatologie; futurische
versus präsentische Eschatologie; Naherwartung *versus* Parusieverzögerung; Naherwartung *versus* Nichtwissen des Zeitpunkts
resp. Motiv der Plötzlichkeit; „absolute" *versus* „funktionalisierte"
Naherwartung; kollektiv - universale *versus* individuelle Naherwartung. Die Grundtendenz der historischen Entwicklung wird

---

[4] W. Kinzig, Novitas Christiana 482.

[5] Beispiele: Paulusapokalypse (Ende 4. Jh.); Thomasapokalypse (vor 5.
Jh.); Pseudo - Johannesapokalypse (5. Jh.).

in der Enteschatologisierung der Lehre gesehen, ihr Auslöser in der Erfahrung der Parusieverzögerung.

Die neutestamentliche Forschung folgt hierin dem im „Ursprungsdenken" des späten 18. Jh. angelegten und bei FRANZ OVERBECK auf die Frage der Naherwartung bezogenen Geschichtsbild, wonach bei geschichtlichen Phänomenen die Phasen des (reinen) Anfangs, der Blütezeit und des Verfalls zu unterscheiden sind.[6] Auch im Christentum komme der Anfangsphase besondere Bedeutung zu, als hier noch der reine Glaube an das nahe Ende und die nahe Erlösung vorhanden sei. Die historische Widerlegung habe dem Christentum seine Jugend genommen, der ursprünglich reine Glaube habe sich nach und nach in Metaphysik verwandelt. Die Geschichte der Kirche ist nach OVERBECK demnach als fortwährende Auseinandersetzung mit dem Irrtum des Anfangs und damit als Fehlentwicklung zu beschreiben.

1. Jüdische Apokalyptik versus neutestamentliche Eschatologie.

Das immer wieder in die Diskussion gebrachte Gegensatzpaar spiegelt das Interesse wider, die Eschatologie des Neuen Testaments und die Lehre Jesu von Nazareth positiv von der frühjüdischen Apokalyptik apologetisch abzuheben. Erst in jüngerer Zeit wurden die grundsätzlichen Vorbehalte gegen die Apokalyptik mit ihrer „berechnenden Tendenz" revidiert.[7] Gerade dieser Vorwurf findet an den Texten keinen Anhalt. Lediglich das Danielbuch macht (pseudo-)exakte Angaben, ansonsten üben die Apokalypsen Zurückhaltung in Terminangaben. Die immer wieder gestellte Frage nach dem Zeitpunkt ist nicht Ausdruck der Freude am Berechnen und Spekulieren, sondern einer tiefsitzenden Glaubens- und Identitätskrise. Anlaß zum Spekulieren geben frühjüdische Apokalypsen nicht mehr als frühchristliche - im Gegenteil, ruft man sich die chiliastischen Theorien frühchristlicher Autoren ins Gedächtnis. - Dasselbe gilt für den Vorwurf der geistigen Starrheit: So konsequent wie nie zuvor stellen sich die Apokalyptiker der Gottesfrage und suchen (zum Teil fast ver-

---

[6] F. Overbeck, Christentum und Kultur 8. - Zur Frage nach der Beurteilung des „Urchristentums" im Verlauf der Theologiegeschichte vgl. S. Alkier, Urchristentum.

[7] K. Koch, Ratlos vor der Apokalyptik; vgl. dazu S. 16f.

zweifelt) nach Antworten. Sie entwickeln ein in sich geschlossenes Geschichtsbild, dessen Faszination bis heute nachwirkt. Trotz
dieser Einsichten zieht sich der antiapokalyptische Affekt weiterhin durch die Kommentarliteratur. Jesus wird vom Verdacht apokalyptischen Denkens distanziert, auch wenn seine Verwurzelung im Judentum neuerdings wieder stärker betont wird.

Demgegenüber fällt es schwer, den genauen Unterschied zwischen frühjüdischer und neutestamentlicher Zukunftshoffnung zu
benennen. Er besteht mit Sicherheit nicht in der Verwendung
apokalyptischen Vorstellungsmaterials, an dem sich neutestamentliche Autoren fleißig und ungezwungen beteiligen. Es besteht auch nicht in der grundlegend degenerativen Ausrichtung
des Geschichtsbildes. Die Verbundenheit mit dem frühen Judentum in gesellschaftlicher und politischer Marginalität spiegelt
sich auch in der Geschichtskonzeption. So kann die „synoptische
Apokalypse" Mk 13parr durchaus im Kontext jüdischer Apokalyptik betrachtet werden. Es gibt keinen Grund, in ihr eine
Entapokalyptisierung zu entdecken.[8] Der Hinweis auf den unbekannten Zeitpunkt in V.32 markiert nicht den sachlichen Bruch
mit der Tradition, das Motiv ist vielmehr durch und durch jü-
disch-apokalyptisch: Exakte Auskunft wird regelmäßig verweigert. Die Reduktion apokalyptischer Anschauungen auf ein Minimum etwa in Paulusbriefen zeigt keine Entwicklung des Apostels im Sinne der Entapokalyptisierung an, sondern ist formgeschichtlich erklärbar: Paulus rezipiert, wie die anderen neutestamentlichen Autoren auch, selektiv, situationsbedingt und nach
argumentativen Gesichtspunkten. Der sachliche Gegensatz wirkt
von daher konstruiert, frühes Judentum und frühes Christentum
partizipieren gemeinsam an einer apokalyptischen Phase der
Eschatologie, die sich etwa vom 3. vor- bis zum 3. nachchristli-
chen Jahrhundert erstreckt.

Der „Gegensatz" ist auf die Person Jesu von Nazareth als den
eigentlichen sachlichen Unterschied zu reduzieren. Auf ihn werden im frühen Christentum die apokalyptischen und messianischen Hoffnungen bezogen, mit ihm hat die Zeit der Erfüllung
ihren Anfang genommen. Die Erwartung des kommenden Menschensohns ist zugleich die Erwartung der Wiederkunft Christi,

---

[8] Gegen W. Schmithals, Das Evangelium nach Markus Bd. 2.

erwartet wird der schon Dagewesene. Die christliche Endzeit-hoffnung stützt sich jedoch nicht nur auf Ankündigungen Jesu, sondern auch auf bereits sichtbare und spürbare Zeichen des An-fangs: Die Zeichen und Wunder während der irdischen Wirk-samkeit Jesu, seine Auferstehung als Beginn der allgemeinen Auferstehung, die Gabe des heiligen Geistes als endzeitliche Er-füllung prophetischer Verheißung und (nach Paulus) als „Pfand in der Hand" für das, was noch aussteht, sowie schließlich die Leiden und Bedrängnisse der Christinnen und Christen als Zei-chen des beginnenden Weltgerichts (2 Kor 4; 1 Petr 4). Christliche Eschatologie ist im Unterschied zur jüdischen also bipolar ausge-richtet.

2. Futurische versus präsentische Eschatologie:

Die Spannung zwischen futurischen und präsentischen Aussagen über das ersehnte Ende, also die Spannung zwischen den Aussa-gen: „Das Reich Gottes ist da" und „das Reich Gottes ist nah" wird von der Forschung weithin als Niederschlag einer theologi-schen Entwicklung begriffen. Sei es, daß man wie *Rudolf Bult-mann* die präsentischen Aussagen für ursprünglich hält oder wie *Johannes Weiß* die futurischen, regelmäßig werden die präsenti-schen Aussagen als die eigentlich christlichen gewertet. Demge-genüber stellten futurisch-apokalyptische Aussagen eine (über-wundene) Vorstufe oder einen Rückschritt dar. Die Alternative ist also eng mit der zuvor besprochenen verknüpft. Unterschied-lich wird denn auch beurteilt, ob Jesus selber das Gottesreich als bereits realisiert oder als nahe bevorstehend gedacht habe. Oder man findet in der Spannung eine sachliche Einheit, die in der Formel von „schon" und „noch nicht" ihren Ausdruck findet. - Dazu ist zu sagen, daß präsentische und futurische Aussagen in den Texten oft unverbunden und unausgeglichen nebeneinander stehen. Die Aussagen über eine Präsenz der *basileia* Gottes sind auf ein bestimmtes Handeln Jesu bezogen: In seinem Wirken be-ginnt sich die Gottesherrschaft zu realisieren. Ihre sichtbare und vollständige Durchsetzung wird von der (nahen) Zukunft erwar-tet. Mit *Ernst Käsemann*[9] halte ich die Alternative daher für un-brauchbar. Adäquater als die Alternative „schon" und „noch

---

[9] Zum Thema der urchristlichen Apokalyptik 261.

nicht" scheint mir das Modell von Anfang und Ganzem: Mit Jesus ist ein Anfang gesetzt, dem in Zukunft die Erfüllung des
Ganzen folgen wird. Das, was noch kommen wird, ist in den bereits sichtbaren Anfängen repräsentiert und fest verbürgt.

3. Naherwartung versus Parusieverzögerung.

Ich habe bereits deutlich gemacht, daß ich die beliebte Alternative von Naherwartung und Parusieverzögerung als Parameter
der frühchristlichen Entwicklung für nicht geeignet halte. Der
hauptsächliche Grund ist die Beobachtung, daß sich beide Erwartungen bzw. Erfahrungen wie siamesische Zwillinge verhalten: Das eine zieht das andere nach sich, je größer die Erwartungshaltung, desto ausgeprägter das Gefühl, daß sich die Zeit
dehnt. Adäquater ist sowieso, von Erfahrung sich dehnender Zeit
als von Parusieverzögerung zu sprechen. Was Verzögerung ist
bzw. ab wann etwas als Verzögerung erfahren wird, ist in den
meisten Fällen rein subjektiv. Dasselbe gilt auch umgekehrt: Was
„nah" heißt, ist nicht streng festgelegt, es können sich die unterschiedlichsten Erwartungen an die Ansage des nahen Endes an-
schließen. Und so kann auch die ungeduldige Frage nach dem
„Wann?" sehr rasch auf sie folgen, nicht erst nach einer allgemeinen ersten Phase der Naherwartung, die meines Erachtens
ein Konstrukt ohne Anhalt an den Texten darstellt. Was als lang-
fristige, über mehrere Generationen sich erstreckende Tendenz
bestätigt werden kann, ist innerneutestamentlich nicht nachzu-
vollziehen, die Naherwartung kommt als Parameter der frühchristlichen Geschichte nicht in Betracht.

Das folgende Diagramm versucht, das Wechselwirkungen
von Naherwartung und Verzögerungserfahrung bzw. die denk-
baren Reaktionsweisen auf die Ansage des nahen Endes und auf
enttäuschte Erwartungen darzustellen:

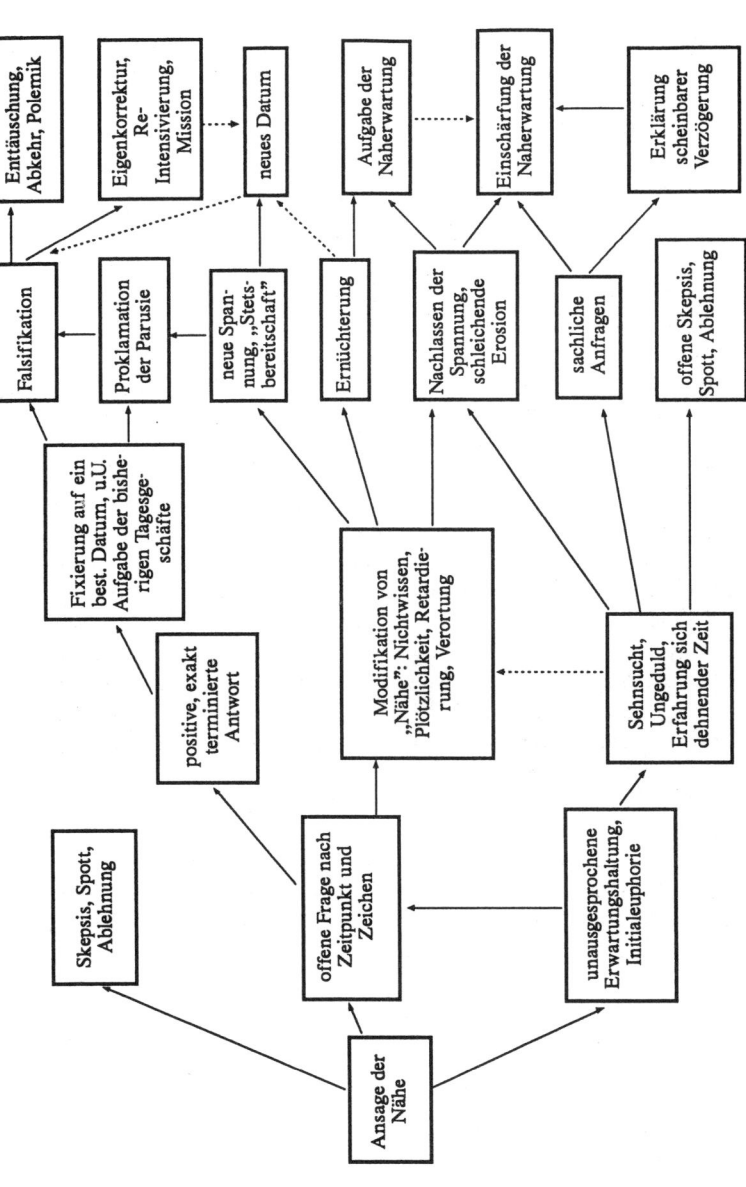

4. Naherwartung versus Nichtwissen des Zeitpunkts bzw. Motiv der Plötzlichkeit.

Diese unter anderem von *Erich Gräßer*[10] vertretene Alternative setzt voraus, daß im ersten Stadium eine Art Soforterwartung geherrscht habe, die sehr bald schon zur Ernüchterung führen mußte. Das Motiv des unbekannten Zeitpunkts sei ein erster Reflex auf diese Enttäuschung gewesen und daher ein Indiz für frühe Parusieverzögerung. Diese Sicht der Dinge ist allenfalls partiell richtig, sie betrifft Menschen, deren Ungeduld möglicherweise besonders ausgeprägt war. Doch eine Verallgemeinerung verbietet sich. Der Jesus selbst zugesprochene Zeitrahmen für „Naherwartung" umfaßt seine eigene Generation - ein Rahmen, der viel Spielraum für zeitliche Distanz läßt. Wo immer eine Soforterwartung hervorgerufen wird, wird sie als illegitime Falschprophetie gebrandmarkt (vgl. Lk 17,20f; Mk 13parr; 2Thess 2). - Die „Stetserwartung", die *Gräßer* als die dem unbekannten Zeitpunkt entsprechende Haltung der Naherwartung gegenüberstellt, ist für mein Dafürhalten die adäquate Haltung schon ab der ersten Ansage des nahen Endes. Da „nah" eben keine exakte Auskunft ist, muß ab da potentiell jederzeit mit dem Ende gerechnet werden. Zudem gehören das Motiv der Plötzlichkeit und die Aufforderung zum Wachsein zu den ältesten Schichten der Jesusüberlieferung (vgl. dazu S.147).

5. „Absolute" versus funktionalisierte Naherwartung:

Aussagen über die Endzeit und die damit verbundenen Ereignisse sind nirgends, soweit ich sehen kann, „Lehre an sich", sondern regelmäßig in argumentative Kontexte eingebunden. Es geht um die Steuerung von Emotionen und Verhaltensweisen, die im Blick auf die Angesprochenen überlebenswichtig scheinen. Daher kann ich die Behauptung, Naherwartung sei in späteren Texten „funktionalisiert" und habe daher ihren ursprünglichen Stellenwert verloren, nicht nachvollziehen. Gerade da, wo Ethik durch den Blick auf das nahe Eingreifen Gottes begründet bzw. motiviert wird, kommt der Naherwartung ein nicht zu unter-

---

[10] Das Problem der Parusieverzögerung 77ff; vgl. auch W. Grundmann, Lukas, u.a.

schätzender Stellenwert zu. Es zeigt nämlich, daß die Autoren die Endzeiterwartung für so unproblematisch halten, daß sie sie undiskutiert zur Argumentationsgrundlage machen können. Erst im weiteren Verlauf der frühchristlichen Geschichte findet eine allmähliche Abkoppelung der Ethik von der Eschatologie statt, wodurch diese hier und da zu einer formelhaften Lehre *de novissimis* wird.

6. Kollektiv-universale versus individuelle Naherwartung:

Langfristig gesehen, zeigt diese Alternative eine tatsächliche Entwicklung an. Die kollektive Hoffnung auf die baldige Wiederkunft Christi, die Auferstehung aller Toten und das Endgericht haben im Laufe der Zeit viel an Stellenwert eingebüßt. Nach wie vor bedrohlich erscheint dagegen der Zeitpunkt des eigenen Todes. Die individuelle Eschatologie hat die kollektiv-universale, was ihre pastoralen und psychologischen Aspekte angeht, verdrängt. Doch ist diese Entwicklung meines Erachtens nicht schon im Neuen Testament vorgezeichnet, und schon gar nicht in der Theologie eines einzigen Apostels wie Paulus. Paulus und Lukas benutzen kollektive und individuelle Vorstellungen unverbunden nebeneinander. Je nach Aussageabsicht, Textform und Problemlage kommt einmal die eine, einmal die andere Variante zum Tragen. Es ist auch nicht nachweisbar, daß individuelle Aussagen besonders jung, kollektive dagegen besonders alt wären. Beide Linien sind bereits vorneutestamentlich belegt, man vergleiche nur alttestamentliche Prophetie und Weisheit miteinander. Umgekehrt werden kollektive Hoffnungen auch noch in nachneutestamentlicher Zeit wachgehalten.

7. Relativierung der Naherwartung:

Die Naherwartung wird, auf lange Frist gesehen, durch alternative Denkmodelle ergänzt und relativiert. Dazu gehören die Hinweise auf die sichtbaren Anfänge, die das kommende Ganze schon jetzt repräsentieren und verbürgen. Sie nehmen der Tatsache, daß Dinge noch ausstehen, ihre Schärfe. Wer schon ein Pfand in der Hand hat, der braucht sich um das, was noch nicht erkennbar ist, nicht zu sorgen. Zu nennen sind weiter das Verständnis von „Nähe" im räumlich-personalen Sinn (Mt 28,20; Lk

17,20f) und die Individualisierung der Zukunftshoffnung. Doch ist meines Erachtens nur von einer langfristigen Tendenzverschiebung zu reden. Denn schon in vorösterlicher Zeit war die Ansage der nahen *basileia* Gottes nicht ohne Korrelat: Die Wirksamkeit Jesu selbst, seine Heilungen, Wunder und Exorzismen, waren Anfänge, die die Erwartung der vollständigen Durchsetzung der Gottesherrschaft nicht so drängend werden ließen. Eine „Krise" stellte allenfalls die Zeit zwischen Kreuzigung, Erhöhung und Geistausgießung dar, als hier die Anfänge in den Händen zu zerrinnen drohten und die Hoffnungen sich möglicherweise einseitiger als sonst auf die (nahe) Zukunft richteten. Die Erfahrung sich dehnender Zeit oder meßbar: der Parusieverzögerung stellte damit kaum je eine entscheidende Bedrohung dar.

5.3.2 Erkennbare Entwicklungslinien

Den beschriebenen Scheinalternativen stehen drei an den Texten festzumachende Entwicklungen gegenüber, die ich abschließend darstellen möchte:

1. Defensiv-konservativer Charakter späterer Aussagen:

Bereits herausgearbeitet wurde die defensiv-apologetische Tendenz von Endzeitaussagen, die als Antwort auf latente oder offene Ungeduld und Skepsis konzipiert sind. Allerdings sehen sich Autoren wie die des 2. Petrusbriefes und des 1. und 2. Klemensbriefes nicht genötigt, die Behauptung des nahen Endes irgendwie zu begründen. Sie hat vielmehr axiomatischen Charakter, was wiederum auf die Lehrautorität Jesu selbst zurückgeführt werden kann: Da Jesus selbst das nahe Ende angesagt hat, wird es auch in Bälde kommen, egal welche Erfahrungen dagegen zu sprechen scheinen. Das Problem sich dehnender Zeit bzw. die meßbare Verzögerung des Endes (nach dem Ende der ersten christlichen Generation) führt jedoch zur Zurückhaltung der Autoren, was proklamative Aussagen angeht. Sie bleiben weitgehend auf die ersten Jahrzehnte beschränkt. - Der axiomatische Charakter des frühchristlichen Endzeitbewußtseins zeigt mit der

Zeit eine Tendenz zum Formelhaften, besonders was die Verwendung der „Endzeitformel" („in den letzten Tagen ...") angeht.

2. Verzicht auf Terminangaben:

Mit dem Verzicht auf proklamative Aussagen geht der weitgehende Verzicht auf Terminangaben einher. Sie haben sich schon immer als problematisch erwiesen und sind in der Jesusüberlieferung nicht zufällig in legitimierende „Amen-Worte" gekleidet. Auch im frühen Judentum gelten sie als der „Irrtum des Anfangs". ihre historische Falsifizierung erlegt den Späteren große Zurückhaltung auf. Selbst wenn diese Aussagen nicht allein und nicht in erster Linie informativ gemeint sind, tragen sie doch diesen Anteil in sich und bieten späterem Spott eine Angriffsfläche. Abgesehen von den Ankündigungen Jesu selbst werden andere Terminangaben oder Proklamationen des Tages X regelmäßig als illegitime Vorwegnahme des Endes verurteilt. Die christlichen Autoren begnügen sich mit dem Hinweis auf das „nahe" Ende und arbeiten einer Fixierung auf den Tag X entgegen. - Im weiteren Verlauf der frühchristlichen Geschichte nehmen solch „illegitime" Versuche wieder zu (vgl. die Belege bei Hippolyt, Comm in Dan 4,18f; Schriftsteller Judas). Auch Texte, die zu Terminspekulation Anlaß geben oder sie selbst durchführen, sind in nachneutestamentlicher Zeit belegt (EpAp 17(28); Prophet Elchasai; OrSib VIII). Besonders ausgeprägt ist die chiliastische Schöpfungswochenanalogie, das das Christusgeschehen an den Beginn der letzten 500 Jahre vor dem Millennium ansetzt. Doch ist diese Art der Spekulation eher dazu angetan, eine terminierte „Fernerwartung" zu etablieren (vgl. Hippolyt, Comm. in Dan 4,23; ausführlicher dazu S. 51 und 83).

3. Von revolutionistisch-revelatorischen zu evolutionistischen Erwartungen:

Mit dem Wandel der gesellschaftlichen Stellung des frühen Christentums von einer marginalisierten, verschiedenen Repressalien und Verfolgungen ausgesetzten Gruppe hin zu einer staatlich akzeptierten, ja staatstragenden Organisation wandelt sich seine Geschichtsanschauung. Die Einbettung in das frühjüdisch-apokalyptische, degenerativ ausgerichtete Geschichtsbild mit der Erwar-

tung eines baldigen, abrupten Endes der gegenwärtigen Zustände (*revolutionistische Erwartung*) bzw. mit der Hoffnung auf baldiges Offenbarwerden der göttlichen, jetzt noch unsichtbaren Gegenwelt (*revelatorische Erwartung*) wird nach und nach durch
ein am Fortschrittsgedanken orientiertes Geschichtsbild ersetzt.
Dieser Vorgang zieht sich über mehrere Jahrhunderte, das Nebeneinander der apokalyptischen und „progressiven" Konzeption
entspricht dem Auf und Ab, das die frühe Kirche bis zur Konstantinischen Wende und darüber hinaus erlebte. Die Anfänge
des „neuen", unapokalyptischen Denkens sind bereits im Neuen
Testament feststellbar (Epheser- und Kolosserbrief), sie werden in
Zeiten der äußeren Ruhe weiterentwickelt. Mit der Häretisierung
apokalyptischer Endzeitspekulationen durch Euseb und mit der
Identifikation des Millenniums mit der (Staats-)Kirche durch Augustin ist das Ende der frühchristlichen Apokalyptik markiert.

5.4 Fazit

Die Betrachtung des politisch-sozialen Kontexts der Endzeithoffnung hat erbracht, daß die verschiedenen Vorstellungen nicht
„im luftleeren Raum" entstanden sind, sondern sich bestimmten
äußeren und inneren Faktoren verdanken. Mit anderen Worten:
Wir haben mit den jüdisch-christlichen Endzeiterwartungen keine Lehre an sich in Händen, die ewig gültiger Wahrheit gleich-
käme, sondern geschichtlich gewordene, nachvollziehbare und
veränderbare Entwicklungen. Die wesentlichen „Eckpunkte"
und Faktoren, die die Genese endzeitlicher Vorstellungen mitbe-
dingen, sind im folgenden zusammenzufassen.

1. *Sehnsucht nach Veränderung als Motor endzeitlicher Hoffnung:* Soziopsychologisch betrachtet, ist der treibende Motor
   endzeitlicher Hoffnung die Sehnsucht nach grundlegender
   und dauerhafter Verbesserung der gegenwärtigen Misere.
   Apokalyptische Hoffnung kann am besten da gedeihen, wo
   gesellschaftliche Marginalität, politische Ohnmacht und be-
   drängende Naturereignisse die Erfahrung einer Gruppe be-

stimmen. Jüdisch-christliche Zukunftshoffnung ist solange apokalyptisch eingefärbt, als die Sehnsucht nach einem baldigen und grundlegenden Eingreifen Gottes akut bleibt. Die Sehnsucht bringt ihrerseits zwei Phänomene hervor, die wie siamesische Zwillinge aneinander gebunden sind: Die Hoffnung bzw. Erwartung des nahen Endes, der nahen Wende des Geschicks zum Besseren, und der Eindruck, die Zeit bis dorthin dehne sich unerträglich in die Länge. Je größer die Sehnsucht und je stärker die Fixierung auf das baldige Heilsgeschehen, desto größer die Ungeduld, die Enttäuschung und Ernüchterung, wenn denn das Erwartete nicht sogleich eintritt. Es ist also das subjektive Zeitempfinden, gepaart mit soziohistorischen Rahmenbedingungen, das den eigentümlichen Charakter von Naherwartung und Erfahrung sich dehnender Zeit als „Doppelphänomen" bedingt. Sobald die äußeren Faktoren entfallen und sobald sich der Mensch mit der gegebenen Situation innerlich arrangieren kann, erlischt erst einmal die Notwendigkeit zu apokalyptischer Geschichtsdeutung und -bewältigung.

2. *Eigendynamik endzeitlicher Erwartung:* Die Tatsache, daß endzeitlich orientierte Gruppen und Sekten sogar dann Zulauf haben, wenn Prophezeiungen eindeutig falsifiziert sind, stellt die Religionssoziologie vor die Frage, was das Überleben solcher Gruppen sichert. Man hat die Antwort darauf, kurz gesagt, in der Eigendynamik endzeitlicher Erwartung zu sehen: Das, was vorausgesagt ist, wirkt als Hoffnung in den Köpfen auch dann weiter, wenn es oberflächlich betrachtet historisch erledigt ist. Das gilt bereits für die alttestamentliche „Aktualeschatologie" von Deuterojesaja, Haggai und Sacharja, aber auch für Jesus selbst und für neuzeitliche Sektengründer. Die Faszination, die von endzeitlicher Erwartung ausgeht, ist dergestalt, daß sie entsprechend disponierte Menschen dazu bringt, einen tiefgreifenden sozialen Bruch zu vollziehen und sich materiell wie psychisch ganz auf die Verheißung einzulassen. Der Bruch ist so vollständig, daß er sich nur durch eine vollständige Identifikation mit den neugewonnenen Glaubensinhalten ertragen läßt. Stellt sich ein Baustein dieses neuen Glaubens objektiv als irrig heraus, führt dies - und darin liegt die Eigendynamik - eher zu einer Rationalisierung des Fehl-

schlagens als zur Abkehr vom Ganzen. Denn es hängt für In-
sider eben mehr an der Wahrheit des neuen Glaubens, als daß
er bei Teilfalsifizierung so einfach abgelegt werden könnte.
Zumal wenn der Rückhalt in der Gruppe relativ gefestigt ist,
die Gruppe als solche eine Eigendynamik entwickelt, legt
sich der Versuch näher, das Fehlschlagen zu erklären, als die
Gruppe zu verlassen. Das Fehlschlagen wird dabei relativiert
und durch intensive Außenwerbung abgearbeitet.

3. *Korrektur des Geschichtsbildes:* Das unter anderem von *Franz
   Overbeck* vertretene Geschichtsbild, wonach dem Urchristentum besondere Bedeutung zukomme, da hier noch die unverfälschte und ungebrochene Erwartung des nahen Endes vor-
   herrsche, während die Folgezeit als Fehlentwicklung einzu-
   schätzen sei, wird durch die Textanalyse widerlegt. Die Geschichte des Christentums präsentiert sich nicht als Abfolge
   von anfänglicher Nah- bzw. Soforterwartung und nachfolgen-
   der, andauernder Bewältigung von Parusieverzögerung. Vielmehr dominiert im behandelten Zeitraum das Bewußtsein, in
   der (relativ zu verstehenden) Nähe des Endes zu leben. Die
   Sehnsucht nach der baldigen Wiederkunft Christi hält die
   apokalyptische Hoffnung lange Zeit wach. Der Stellenwert
   der „Parusieverzögerung" ist nicht zu hoch anzusetzen, da die
   Zukunftserwartung eigentlich zu allen Zeiten durch komple-
   mentäre, auf die nahe Vergangenheit oder die Gegenwart be-
   zogene Denkkonzepte austariert wurde. Eschatologie, Christologie, Pneumatologie und zum Teil auch Ekklesiologie ergän-
   zen einander und erzeugen eine Spannung, die sich nicht dia-
   lektisch als „schon" und „noch nicht", sondern im Sinne einer
   organischen Einheit von „Anfang" und „Ganzem" darstellt.
   Die Zuordnung neutestamentlicher Texte zu „Naherwartung"
   oder „Parusieverzögerung" mag angesichts des Charakters der
   beiden Phänomene nicht gelingen. Die Datierung einzelner
   Schriften, sofern sie auf der Naherwartung als Kriterium fußt,
   ist fragwürdig. Naherwartung kommt als Parameter der Geschichte des frühen Christentums oder gar der neutestamentlichen Literatur nicht in Betracht.

Ergebnis

Die Untersuchung hat mehrere Ergebnisse zutage gefördert, die das Verständnis frühjüdischer und frühchristlicher Aussagen über den Zeitpunkt des (Welt-)Endes auf eine neue Grundlage stellen. Dazu gehört erstens die Einsicht in ein Zeitverständnis, das nicht mit unserem neuzeitlichen deckungsgleich ist. Zweitens ist zu erkennen, daß Endzeitaussagen funktional verwendet werden. Drittens wurden Rahmenbedingungen herausgearbeitet, unter denen es zu Endzeiterwartung kommen kann. Viertens haben wir Einsicht in einen bestimmten Aspekt des jüdisch-christlichen Gottesbildes gewonnen. Fünftens wurde das Verhältnis zwischen jüdischer und christlicher Endzeitvorstellung neu bestimmt. Sechstens und letztens kamen Merkmale des spezifisch frühchristlichen Konzepts von Naherwartung in den Blick.

1. Endzeit - Zeit besonderer Qualität

Die Frage, ob sich Jesus, Johannes der Täufer oder Paulus in ihrer Einschätzung, das Ende sei nahe, geirrt haben, wurde und wird von der Forschung kontrovers beantwortet. Auf der einen Seite steht die nüchterne Einschätzung jener, die glauben, endlich mit überholten, apologetisch wirkenden Darstellungen aufräumen zu müssen. Die eingangs zitierte Äußerung von *Alfred Loisy* (vgl. S. 17) markiert die eine, ursprünglich von der „konsequenten Eschatologie" *(Johannes Weiß, Albert Schweitzer)* vertretene Position. Die andere zeichnet sich dadurch aus, daß sie das Problem als solches negiert. Jesus selber habe keine Naherwartung gehabt, sondern an die Gegenwart oder Innerlichkeit des Gottesreiches geglaubt. Die Naherwartung sei dagegen eine nachösterliche Verlegenheitslösung. Oder der Stellenwert der Naherwartung wird radikal beschnitten und als *ein* Element frühchristlicher Hoffnung neben anderen betrachtet. Eine Krise des Urchristentums habe es dementsprechend auch nicht gegeben.

Meiner Meinung nach läßt sich die Frage nach dem Irrtum des Anfangs nicht mit einem einfachen Ja oder Nein beantworten. Insofern die entsprechenden Aussagen auf ihren informativen Gehalt reduziert werden, und insofern ein Wahrheitsbegriff angelegt wird, der sich an präzisen Daten und Fakten orientiert, kann der jüdisch-christlichen Zukunftshoffnung nur ein Fehlschlagen bescheinigt werden. Doch, und das ergab die Analyse, ist dieses Verständnis unzureichend. Es beruht auf einem Zeitbegriff, der einseitig quantitativ-chronometrisch ausgerichtet ist.

Es hat sich indes herausgestellt, daß das Zeitverständnis, mit dem wir es bei diesen spätantiken Texten zu tun haben, mit unserem modernen nicht gleichzusetzen ist. Außerdem erschöpft sich der Wahrheitsgehalt der Aussagen nicht in möglichst präziser, gegebenenfalls falsifizierbarer Information. Das fragliche Zeitverständnis ist weniger von der Frage nach der *Quantität* der (formal gefaßten) Zeitdauer, als von der nach der inhaltlichen Fülle, der *Qualität* der Zeit, bestimmt. Und das heißt: Aussagen über eine bestimmte Zeit, eine zu erwartende Zeitdauer oder einen kommenden Zeitpunkt zielen letztlich auf das Verhältnis der Menschen zu dem, was auf ihn zukommt. Und: Der Wahrheitsgehalt der Aussagen bemißt sich daran, welche Autorität man ihrem Autor zuerkennt. Etwaige Terminangaben - wie etwa bei Jeremia, Daniel, Jesus und Paulus - sind nicht einfach vom Tisch, wenn die Ankündigung so nicht eintrifft. Denn sie gelten als von Gott selbst legitimierte Aussagen. Für den, der Gott als den Herrn über die Zeit und die Propheten bzw. Visionäre als seine legitimen Boten anerkennt, stellen die Aussagen eine bleibende Hoffnung und eine bleibende Herausforderung an das Verstehen dar. Außerdem entfalten eschatologische Verheißungen schon vor ihrer Erfüllung ihre Wirkung: Die Jünger und Jüngerinnen etwa, denen der von ihnen für den Messias gehaltene Jesus das nahe Gottesreich ankündigt, erleben von da an ihre Gegenwart anders als zuvor. Ihr Verhältnis zur Zeit wandelt sich grundlegend, unter dem Vorzeichen des nahen Endes bekommen für sie die noch herrschenden Zustände und die Vorgänge ihrer Zeit den Geschmack des (schnell) Vergänglichen und Provisorischen. Sie verlieren für sie an Stellenwert, und statt dessen wird die Gegenwart entscheidend von den zukünftigen, aber absehbaren Ereignissen geprägt. Die Zukunft ist gewissermaßen beschnitten, der Zeitraum, in dem zu denken und zu planen sinnvoll ist, wird radikal verkürzt. Damit erhält die Gegenwart - auch wenn es paradox erscheint - einen neuen Stellenwert: Entweder negativ, als Zeit des sinnlosen, sehnsüchtigen Wartens, als leere Zeit, die es auszusitzen gilt. Oder positiv, als aktiv und intensiv zu nutzende Zeit, die über das künftige Geschick entscheidet. In jedem Falle hat die verbleibende Zeit eine eigene Qualität, und das ist das Entscheidende: Unabhängig vom exakten Zeitpunkt werden die Angesprochenen mit dem ab jetzt jederzeit möglichen Ende konfrontiert. Diese neue Sicht der Wirklichkeit und das Wissen um Gott als den, der über die Zeit verfügt, überdauern letztlich auch die vordergründige Erfüllung oder Nichterfüllung der einzelnen Verheißung. Deshalb kann die Frage nach dem „Irrtum" des Anfangs nicht einfach mit Ja oder Nein beantwortet werden. Die von Jesus ausgelöste Hoffnung bleibt bestehen, solange die Situation bleibt, wie sie ist: unbefriedigend oder gar unerträglich. Die neue Sicht auf Zeit und Wirklichkeit bleibt in Geltung, auch wenn der weitere Gang der Geschichte dagegen zu sprechen scheint. Anders gesagt: Die Frage nach dem Wann? betrifft nur einen Teilaspekt der eschatologischen Verheißungen. Der „Irrtum" ist allenfalls ein partieller.

2. Die Zeit als Projektionsebene

Das eben Gesagte trifft sich mit einem weiteren Ergebnis der Analyse: Die apokalyptische Frage nach dem Zeitpunkt des Endes, nach dem „Wie lange noch?" entspringt nicht spekulativer Neugier oder wissenschaftlicher Gelehrsamkeit, sondern viel tiefer sitzenden, existentiellen Nöten und Problemen. Die jüdische Apokalyptik ist von ihrer Genese her als Versuch zu begreifen, eine grundsätzliche Erwählungs- und Identitätskrise des auserwählten Volkes Jahwes zu bewältigen. Kernpunkt ist die Vergewisserung von Gottes bleibender Geschichtsmächtigkeit *contra factum*. Die Erinnerung an frühere Machterweise Gottes und die transzendierende Deutung der gegenwärtigen Heilsmisere als Teil des kosmischen Endgeschehens sollen das Vertrauen in den

Gott festigen, der schon in nächster Zukunft das Blatt wenden kann. Die Lösung des Problems wird von der Zukunft erwartet, das Problem selbst als zeitlich-endliches verstanden. Die Zeit dient demnach als Projektionsebene für Fragestellungen, die an sich nicht-zeitlicher Natur sind: Für die Frage nach Gottes Gerechtigkeit und Treue, die Frage nach dem Sinn von Erwählung und überhaupt von Leben und Schöpfung. Der Visionär des 4. Esrabuches kommt am Ende langer Klagen gegen Gott seufzend zum Schluß, die Menschheit, die zum größten Teil doch dem Gericht entgegengehe, wäre besser nicht erschaffen worden (4 Esr 7,116). Die Frage, die dahinter steht, ist die nach dem Sinn des ganzen Schöpfungs- und Erwählungsspektakels, wenn doch damit soviel Leid für die Menschen verbunden ist. Die Theodizeefrage und damit verbundene Fragestellungen können auch anders, spekulativ oder dialogisch (vgl. Hiob) abgehandelt werden. Sie mithilfe der Zeit als Projektionsebene anzugehen, entspricht der Apokalyptik als Versuch, in der Zeit äußerer Bedrängung, politischer Fremdherrschaft und Ohnmacht, in einer Lage, die durch den Verlust der identitätsstiftenden Institutionen Königtum und Tempel gekennzeichnet ist, die geschichtliche Identität des Volkes Jahwes auf der Ebene von Zeit und Geschichte aufzuarbeiten.

Im frühen Christentum kommt es zwar auch zur Frage nach dem „Wann?" des Reiches Gottes bzw. der Parusie Jesu Christi. Doch erreicht das Problem nie den Stellenwert, den es in der frühjüdischen Apokalyptik hat. Viele Endzeitaussagen lassen eine latente Ungeduld durchscheinen, doch eine massive Infragestellung der Verheißungen findet nicht statt. Die frühchristlichen Autoren sind davon überzeugt, in der letzten geschichtlichen Periode vor dem Reich Christi zu leben. Wo offene Skepsis an der Verheißung geäußert wird - wie im 2. Petrus-, 1. und 2. Klemensbrief - wird sie als Fehleinschätzung eingestuft. Nirgends, soweit ich sehen kann, sehen sich frühchristliche Autoren genötigt, in der Manier eines 4. Esra oder syrischen Baruch die große Erwählungskrise aufzuarbeiten. Diese Beobachtung konvergiert mit der zuerst gemachten, wonach der qualitative Zeitaspekt und der nicht-informative Aussagegehalt bei Endzeitaussagen dominieren. - Frühchristliche Apokalypsen wie die Petrus- und die Paulusapokalypse blenden schließlich die Frage nach dem Zeitpunkt weitgehend aus und begnügen sich mit relativ einfachen Erklärungen für die Verzögerung des Endes: Gott ist langmütig, und in seiner Langmut schenkt er den Menschen ausgiebig Zeit, sich noch zu bekehren. Ansonsten ist inhaltlicher Schwerpunkt der frühchristlichen Apokalypsen die Schilderung der jenseitigen Zustände, von Himmel und Hölle.

3. Gott der Herr der Zeit

Ein Aspekt des jüdisch-christlichen Gottesbildes kommt im Verlauf prophetisch-apokalyptischer Traditionsgeschichte mehr und mehr zum Tragen: Das Bild des geschichtsmächtigen Gottes, dessen Domäne nicht nur die graue Vergangenheit und die ferne Zukunft ist, sondern (unsichtbar) die Gegenwart und (sichtbar) die nahe, absehbare Zukunft. Er hat das Heft der Geschichte in der Hand, und mit seiner Epiphanie ist jederzeit zu rechnen - potentiell schon morgen oder im nächsten Augenblick. Dieser Aspekt des Gottesbildes steht gegen die Absolutsetzung der gegenwärtigen Situation, gegen die trügerische Sicherheit und vermeintliche Stabilität herrschender Zustände. Gegen den äußeren Anschein ist Gott nicht ohnmächtig oder überhaupt von der Bildfläche verschwunden. Er agiert vielmehr im Hintergrund, zieht die Fäden der Geschichte an langem Arm. Er ist derselbe, der am Anfang der (Heils-)Geschichte die Welt erschuf, Israel erwählte, aus Ägypten befreite und sein Volk ins verheißene Land führte. Er hat zuerst direkt in die Zeitläufe eingegriffen, später durch die Propheten. Und selbst wenn er sich nun scheinbar aus dem Geschehen verabschiedet und sein Volk im Stich gelassen hat, ist er doch da und sorgt dafür, daß sein Heilswille sich durchsetzt. Was immer gegen Gottes Geschichtsmächtigkeit sprechen mag - Exil, Fremdherrschaft, Oppression, staatliche und politische Ohnmacht des erwählten Volkes - ist Bestandteil dieses Heilswillens, zeitlich und endlich, notwendige Durchgangsstufe auf dem Weg zur endzeitlichen Heilsveranstaltung. Er wird sich in absehbarer Zeit wieder als der erweisen, der er ist und schon immer war: *jahweh*, „ich bin, der ich sein werde" (Ex 3,14). Er ist

Anfang und Ende der Geschichte, Alpha und Omega, derselbe in Vergangenheit, Gegenwart und Zukunft (Apk 1,8.18; 4,8).

Bei aller Identität Gottes durch die Zeiten ist das beschriebene Gottesbild zeitlich strukturiert: Gott handelt jetzt anders als in der Vergangenheit und in der (nahen) Zukunft. Gott ist dynamisch zu denken, er agiert und reagiert. Das Kriterium dabei ist sein Heilswille, das Heil für seine Heiligen. Alles, was das Heil zu verhindern scheint oder es befördert, ist Medium des göttlichen Handelns. Gott bedient sich der weltlichen Mächte und Gewalten, um seinen Heilsplan weiter- und zu Ende zu führen. Was wie Ohnmacht Gottes aussieht, ist in Wahrheit Gelegenheit zur Bewährung, Zeit der Prüfung, die es im Gehorsam gegen Gottes Willen durchzustehen gilt.

Die Einsicht in Gottes Geschichtsmächtigkeit und die Hoffnung auf den bald eingreifenden Gott verleihen der verbleibenden Zeit und dem Verhalten in ihr die Qualität des Endgültigen, Irreversiblen: Alles, was ab jetzt getan wird, geschieht im Angesicht Gottes. Es ist jetzt nicht mehr die Zeit für Halbheiten oder Kompromisse (Apk 3,15f; vgl. Jak 5,3). Es gilt, die Zeit „auszukaufen", verantwortlich mit ihr umzugehen, das Nötige nicht unnötig hinauszuschieben (Eph 5,16; Mt 24f).

4. Nicht Lehre, sondern Kommunikation

Die Ausführungen zum Gottesbild und den daraus erwachsenden Konsequenzen für den Umgang mit Zeit machen deutlich, daß die Rede von diesem Gott und überhaupt Aussagen über die Zeit des Endes nicht reine Lehre oder - dogmatisch gesprochen: Lehre *de novissimis* sind. Die Ansage des bevorstehenden messianischen Reiches, der *basileia* Gottes, der Wiederkunft Christi, des Millenniums und des Endgerichts legt einen Schatten auf die Zeit, die noch bleibt. *Contra factum,* gegen alle scheinbare äußere Stabilität und Kontinuität der Zeiten gilt es, sich auf etwas revolutionär Neues einzustellen, was plötzlich eintreten kann und alles Bisherige auf den Kopf stellt. Endzeitliche Aussagen zielen damit nicht nur auf Information, sondern auf Emotionen und ethisches Verhalten - sei es im Sinne der Stabilisierung, sei es im Sinne der Korrektur. Es kommt alles darauf an, die richtigen Konsequenzen aus den Ankündigungen zu ziehen, jetzt entscheidet sich das künftige Geschick.

Daß es den Propheten, Visionären und Aposteln nicht um Lehre, sondern um etwas anderes geht, zeigt sich auch an der Art und Weise, *wie* von der letzten Zeit gesprochen wird: Minutiös ausführlich, emphatisch eindringlich, bunt ausmalend oder knapp skizzierend, lediglich andeutend. Bei ein und demselben Autor - Paulus dient als „Paradebeispiel" - kann in geradezu gegensätzlicher Art das Endgeschehen in den Blick genommen werden. Die Analyse hat ergeben, daß dabei äußere Situation und Problemstellung, literarische Form und selektiver Einsatz endzeitlicher Vorstellungen und Topoi zusammenspielen. Mit anderen Worten: Endzeitaussagen entstehen nicht irgendwo am Schreibtisch eines systematisch denkenden Theologen, sondern in Auseinandersetzung mit aktuellen, „tagespolitischen" Problemstellungen. Im Unterschied zu einer dogmatisch eingebundenen Lehre *de novissimis* verzichten die Autoren auf Ausgeglichenheit und Vollständigkeit der Aussagen. Es geht ihnen um die Deutung und die Bewältigung dessen, was sie selbst und/oder ihre Adressatinnen und Adressaten umtreibt. Und da macht es schon einen erheblichen Unterschied, ob es zeitvergessene Sorglosigkeit, Sorge um die Verstorbenen, die eigene Todessehnsucht oder die nationale Identitätskrise ist, die den Anlaß zu endzeitlicher Rede bildet. Die Autoren nehmen apokalyptische Topoi in der Ausführlichkeit auf, die ihnen geboten scheint. Oder sie entwikkeln endzeitliche Vorstellungen allererst, um das, was ansteht, deuten zu können. Eschatologische Vorstellungen sind also geschichtlich und dem geschichtlichen Wandel unterworfen. Sie sind in aller Regel Funktion *symbuleutischer,* auf ein bestimmtes Verhalten ausgerichteter Argumentation. Sie motivieren und begründen das geforderte Verhalten, lassen es dringlich und heilsrelevant erscheinen. Das heißt, die gelieferte Information über das baldige Ende samt seinen Begleiterscheinungen dient dazu, die Angesprochenen auf das, was kommt, mental und verhaltensmäßig vorzubereiten. Sie sollen die letzte, schwierige Zeit möglichst unbeschadet überstehen und nicht falschen Illusionen aufsitzen. Die Naherwartung und andere endzeitliche Vorstellun-

gen sind in diesen symbuleutischen Kontexten in ihrem Stellenwert nicht zu unterschätzen. Über weite Strecken hat die Endzeiterwartung axiomatischen Charakter, das heißt sie wird weder
hinterfragt noch begründet. Ihre Legitimierung bekommt sie
durch ihre autorisierte Herkunft - Gott besonders nah stehende
Personen der Vorzeit, Propheten, Jesus als ausgewiesener Gottes-
sohn oder die Apostel als Augenzeugen des Christusgeschehens.

Inhaltlich findet die Funktion frühchristlicher Endzeitaussagen
ihren Fluchtpunkt in der Herstellung und der Konsolidierung der
Gemeinde. Ganz gleich, ob die Aussagen nahelegen, sich umge-
hend zu entscheiden, sich von der Welt und ihren Bindungen zu
lösen, das bisherige Verhalten nachhaltig zu korrigieren, bis zum
Ende durchzuhalten bzw. festzuhalten, was schon erreicht ist, bereit zu werden für Leiden und Martyrium, das anvertraute Gut
zu verteidigen oder als Gemeinde Einigkeit zu versuchen, immer geht es darum, den derzeit ablaufenden kosmischen Entscheidungskampf unbeschadet zu überstehen. Es geht, Um es anders zu sagen, um die *Konzentration auf das Wesentliche*. Angesichts des nahen Endes und der apokalyptischen Situation verbietet sich jegliches Engagement für den vergehenden Kosmos
und seine Strukturen. Soziale und politische Veränderungen loh-
nen nicht mehr, würden unnötig Kräfte binden und die Gemeinde zudem zusätzlich gefährden. Das Liebesgebot wird zur Richtschnur des ethischen Verhaltens nach außen wie nach innen
(vgl. Röm 13; Joh 13-15; 1Joh; 2Joh). Nach außen heißt das Wohl-
verhalten, die Übernahme einer ethischen Vorbildfunktion (Röm
13,13f; Phil 4,5; Tit 3,2), nach innen hin heißt das die praktische
Überwindung sozialer und ethnischer Gegensätze. In vielen Texten kommt der Gemeinde dabei eine soteriologische Funktion zu:
Gegenseitige Erbauung und gegenseitige Ermahnung sichern das
Ganze, für den Einzelnen kommt es darauf an, im Bereich der
Gemeinde, des „Lichts" zu bleiben (vgl. 1Joh 2,8), Einzelkämpfertum ist der falsche Weg.

Mit der weiteren Entwicklung des frühen Christentums wird
ethisches Verhalten nicht mehr nur durch den Blick auf das (nahe) Ende begründet, sondern mit dem allgemeinen Willen Gottes. Umgekehrt ist tendenziell eine Verselbständigung endzeitlicher Aussagen im Sinne einer Lehre *de novissimis* erkennbar.

Zum Teil bekommt der Rekurs auf die endzeitliche Situation formelhaften Charakter.

5. Zwischen Euphorie und Skepsis: Das Konzept frühchristlicher Naherwartung

Aussagen über die Endzeit und ihre Begleitumstände haben die Funktion, Emotionen und ethisches Verhalten zu steuern. Die Palette unterschiedlicher Aussagetypen und Argumentationsmuster läßt ihrerseits eine große Bandbreite an Verhaltensweisen und Einstellungen erkennen, die nach Ansicht der Autoren zu stabilisieren oder zu korrigieren sind. Aus beiden Anliegen - Festigung und Korrektur - heraus entwickelt sich nach und nach ein Konzept der endzeitlichen Erwartung heraus, das man als „autoritatives" oder als „kanonisches" Konzept bezeichnen kann. Dieser Prozeß spiegelt die Entwicklung des eschatologischen Denkens der ersten Zeit wider. Sie findet in der Auseinandersetzung mit historischen Ereignissen und Erfahrungen statt, die das bisherige Denken in Frage stellen. Eckpunkte der Entwicklung sind die Reich-Gottes-Verkündigung Jesu, die Ereignisse nach dem Einzug Jesu in Jerusalem, die Ostererfahrung, die Erfahrung der Geistesgabe, die weiterhin erfahrbare Macht des Todes, erste Christenverfolgungen, der Jüdische Krieg mit der Zerstörung Jerusalems sowie das Aussterben der ersten christlichen Generation.

Schon die Gottesreichverkündigung Jesu und des Täufers haben einen Einfluß auf Emotionen und Verhalten: Wer der Predigt Glauben schenkt, bekommt eine neue Einstellung zu Gegenwart und Zukunft mit der Folge, daß er „umdenkt" (gr. *meta-noein*) und sich bekehrt. Wer in Jesus eher ungeliebte Konkurrenz entdeckt, für den stellt die Predigt eine Bedrohung dar, der er möglicherweise durch Ablehnung begegnet. Irdisch-politische Hoffnungen werden durch die Wirksamkeit und erst recht durch das Geschick Jesu in Jerusalem zerschlagen. Euphorische Erwartungen, die sich mit dem Einzug Jesu in die Hauptstadt verbunden haben mögen, werden am Kreuz zunichte. Mit der Erfahrung des

Auferstandenen stellt sich die Aufgabe, vorösterliche Auffassungen zu revidieren. Durch das Filter dieser und weiterer Ereignisse und Erkenntnisse kommen die unpolitisch-transzendenten Züge der Gottesreichverkündigung Jesu mehr in den Blick. Daneben herrscht eine massive Erwartung des möglicherweise plötzlich eintretenden Kommens Gottes zur Rache für die Tötung seines Sohnes (bes. Logienquelle; *revolutionistische Erwartung*). Die ausbleibende Erfüllung wird zum einen als Zeichen einer letzten Bußfrist gewertet, zum anderen als Fehleinschätzung interpretiert: Die eigentliche Entscheidung ist schon gefallen, das Ende bringt nur noch die Sichtbarwerdung der neuen Wirklichkeit (*revelatorische Erwartung*). Untrügliche Zeichen des nahen Endes und spürbare Anfänge, die das Ganze verbürgen, untermauern zusätzlich die „autorisierte" Position (*Bipolarität frühchristlicher Zukunftshoffnung*). - Bis hin zur Abfassung der synoptischen Evangelien gilt das Ende der ersten Generation als äußerster Zeitrahmen für die Erfüllung der Endzeitverheißungen Jesu. Die Enttäuschung über das Ausbleiben der Parusie dürfte mit dem Ende der Generation der Augenzeugen einen Höhepunkt erreicht haben. Doch begegnen die frühchristlichen Autoren latenter und offener Skepsis an den Verheißungen mit deren Bekräftigung. Das Bewußtsein, in der Endzeit zu leben, bleibt für lange Zeit integrativer Bestandteil frühchristlichen Denkens. Das gilt, auch wenn die Autoren je länger, desto mehr auf proklamative Aussagen verzichten. Erst nach und nach setzt sich (zumindest vorübergehend) ein anderes Geschichtsverständnis durch, das am steten Fortschritt bis hin zur *basileia* Gottes orientiert ist (*progressio temporum; evolutionistische Erwartung*).

Von Anfang an ist nicht nur mit einer Konkurrenz zwischen Befürwortern und Skeptikern der Endzeiterwartung zu rechnen, sondern auch mit einer Konkurrenz unterschiedlich intensiver Naherwartung. Während die „autorisierte" Position auf der einen Seite Skepsis und Zweifel zurückzuweisen hat, hat sie auf der anderen mit überzogenen Erwartungen zu kämpfen. Pseudopropheten, selbsternannte Messiasse und Christusse sorgen immer wieder für Irritation und lösen Wellen der Euphorie aus, zum Teil mit fatalen Folgen für die Betroffenen. Ihnen gegenüber wird der historische Abstand zu der Zeit der Parusie betont, teilweise wird weit ausladend die notwendige Abfolge der Endzeitereignisse (*necessitas temporum*) betont, was einer Zerdehnung der zeitlichen Perspektive gleichkommt. Die Naherwartung wird nicht aufgegeben, aber sie wird modifiziert: „Nähe" schließt eine gewisse zeitliche Distanz ein, das Ende kommt in *unverfügbarer Absehbarkeit*. Einer Fixierung auf den ersehnten Zeitpunkt wird damit entgegengewirkt, die positive, heilsrelevante Funktion der verbleibenden Zeit herausgekehrt. Das Konzept frühchristlicher Naherwartung lebt also von der Balance zwischen (illegitimer) Euphorie bzw. Falschprophetie und Gleichgültigkeit bzw. Resignation. Es ist Ergebnis eines langen Ringens um das richtige Verständnis der Predigt Jesu vom nahen Gottesreich.

6. Die jüdische Verwurzelung frühchristlicher Endzeithoffnung

Ein letztes Ergebnis unserer Untersuchung betrifft die Frage nach dem Verhältnis zwischen jüdischer Apokalyptik und frühchristlicher Eschatologie. Es war mein Anliegen, diese Alternative als irrig zu erweisen: Frühes Judentum und Christentum entstehen beide in einer Phase, in der die Zukunftserwartung (*Eschatologie*) durch *apokalyptische* Vorstellungen gefüllt und überlagert ist. In dieser Phase dominiert ein degenerativ, am steten Zerfall der Ordnungen ausgerichtetes Geschichtsbild, mit dessen Hilfe die äußerlich wie innerlich prekäre Lage (politisch-soziale Marginalität, Verfolgungen, Gefahr der religiösen Nivellierung) aufgearbeitet wird. Mit Jesu Ansage des nahen Gottesreiches erfährt das apokalyptische Denken eine besondere Zuspitzung. Allerdings kann über weite Strecken nicht von einer „Entapokalyptisierung" im Neuen Testament gesprochen werden. Jesus, Paulus und die meisten anderen Autoren partizipieren an demselben jüdisch-apokalyptischen Geschichtsbild, das immer wieder durchscheint. Ausnahmen sind der Epheser- und der Kolosserbrief, die ein deutlich *evolutionistisch*, an den Begriffen des Wachstums und der Entwicklung hin zur Fülle (gr. *plêroma*) ausgerichtetes Geschichtskonzept entwickeln. Doch ist die überwiegende Mehrzahl der neutestamentlichen Ausführungen zur Ethik, zur Gemeinde oder zur Christologie nicht ohne den engen Bezug auf das nahe Ende zu verstehen. Die Wurzeln der frühchristlichen Endzeitaussagen finden sich in der alttestamentlichen Weisheit (überwiegend individuelle Hoffnung, Motiv der Flüchtigkeit des Seins, des plötzlichen Umschwungs, Reflexion über „Zeit" und „Zeiten", Appell an kluges Verhalten), Prophetie (überwiegend kollektiv-nationale Hoffnung, sprachliche Vorwegnahme des Endes, Ansage des nahen Gerichts/des nahen Heils, Aufruf zur Buße) und in der frühjüdischen Apokalyptik - selbst schon eine „Fusion" weisheitlicher und prophetischer Denkformen (degeneratives Geschichtsbild, Periodisierung der Geschichte, Zukunftserwartung als Enderwartung, messianisches Reich, Menschensohn, endzeitlich-kosmischer Konflikt, Aufruf zur Gesetzestreue und zum Durchhalten).

Der einzige sachliche Unterschied, den ich erkennen kann, liegt in der *Bipolarität der Zukunftshoffnung:* Richtet sich die frühjüdische Erwartung auf einen kommenden Messias aus dem Haus Davids, und begründet sich diese Hoffnung aus den alttestamentlichen Verheißungen, so erwarten die Christen den, der schon da war. Die Zukunftshoffnung wird zum einen aus der Lehre Jesu begründet, zum anderen durch Hinweis auf untrügliche Zeichen der Endzeit (Geist, Leiden, Auferstehung Jesu, Irrlehrer, Antichrist). Anders als etwa im 4. Esrabuch und in der syrischen Baruchapokalypse fehlt im frühchristlichen Schrifttum eine diskursive Abhandlung über den Sinn von Schöpfung und Erwählung; nie scheint es zu einer grundsätzlichen Identitätskrise im frühen Christentum gekommen zu sein, die eine solche Aufarbeitung notwendig werden ließ. Das gilt auch von der sogenannten Parusieverzögerung, die in der Hauptsache mehr als latente Ungeduld denn als theoretisches Problem empfunden wurde. Die starke Autorität Jesu verleiht zudem der endzeitlichen Erwartung geradezu axiomatischen Charakter. - Außer der Person und der Bedeutung Jesu Christi sind keine sachlichen Unterschiede erkennbar.

Nachtrag: Zum hermeneutischen Umgang mit Endzeittexten

Die Analyse der jüdisch-christlichen Endzeitaussagen hat ein Licht auf die gesellschaftliche Entwicklung, die theologischen Fragestellungen und die argumentative Vorgehensweise frühchristlicher Gemeinden und Autoren geworfen. Die verschiedenen Aussagen können so in ihrem historischen Kontext verstanden werden. Das ist historisch interessant und aufschlußreich. Doch bleibt bei alledem die Frage offen, wie die Endzeitaussagen und -vorstellungen *heute*, in unserer durch die Aufklärung geprägten Welt, verstanden werden können. Rein historisch gesehen, scheint die Apokalyptik samt ihren Zukunftserwartungen diskreditiert: Die Hoffnung auf die baldige Wiederkunft Christi hat sich nicht erfüllt, ihre Rezeption im apostolischen Glaubensbekenntnis scheint anachronistisch. Und so wird der Alltag großkirchlich verfaßter Gemeinden kaum noch von der Erwartung des nahen Endes aller Dinge bestimmt. Das bleibt am Rande stehenden kirchlichen und außerkirchlichen Endzeitgruppen und Sekten überlassen. Allenfalls erzeugen mehr oder weniger diffuse Ängste angesichts von Naturkatastrophen oder politischen Unsicherheiten eine apokalyptische Stimmung, die von den Massenmedien häufig noch gefördert wird. Mit (früh-)christlicher Zukunftshoffnung hat dies alles wenig zu tun. Die Einsicht in die Funktionalität und historische Bedingtheit biblischer Endzeitaussagen verbietet eine fundamentalistisch-wörtliche Übertragung auf heutige Verhältnisse. Es kann nicht darum gehen, in der Gegenwart die Anzeichen dafür zu suchen und zu finden, daß die apokalyptischen Weissagungen jetzt endlich eintreten. Denn die Bilder etwa der Johannesoffenbarung dienen dazu, in ihrer surrealen Hyperbolik Gottes endzeitliches Handeln gerade von irdisch-geschichtlichen Phänomenen abzuheben. Wohl haben Erdbeben, Seuchen und anderes mehr ein apokalyptisches „Potential", doch verbietet sich eine Identifizierung mit den biblischen Weissagungen, geht es doch um die Überwindung solcher existentiellen Ängste durch den Gott, der sich auch gegen die schlimmsten Widerstände durchsetzen wird.

Was von der biblischen Zukunftshoffnung am meisten nachwirkt, ist ihre individuelle Spielart: Die Ungewißheit, die vom
eigenen Tod ausgeht und die Frage nach dem postmortalen Geschick sind Faktoren, die nach wie vor unsere Einstellung zum
Leben bestimmen. Individuelle Endzeitaussagen der Bibel, das
Motiv des unbekannten Todeszeitpunkts oder Reflexionen über
das, was danach kommt, scheinen eher rezipierfähig als Ausführungen über die nahe Wiederkunft Christi. Von daher stellt sich
die Aufgabe, den Sinngehalt solch überholt scheinender Aussagen zu reflektieren, ohne sie auf der einen Seite vorschnell als
historischen Irrtum bzw. als mythologische Redeweise abzutun,
und ohne auf der anderen Seite das Feld fundamentalistischer
Bibelexegese zu überlassen.

Hilfreich ist die Beobachtung, daß das frühe Christentum
selbst erstaunlich wenig Spuren einer grundsätzlichen Krise aufweist. Die ausbleibende Parusie Christi stellt für die Autoren kein
Anlaß zu ernsthaften Zweifeln dar. Die Autorität Jesu Christi läßt
sie vielmehr nach neuen, adäquateren Verstehensmöglichkeiten
fragen. Überhaupt wird die Enderwartung schon früh durch Hinweise auf den bereits gesetzten Anfang ergänzt. Das Wissen um
das Christusgeschehen selbst und um die spürbare Kraft des heiligen Geistes nimmt der Frage nach dem Ende die Schärfe. Die
Zusage der bleibenden Nähe des erhöhten Herrn und die Gewißheit, schon jetzt einer neuen Zeit anzugehören, läßt die Frage
nach dem Zeitpunkt der Parusie zweitrangig erscheinen. Außerdem bieten individuelle Aussagen wie Phil 1,23; 2 Kor 5,8 und Lk
23,42f einen Ansatzpunkt, die eschatologische Hoffnung auf einer
individuellen Ebene festzuhalten. Kurz, einer Fixierung auf das
baldige Ende wird schon in frühester Zeit entgegengewirkt, alles
Gewicht wird auf die Gestaltung der verbleibenden (Lebens-)
Zeit gelegt. Als „Quintessenz" der Naherwartung erweist sich die
Einsicht, daß jederzeit, schon im nächsten Augenblick, mit Gott
zu rechnen ist. Von daher gewinnt der Umgang mit Zeit einen
neuen Stellenwert. Wichtiger als die Frage nach dem Zeitpunkt
des Endes ist die, wie die Tatsache, daß jetzt noch Zeit ist, zu interpretieren sei. Die Antwort lautet: die Zeit des Wartens ist ge-
schenkte Zeit, die es sinnvoll und intensiv zu nutzen gilt.

Es ist das Verdienst *Rudolf Bultmanns* und seines Programms
der *existentialen Interpretation,* den Existenzbezug der neutesta-

mentlichen Endzeitaussagen aufgezeigt zu haben. Richtig gesehen ist, daß die Gegenwart nach neutestamentlicher Auffassung als eschatologische Zeit mit besonderer Qualität gesehen wird. Das Tun des Menschen findet vor dem Hintergrund dessen statt, was auf ihn zu-kommt. Zu kritisieren ist die existentiale Interpretation vor allem in dem Punkt, daß den futurischen Aussagen über den Existenzbezug hinaus kein Sinngehalt zugestanden wird. Nach *Bultmann* findet die eigentliche Entscheidung über das künftige Schicksal in der Gegenwart, im Augenblick des Angesprochenwerdens durch die Predigt, statt. Das, was die Bibel als zukünftige Ereignisse darstellt, sei im Prinzip nichts anderes als das, was jetzt schon jeden Tag passiert. Hier ist der futurische Aspekt christlicher Hoffnung de facto zugunsten des präsentischen aufgelöst. Allerdings stellt sich die Frage, ob die Zukunftserwartungen nicht doch einen Sinngehalt aufweisen, der sie unverzichtbar macht. Anders gesagt: Es stellt sich die Frage, ob die mythologische *Form* der Aussagen nicht doch enger mit ihrem *Inhalt* zusammenhängt. Für mein Empfinden geht bei der existentialen Interpretation die herausgearbeitete Bipolarität christlicher Zukunftshoffnung verloren. Zwar ist Entscheidendes bereits geschehen und ereignet sich tagtäglich, doch damit ist nicht die Hoffnung erledigt, auch das, was jetzt noch unerträglich ist, möge bald überwunden werden. Unrecht, Krieg, Leid und Tod sind nach wie vor bestimmende Faktoren unseres Lebens. Die neue Heilswirklichkeit, die mit Christus eingesetzt hat, hat sich noch immer nicht sichtbar und überall auf Erden durchgesetzt. Die christliche Existenz ist sowohl von der Gewißheit getragen, das Neue habe bereits begonnen, als auch von bleibender Sehnsucht nach der allgemeinen Offenbarwerdung des Neuen.

In der theologischen Diskussion nach *Bultmann* wird dem futurischen Aspekt christlicher Hoffnung wieder mehr Gewicht beigemessen. Nach *Jürgen Moltmann* („Theologie der Hoffnung", 1965) setzt die Hoffnung auf einen umfassenden Schalom am Ende der Zeit neue Impulse für die Gestaltung der Gesellschaft frei. *Gerhard Ebeling* (Dogmatik des christlichen Glaubens Bd. 3, 1979) hält die Zukunftsaussagen für unverzichtbar, da sie den Eindruck der Ohnmacht den Verhältnissen gegenüber beseitigten. Durch die Anerkennung Gottes als des Herrn von Vergangenheit und

Zukunft gewinne der Mensch eine neue Freiheit zur Zukunft, die zugleich Freiheit von der Zukunft sei.[1] - Der letztgenannte Punkt scheint mir für den heutigen Umgang mit neutestamentlichen Endzeitaussagen hilfreich zu sein: Die Erkenntnis, daß Gott der Herr nicht nur der fernen, sondern der allernächsten Zukunft ist, befreit vom Eindruck, die gegenwärtigen Verhältnisse seien allmächtig und unwandelbar, und befähigt zu einem verantwortungsbewußten Handeln in der Gegenwart. Im Horizont von Gottes Nähe (Nähe ist hier sowohl zeitlich als auch räumlich zu verstehen) gewinnt das menschliche Handeln eine besonderen Stellenwert: Ein „neutrales", unverbindliches Verhalten verbietet sich. Ethisches Verhalten bekommt den Charakter des Dringlichen, Unaufschiebbaren, denn „Naherwartung" erinnert daran, daß die Zeit jeder„zeit" eintreten kann, in der es „keine Zeit" mehr gibt (vgl. Apk 10,6). Für den einzelnen ist dies mit dem Zeitpunkt seines Todes gegeben. So nimmt der einzelne für sich die Wiederkunft Christi im Tod vorweg: „Ein jeder weiß, daß er in der Stunde, in der er aus dieser Welt herausgeht, ´schon gerichtet ist´. Denn das Ende ist schon auf ihn gekommen" (Hippolyt, Comm. in Dan 4,18). Eine christlich zu nennende Ethik der Zeit zeigt sich im verantwortungsvollen Ausschöpfen des Augenblicks.

Jedes Verhalten steht seit Jesu Ansage der nahen Gottesherrschaft überdies in potentieller Konkurrenz zu Gottes Gerechtigkeit. Jede Form der Machtausübung ist an der Art der Herrschaftsausübung Gottes zu messen. Nicht zuletzt gilt das für die Kirche als Trägerin von Macht selbst. Die Hoffnung auf ein abschließendes Handeln Gottes läßt Unrecht, Leid und Gewalt in einem anderen Licht erscheinen: Nichts ist in den Wind geschrieben, nichts geschieht jenseits der Geschichtsmächtigkeit Gottes. Gott bzw. Jesus Christus werden dereinst als Weltenrichter erscheinen. Dieses mythologische Bild bringt die Hoffnung darauf zum Ausdruck, daß geschehendes Unrecht nicht verhallt, sondern bei Gott als dem Anwalt der Gerechtigkeit „ankommt". So findet die Theodizeefrage eine positive Antwort. Darin besteht die bleibende Bedeutung einer universalen Zukunftshoffnung.

---

[1] Zeit und Wort 350.

Anhang I: Verzeichnis der außerbiblischen Literatur

Die folgende Zusammenstellung bietet keinen vollständigen Überblick über die zwischentestamentliche und frühchristliche Literatur, sondern bezieht sich auf die in diesem Buch behandelten Schriften.

Abkürzungen der Textreihen:

BKV: Otto Bardenhewer u.a. (hg.), Bibliothek der Kirchenväter, Kempten/München 1914ff.

CChr.SL: Corpus Christianorum Series Latina, Turnhout 1954ff.

CSEL: Corpus Scriptorum Ecclesiasticorum Latinorum, Wien 1866ff.

GCS: Die griechischen christlichen Schriftsteller der ersten (drei) Jahrhunderte, Berlin 1897ff.

JShrZ: Textreihe „Jüdische Schriften aus hellenistisch-römischer Zeit", Gütersloh 1973ff.

Alttestamentliche Apokryphen:

Textausgaben generell: 1) Emil Kautzsch, Die Apokryphen und Pseudepigraphen des Alten Testaments, 2 Bde., Tübingen/Freiburg/Leipzig 1900 (Nachdruck Darmstadt 1962). 2) James H. Charlesworth (hg.), The Old Testament Pseudepigrapha vols. 1/2, New York u.a. 1983/5.

1. Judith (Jud, 2. Hälfte des 2. Jh. v. Chr.); *weitere Textausgabe:* Erich Zenger, Das Buch Judith (JShrZ I/6), Gütersloh 1981.

2. Jesus Sirach (Sir, Anfang des 2. Jh. v. Chr.); *weitere Textausgabe:* Georg Sauer, Jesus Sirach (ben Sira) (JShrZ III/5), Gütersloh 1981.

Frühjüdische Apokalypsen und verwandte Literatur:

Textausgaben generell: 1) Emil Kautzsch, Die Apokryphen und Pseudepigraphen des Alten Testaments, 2 Bde., Tübingen/Freiburg/Leipzig 1900 (Nachdruck Darmstadt 1962). 2) J.H. Charlesworth (hg.), The Old Testament Pseudepigrapha vols. 1/2, New York u.a. 1983/5.

1. Die *Apokalypse Abrahams* (ApkAbr; nach 70 n. Chr.); *weitere Textausgabe:* Belkis Philonenko-Sayar/Marc Philonenko, Die Apokalypse Abrahams (JShrZ V/5), Gütersloh 1982.

2. Die *Apokalypse Elias* (ApkEl, 3. Jh. n. Chr.); *weitere Textausgabe:* Wolfgang Schrage, Die Elia-Apokalypse (JShrZ V/3), Gütersloh 1980.

3. Die syrische *Baruchapokalypse* (syrBar, zwischen 70 und 135 n. Chr.); *weitere Textausgabe:* A. Frederik J. Klijn, Die syrische Baruchapokalypse (JShrZ V/2), Gütersloh 1976, S. 103ff.

4. Pseudo-Philos *Buch der Biblischen Altertümer* (AntBibl, zwischen 70 und 135 n. Chr.); *weitere Textausgaben:* Montague R. James, The Biblical Antiquities of Philo. Now First Translated from the Old Latin Version, London 1917 (Translation of Early Documents Series 1: Palestinian Jewish Texts, New York [2]1971); Christian Dietzfelbinger, Pseudo-Philo: Antiquitates Biblicae (Liber Antiquitatum Biblicarum) (JShrZ II/2), Gütersloh 1975.

5. Das vierte *Esrabuch* (4 Esr, zwischen 70 und 135 n. Chr.); *weitere Textausgaben:* Robert L. Bensley, The Fourth Book of Ezra. The Latin Version edited from the MSS, Cambridge 1895; Josef Schreiner, Das 4. Buch Esra (JShrZ V/4), Gütersloh 1981.

6. Das sechste *Esrabuch* (6 Esr, ca. 3. Jh. n. Chr.); *weitere Textausgabe:* Hugo Duensing/Aurelio de Santos Otero, in: Wilhelm Schneemelcher, Neutestamentliche Apokryphen[5] II 586.

7. Das äthiopische *Henochbuch* (äthHen, 2. Jh. v. Chr. - 2. Jh. n. Chr.); *weitere Textausgabe:* Siegbert Uhlig, Das Äthiopische Henochbuch (JShrZ V/6), Gütersloh 1984.

8. Die *Himmelfahrt Moses* (AssMos; nach 6 n. Chr.); *weitere Textausgaben:* Carl Clemen, Die Himmelfahrt des Mose (Kleine Texte für theologische Vorlesungen und Übungen Bd. X), Bonn

1904; Egon Brandenburger, Himmelfahrt Moses (JShrZ V/2), Gütersloh 1976, S. 57ff.

9. Das *Jubiläenbuch* (Jub, zwischen 135 und 96 v. Chr.; *Textausgabe:* Klaus Berger, Das Buch der Jubiläen (JShrZ II/3), Gütersloh 1981.

10. Die *Psalmen Salomos* (PsSal; Redaktion nach 48 v. Chr.); *weitere Textausgabe:* Svend Holm-Nielsen, Die Psalmen Salomos (JShrZ IV/2), Gütersloh 1977.

11. Die jüdischen Sibyllinen (Sib, ca. 2. Jh. v. bis 3. Jh. n. Chr.).

12. Das *Testament Abrahams* (TestAbr); *Textausgabe:* Enno Janssen, Testament Abrahams (JShrZ III/2), Gütersloh 1975, S. 193-256.

13. Die *Testamente der zwölf Patriarchen* (TestXII, 1. Hälfte des 2. Jh. v. Chr.; christliche Redaktion nach 70 n. Chr.); *weitere Textausgabe:* Jürgen Becker, Die Testamente der zwölf Patriarchen (JShrZ III/1), Gütersloh 1974.

Qumranschriften:

Textausgabe generell: Eduard Lohse (hg.), Die Texte aus Qumran, Hebräisch und Deutsch, Darmstadt [4]1986.

1. Die *Damaskusschrift* (CD, 1. Jh. v. Chr.).

2. Fragment aus *Deutero-Ezechiel* (4Q 385f); *Textausgabe:* Robert H. Eisenman/Michael Wise: The Dead Sea Scrolls Uncovered, 1992. Jetzt in dt. Übersetzung: dies., Jesus und die Urchristen. Die Qumran-Rollen entschlüsselt, München 1993.

3. Der *Habakuk-Kommentar* (1QpHab; Wende 2./1. Jh. v. Chr.).

4. Die *Kriegsrolle* (1QM; ca. 1. Jh. n. Chr.).

Rabbinische und Talmudische Schriften:

1. Babylonischer Talmud (3.-5. Jh. n. Chr.), besonders Traktate Baba Bathra (bBB), Sanhedrin (bSan) und Yoma (bYom); *Textaus-*

gabe: Lazarus Goldschmidt, Der Babylonische Talmud, Berlin 1929ff.

2. Das Qaddisch-Gebet (nicht datierbar; Textausgabe: J. Hamburger, Real-Encyclopädie für Bibel und Talmud II 605).

Die „Apostolischen Väter":

Textausgaben generell: Joseph A. Fischer, Schriften des Urchristentums, Erster Teil (Die Apostolischen Väter) Darmstadt 1986. Und: Klaus Wengst, Schriften des Urchristentums, Erster und Zweiter Teil (Didache, Barnabasbrief, Zweiter Klemensbrief, Schrift an Diognet), Darmstadt 1984.

1. Die *Apostellehre* (Didache, Did; Anfang des 2. Jh. n. Chr.).

2. Der *Barnabasbrief* (Barn, ca. 130 n. Chr.).

3. Der Brief an *Diognet* (Diogn; frühestens Ende des 2. Jh. n. Chr.).

4. Der *Hirt des Hermas* (PastHerm, Visiones; Mitte des 2. Jh. n. Chr.; *Textausgabe:* Norbert Brox, Der Hirt des Hermas (KAV Bd. 7), Göttingen 1991.

5. Die 7 Briefe des *Ignatius* (IgnEph; IgnSm; IgnTrall; IgnMagn; IgnRöm; Ign Phd; IgnPol; entstanden um die Wende vom 1. zum 2. Jh. n. Chr.).

6. Der erste *Klemensbrief* (1 Clem, ca. 90-100 n. Chr.).

7. Der sog. zweite *Klemensbrief* (2 Clem; 1. Hälfte des 2. Jh. n. Chr.).

8. Die beiden Briefe des *Polykarp von Smyrna* (1 Phil; 2 Phil; ca. 165 n. Chr.).

Apokryphe Evangelien:

Textausgabe generell: Wilhelm Schneemelcher, Neutestamentliche Apokryphen Bd. I (Evangelien), Tübingen ⁵1987.

1. Das *Bartholomäusevangelium* (EvBarth; frühe Partien 3. Jh. n. Chr.).

2. Der *Brief der Apostel* (EpAp äth: ca. 180 n. Chr.?; EpAp kopt: zwischen 120 und 150 n. Chr.?).

3. Diverse *Evangelienfragmente* (Oxyrhynchos - Papyri u.a.).

4. Das *Nikodemusevangelium* (EvNik; frühestens nach 431 n. Chr.).

5. Das *Thomasevangelium* (EvThom; Mitte des 2. Jh. n. Chr.); *weitere Textausgabe:* Ernst Haenchen, Das Thomas - Evangelium, in: Synopsis Quattuor Evangeliorum. Locis parallelis evangeliorum apocryphorum et patrum adhibitis ed. Kurt Aland, Stuttgart ¹²1982, S. 517 - 530).

Frühchristliche Apokalypsen und verwandte Literatur:

Textausgabe generell: Wilhelm Schneemelcher, Neutestamentliche Apokryphen Bd. II (Apostolisches, Apokalypsen und Verwandtes), Tübingen ⁵1989.

1. Das Buch des *Elchasai* (Anfang des 2. Jh. n. Chr.; überliefert bei Hippolyt, Epiphanius und Origenes).

2. Das fünfte *Esrabuch* (5 Esr, 2. Jh. n. Chr.).

3. Die *Himmelfahrt Jesajas* (AscJes; 2. Jh. n. Chr.).

4. Die Schriften des *Montanus und der Priscilla* (Mitte des 2. Jh. n. Chr.; 15 Zitate sind bei diversen Kirchenvätern erhalten, u.a. bei Epiphantus; Epiphanias; Euseb).

5. Die *Paulusapokalypse* (ApkPl, Ende des 4. Jh. n. Chr.).

6. Die *Petrusapokalypse* (ApkPetr, 1. Hälfte des 2. Jh. n. Chr.).

7. Die *Pseudo-Johannesapokalypse* (ApkPsJoh, ca. 5. Jh. n. Chr.); *Textausgabe:* Konstantin Tischendorf, Apocalypses Apocryphae Mosis, Esdrae, Pauli, Johannis item Mariae Dormitio, Leipzig 1866, S. 70ff.

8. Die christlichen *Sibyllinen* (OrSib; ca. 2. Jh. n. Chr.).

9. Die *Thomasapokalypse* (ApkThom, vor 5. Jh. n. Chr.)

Frühchristliche Apostelakten:

Textausgabe generell: Wilhelm Schneemelcher, Neutestamentliche Apokryphen Bd. II (Apostolisches, Apokalypsen und Verwandtes), Tübingen ⁵1989.

1. Die *Andreasakten* (ActAndr, 2. Jh. n. Chr.).

2. Die *Paulusakten* (ActPaul, Ende 2. Jh. n. Chr.); enthalten den sogenannten *"3. Korintherbrief"*.

2. Die *Pseudo-Klementinen* (PsClem, Recognitionen und Homilien; 3.-4. Jh. n. Chr.); *weitere Textausgabe:* Bernhard Rehm, Die Pseudoklementinen II: Rekognitionen in Rufins Übersetzung (GCS 51, lateinisch), Berlin 1965.

Schriften der frühen Kirchenväter:

Genannt werden nur die Schriften, die im vorliegenden Buch Erwähnung finden. - *Textausgaben generell:* Otto Bardenhewer u.a. (hg.), Bibliothek der Kirchenväter (BKV), Kempten/München ²1914ff. - *Griechische Kirchenväter:* Die griechischen christlichen Schriftsteller der ersten (drei) Jahrhunderte (GCS, Berlin 1897ff.). - *Lateinische Kirchenväter:* 1) Corpus Scriptorum Ecclesiasticorum Latinorum (CSEL, Wien 1866ff.). 2) Corpus Christianorum Series Latina (CChr.SL, Turnhout 1954ff.)

1. *Aristides* (1. Hälfte des 2. Jh. n. Chr.); Schrift: Apologie; *Textausgabe:* Reinhold Seeberg, Der Apologet Aristides, 1894.

2. *Augustin* (354-430); Schrift: Über den göttlichen Staat (Civ. Dei, 413-427); *Textausgaben:* CSEL 40 1/2, 1900 - CChr.SL 47f, 1955.

3. *Cyprian von Karthago* (ca. 200-258); Schriften: 1) An Fortunatus (ad Fort.); *Textausgabe:* Guilelmus Hartel (hg.), Cypriani opera omnia, Wien 1868-1871 (CSEL 3/1-3, Nachdruck von I und II New York 1965). - Robert Weber u.a. (hg.), Sancti Cypriani episcopi opera I/II, Turnhout 1972/76 (CChr.SL 3.3A). - Julius Baer, Des Hl. Kirchenvaters Caecilius Cyprianus sämtliche Schriften, aus dem Lateinischen übersetzt (2 Bde., BKV 34.60, 1918/28, ²1950).

4. *Euseb von Cäsarea* (ca. 264-340); Schriften: 1) Kirchengeschichte (h.e.); 2) Prophetische Eklogen (ecl.proph.). *Textausgabe:* Eduard Schwartz (hg.), Eusebius Werke II/1-3, Berlin 1903ff
   (GCS 9/1-3).

5. *Hippolyt von Rom* (ca. 170-240); Schrift: Danielkommentar
   (Comm. in Dan., 4 Bücher). *Textausgabe:* Gottlieb Nathanael
   Bonwetsch/Hans Achelis (hg.), Hippolyts Werke Bd. 1 (GCS 1/
   1), Leipzig 1897.

6. *Irenäus von Lyon* (gest. ca. 200); Schrift: Entlarvung und Widerlegung der fälschlich so genannten Gnosis (adv haer, entstanden zwischen 180 und 202); *Textausgabe:* Adelin Rousseau/
   Louis Doutreleau/Charles Mercier (hg.), Irenée de Lyon, Cont-
   re les hérésies V, Paris 1969.

7. *Justin der Märtyrer* (gest. um 165); Schriften: 1) Apologie I/II
   (Apol), 2) Dialog mit Tryphon (Dial); *Textausgabe:* Edgar J.
   Goodspeed, Die ältesten Apologeten. Texte mit kurzen Einlei-
   tungen, Göttingen 1914.

8. *Laktanz* (ca. 250-325); Schriften: 1) Sieben Bücher der göttlichen Unterweisungen (Div. Inst., entstanden zwischen 304 und
   311); *Textausgabe:* Samuel Brandt (hg.), L.C.F. Lactanti opera
   omnia I, Wien 1890 (CSEL 19); 2) Auszug (Epit., entstanden
   nach 315 n. Chr.); *Textausgabe:* Michel Perrin, Lactance, Epito-
   me des institutions divines, Paris 1987.

9. *Origenes* (ca. 185-253); Schrift: Jeremia-Homilie (Hom. in Jer);
   Textausgabe: Erich Klostermann, Origenes Werke (GCS 6).

10. *Tertullian* (ca. 160-225); Schriften: 1) Über die Bekleidung der
    Jungfrauen (Virg.vel.); 2) Gegen Marcion (adv. Marc.); 3) Über
    die Einehe (de monog.); 4) Apologeticum (Apol, 197 n. Chr.); 5)
    An Scapula (ad Scap.); *Textausgabe:* Eligio Dekkers (hg.), Ter-
    tulliani opera I/II, Turnhout 1954 (CChr.SL 2).

11. *Viktorin von Pettau* (gest. ca. 304); Schriften: 1) Kommentar zur
    Johannesoffenbarung (Comm. in Apc); 2) Über die Schöpfung
    (fabr.mundi); *Textausgabe:* Johannes Haussleiter (CSEL 49, 1916).

Weitere antike Schriftsteller:

1. *Flavius Josephus* (37/38 - ca. 100 n. Chr.); Schriften: 1) Über
   den Jüdischen Krieg (Bell); 2) Biblische Altertümer (Ant); *Textausgabe:* Benedictus Niese (hg.), Flavii Josephi Opera, vols. I-
   VII, Berlin 1894-1895.

2. *Plutarch* (45-125 n. Chr.); Schrift: De sera numina vindicta;
   Textausgabe: E.H. Warmington (hg.), Plutarch's Moralia Bd. VII,
   London/Cambridge (MA) 1968.

3. *Theophrast* (4. Jh. v. Chr.), zitiert bei *Plutarch*, Über Isis und
   Osiris); *Textausgabe:* E.H. Warmington (hg.), Plutarch's Moralia
   Bd. V, London/Cambridge (MA) 1969.

Anhang II: Literaturangaben *(in Auswahl)*

ALKIER, Stefan, Urchristentum. Zur Geschichte und Theologie einer exegetischen Disziplin (BHT 83), Tübingen 1993.

AUNE, David E., The Significance of the Delay of the Parousia for Early Christianity, in: Gerald F. Hawthorne (hg.), Current Issues in Biblical and Patristic Interpretation (Festschrift Merrill C. Tenney), Grand Rapids 1975, S. 87-109.

BARTSCH, Hans Werner, Entwicklungslinien der frühen Christenheit, in: ThLZ 97 (1972) Sp. 721-734.

ders., Zum Problem der Parusieverzögerung bei den Synoptikern, in: Ev Th 19 (1959) S. 116-131.

BAUMGARTEN, Jörg, Paulus und die Apokalyptik. Die Auslegung apokalyptischer Überlieferungen in den echten Paulusbriefen (WMANT 44), Neukirchen 1975.

BERGER, Klaus, Formgeschichte des Neuen Testaments, Heidelberg 1984.

ders., Hermeneutik des Neuen Testaments, Gütersloh 1988.

ders., Historische Psychologie des Neuen Testaments (SBS 146/147), Stuttgart 1991, bes. S. 112-115.

ders., Theologiegeschichte des Urchristentums, Tübingen [2]1995.

BERGER, Klaus/COLPE, Carsten, Religionsgeschichtliches Textbuch zum Neuen Testament (NTD Textreihe Bd. 1), Göttingen/Zürich 1987.

BOUSSET, Wilhelm, Die Religion des Judentums im späthellenistischen Zeitalter (HNT Bd. 21, hg. Hugo Greßmann), Tübingen [4]1966 ([2]1906).

BRANDENBURGER, Egon, Markus 13 und die Apokalyptik (FRLANT 134), Göttingen 1984.

ders., Die Verborgenheit Gottes im Weltgeschehen. Das literarische und theologische Problem des 4. Esrabuches (AThANT 68), Zürich 1981.

BULTMANN, Rudolf, Das Evangelium des Johannes, Göttingen [13]1953.

ders., Geschichte und Eschatologie im Neuen Testament, in: NTS 1 (1954) S. 5-16, übersetzt in: ders., Glaube und Verstehen. Gesammelte Aufsätze Bd. 3, Tübingen [3]1965, S. 91-106.

ders., Ist die Apokalyptik die Mutter der christlichen Theologie? Eine Auseinandersetzung mit Ernst Käsemann (1964), in: Klaus Koch/Johann Michael Schmidt (hg.), Apokalyptik (WdF Bd. CCCLXV), Darmstadt 1982, S. 370-376.

BURCHARD, Christoph, Der dreizehnte Zeuge. Traditions- und kompositionsgeschichtliche Untersuchungen zur lukanischen Darstellung der Frühzeit des Paulus (FRLANT 103), Göttingen 1970.

CONZELMANN, Hans, Die Mitte der Zeit. Studien zur Theologie des Lukas, Tübingen [1]1945/[6]1964.

CULLMANN, Oskar, Christus und die Zeit. Die urchristliche Zeit- und Geschichtsauffassung, Zürich 1946.

ders., Wann kommt das Reich Gottes? Zur Enderwartung der christlichen Schriftsteller des zweiten Jahrhunderts, in: ders., Vorträge und Aufsätze 1925-1962 (hg. Karlfried Fröhlich), Tübingen/Zürich 1966, S. 535-547.

DELLING, Gerhard, Zeit und Endzeit. Zwei Vorlesungen zur Theologie des Neuen Testaments (BS Heft 58), Neukirchen 1970.

ders., Das Zeitverständnis des Neuen Testaments, Gütersloh 1940.

EBELING, Gerhard, Zeit und Wort, in: Erich Dinkler (hg.), Zeit und Geschichte, Festschrift Rudolf Bultmann, Tübingen 1964, S. 341-356.

ERLEMANN, Kurt, Das Bild Gottes in den synoptischen Gleichnissen (BWANT Bd.126), Stuttgart 1988.

ders., Naherwartung und Parusieverzögerung im Neuen Testament. Ein Beitrag zur Frage religiöser Zeiterfahrung (TANZ 17), Tübingen 1995.

FESTINGER, Leon/RIECKEN, Henry W./SCHACHTER, Stanley, When Prophecy Fails, Minneapolis 1956.

FUCHS, Ernst, Das Zeitverständnis Jesu, in: ders., Zur Frage nach dem historischen Jesus (Gesammelte Aufsätze II) Tübingen 1960, S. 304-376.

FUSCO, V., "Point of View" and "Implicit Reader" in Two Eschatological Texts (Lk 19,11-28; Acts 1,6-8), in: The Four Gospels 1992 (FS Frans Neirynck, BEThL 100), Bd.II, Löwen 1992, S. 1677-1696.

GAGER, John G., Das Ende der Zeit und die Entstehung von Gemeinschaften, in: Wayne A. Meeks (hg.), Zur Soziologie des Urchristentums. Ausgewählte Beiträge zum frühchristlichen Gemeinschaftsleben in seiner gesellschaftlichen Umwelt, München 1979, S. 88 - 130.

ders., Kingdom and Community. The Social World of Early Christianity, Englewood Cliffs, New Jersey 1975.

GESE, Hartmut, Die Bedeutung der Krise unter Antiochus IV. Epiphanes für die Apokalyptik des Danielbuches, in: ZThK 80 (1983) S. 373 - 388.

GRÄSSER, Erich, Die Naherwartung Jesu (SBS 61), Stuttgart 1973.

ders., Das Problem der Parusieverzögerung in den synoptischen Evangelien und in der Apostelgeschichte (BZNW 22), Berlin/New York ³1977.

GRESHAKE, Gisbert, Endzeit und Geschichte. Zur eschatologischen Dimension in der heutigen Theologie, in: ders. und Gerhard Lohfink, Naherwartung - Auferstehung - Unsterblichkeit. Untersuchungen zur christlichen Eschatologie (QD 71), Freiburg i. Br./Basel/Wien 1975, S. 11 - 37.

GRUNDMANN, Walter, Das Evangelium nach Lukas (ThHK 3), Berlin ¹⁰1984.

HAHN, Ferdinand, Überlegungen zur methodologischen Rückfrage nach Jesus, in: Karl Kertelge (hg.), Rückfrage nach Jesus, Freiburg 1974.

HARNISCH, Wolfgang, Verhängnis und Verheißung der Geschichte. Untersuchung zum Zeit- und Geschichtsverständnis im 4. Buch Esra und in der syrischen Baruchapokalypse (FRLANT 97), Göttingen 1969.

HARTMAN, Lars, The Functions of Some So - Called Apocalyptic Timetables, in: NTS 22 (1976) S. 1 - 14.

HAUFE, Günter, Individuelle Eschatologie des Neuen Testaments, in: ZThK 83 (1986) S. 436 - 463.

HENGEL, Martin, Messianische Hoffnung und politischer 'Radikalismus' in der 'jüdisch - hellenistischen Diaspora'. Zur Frage der Voraussetzungen des jüdischen Aufstandes unter Trajan 115 - 117, in: David Hellholm (hg.), Apocalypticism in the Mediterranean World and in the Near East, Tübingen 1983, S. 655 - 686.

ders., Die Zeloten. Untersuchungen zur jüdischen Freiheitsbewegung in der Zeit von Herodes II. bis 70 n. Chr., Leiden/Köln (1961) ²1976.

HORSLEY, Richard A., Popular Messianic Movements Around the Time of Jesus, in: CBQ 46 (1984) S. 471 - 495.

HÜBNER, Kurt, Die Wahrheit des Mythos, München 1985.

JASPERT, Bernd, Zukunftsgedanken. Zum Zeitbewußtsein am Ende des 20.Jh., in: EvTh 47 (1987) S. 327 - 340.

KÄSEMANN, Ernst, Zum Thema der urchristlichen Apokalyptik, in: ZThK 59 (1962) S. 257 - 284.

KINZIG, Wolfram, Novitas Christiana. Die Idee des Fortschritts in der Alten Kirche bis Eusebius (FKD 58), Göttingen 1994.

KIPPENBERG, Hans G., Artikel „Apokalyptik/Messianismus/Chiliasmus", in: Handbuch religionswissenschaftlicher Grundbegriffe Bd. 2 (1990) S. 9 - 26.

KLEIN, Günter, Artikel „Eschatologie IV", in: TRE X (1982) S. 270 - 299.

KOCH, Klaus, Artikel Geschichte/Geschichtsschreibung/Geschichtsphilosophie II, in: TRE XII (1984) S. 569 - 586.

ders., Qädäm. Heilsgeschichte als mythische Urzeit im Alten (und Neuen) Testament, in: ders., Spuren des hebräischen Denkens. Beiträge zur alttestamentlichen Theologie (Gesammelte Aufsätze Bd. 1, hg. Bernd Janowski/Martin Krause), Neukirchen 1991, S. 248 - 280.

ders., Ratlos vor der Apokalyptik. Eine Streitschrift über ein vernachlässigtes Gebiet der Bibelwissenschaft und die schädlichen Auswirkungen auf Theologie und Philosophie, Gütersloh 1970.

KÜMMEL, Werner Georg, Die Naherwartung in der Verkündigung Jesu (1964), in: ders., Heilsgeschehen und Geschichte. Gesammelte Aufsätze 1933 - 1964, Bd. 1 (Marburger Theologische Studien 3, hg. Erich Grässer/Otto Merk/Otto Fritz), Marburg 1965, S. 457 - 470.

ders., Verheißung und Erfüllung. Untersuchungen zur eschatologischen Verkündigung Jesu, Zürich [1]1945.

LEBRAM, Jürgen, Artikel Apokalyptik/Apokalypsen II: Altes Testament, in: TRE III (1978) S. 192 - 202.

LEHMANN, Dirk, Ohne Uhren keine Zeit, in: GEO 12/95, S. 144 - 161.

LINDEMANN, Andreas, Zum Abfassungszweck des Zweiten Thessalonicherbriefes, in: ZNW 68 (1977) S. 35 - 47.

LOHFINK, Gerhard, Zur Möglichkeit christlicher Naherwartung, in: Gisbert Greshake, Gerhard Lohfink, Naherwartung - Auferstehung - Un-

sterblichkeit. Untersuchungen zur christlichen Eschatologie (QD 71),
Freiburg i. Br./Basel/Wien 1975, S. 38 - 81.

LOISY, Alfred, L'Evangile et l'Eglise, Bellevue (1902) ³1904.

LÜBBE, Hermann, Zeit - Verhältnisse. Zur Kulturphilosophie des Fortschritts (Herkunft und Zukunft 1), Graz/Wien/Köln 1983.

LUZ, Ulrich, Das Geschichtsverständnis des Paulus (BEvTh 49), München 1968.

MALINA, Bruce J., Christ and Time: Swiss or Mediterranean?, in: CBQ
51 (1989) S. 1 - 31.

MICHAELIS, Wilhelm, Der Herr verzieht nicht die Verheißung. Die Aussagen Jesu über die Nähe des Jüngsten Tages, Bern 1942.

MOLTMANN, Jürgen, Theologie der Hoffnung. Untersuchungen zur Begründung und zu den Konsequenzen einer christlichen Eschatologie
(BEvTh 38), München 1965.

ders., Verschränkte Zeiten der Geschichte. Notwendige Differenzierun-
gen des Geschichtsbegriffes, in: EvTh 44 (1984) S. 213 - 227.

MÜLLER, Karlheinz, Artikel Apokalyptik/Apokalypsen III: Die jüdische
Apokalyptik, in: TRE III (1978) S. 202 - 251.

ders., Die frühjüdische Apokalyptik. Anmerkungen zu den Anfängen ihrer Geschichte, zu ihrem Erscheinungsbild und zu ihrer theologischen Wertung, in: ders., Studien zur frühjüdischen Apokalyptik (SB
Aufsatzbände 11), Stuttgart 1991, S. 35 - 173.

ders., Jesu Naherwartung und die Anfänge der Kirche, in: ders. (hg.), Die
Aktion Jesu und die Re - Aktion der Kirche, Würzburg 1972, S. 9 - 29.

OBERLINNER, Lorenz, Die Stellung der „Terminworte" in der eschatologischen Verkündigung des Neuen Testaments, in: Peter Fiedler/Die-
ter Zeller (hg.), Gegenwart und kommendes Reich, Festschrift Anton
Vögtle, 1975, S. 51 - 66.

OVERBECK, Franz, Christentum und Kultur. Gedanken und Anmerkungen zur modernen Theologie (hg. Carl Albrecht Bernoulli), Basel
1919, Nachdruck Darmstadt 1963.

ders., Über die Christlichkeit unserer heutigen Theologie (Streit- und
Friedensschrift), Leipzig 1873.

PESCH, Rudolf, Naherwartungen. Tradition und Redaktion in Mk 13,
Düsseldorf 1968.

PICHT, Georg, Unter dem Diktat der physikalischen Zeit. Über einen Schlüsselbegriff der industriellen Gesellschaft, in: EvKomm 1975/2, S. 75 - 77.

PÖHLMANN, Wolfgang, Apokalyptische Geschichtsdeutung und geistiger Widerstand, in: KuD 34 (1988) S. 60 - 75.

REIMER, Hans - Diether/EGGENBERGER, Oswald, ... neben den Kirchen. Gemeinschaften, die ihren Glauben auf besondere Weise leben wollen, Konstanz [8]1988.

ROWLEY, Harold Henry, Apokalyptik. Ihre Form und Bedeutung zur biblischen Zeit. Eine Studie über jüdische und christliche Apokalypsen vom Buch Daniel bis zur geheimen Offenbarung, Einsiedeln/Zürich/Köln [3]1965.

RUSSELL, J.L., S.J., Time in Christian Thought, in: Julius T.Fraser (hg.), The Voices Of Time. A Cooperative Survey of Man's Views of Time as Expressed by the Sciences and by the Humanities, Amherst [2]1981, S. 59 - 76.

SCHMIED, Gerhard, "When Prophecy Fails". Ein sozialpsychologischer Ansatz und Weiterungen, in: Hans Wißmann (hg.), Zur Erschließung von Zukunft in den Religionen. Zukunftserwartung und Gegenwartsbewältigung in der Religionsgeschichte, Würzburg 1991, S. 197 - 216.

SCHMITHALS, Walter, Das Evangelium nach Markus Kap. 9,2 - 16,20 (ÖTK 2/2), Gütersloh [2]1986.

SCHÖLLGEN, Georg, „Tempus in collecto est." Tertullian, der frühe Montanismus und die Naherwartung ihrer Zeit, in: JAC 27/28 (1984/5) S. 74 - 96.

SCHREINER, Josef, Jeremia I+II (NEB.AT 26.1+2), Würzburg 1981/84.

SCHWARTE, Karl - Heinz, Artikel Apokalyptik/Apokalypsen V: Alte Kirche, in: TRE III (1978) S. 257 - 275.

ders., Die Vorgeschichte der augustinischen Weltalterlehre (Antiquitas Reihe 1. Abhandlungen zur Alten Geschichte Bd. 12), Bonn 1966.

SCHWEITZER, Albert, Geschichte der Leben - Jesu - Forschung, Tübingen (1906) [9]1984.

ders., Die Mystik des Apostels Paulus, Tübingen 1930.

STEGEMANN, Ekkehard, Ende der Zeit - Zeit des Endes. Overbeck und die Apokalyptik, in: Rudolf Brändle/Ekkehard & Wolfgang Stegemann (hg.), Franz Overbecks unerledigte Anfragen an das Christentum, München 1988, S. 167-181.

STROBEL, August, Artikel Apokalyptik/Apokalypsen IV: Neues Testament, in: TRE III (1978) S. 251-257.

ders., Untersuchungen zum eschatologischen Verzögerungsproblem auf Grund der spätjüdisch-urchristlichen Geschichte von Habakuk 2,2ff., Leiden/Köln 1961.

STUHLMANN, Rainer, Das eschatologische Maß im Neuen Testament, Göttingen 1983.

THEISSEN, Gerd, Lokalkolorit und Zeitgeschichte in den Evangelien. Ein Beitrag zur Geschichte der synoptischen Tradition (NTOA 8), Fribourg/Göttingen 1989.

ders., Soziologie der Jesusbewegung. Ein Beitrag zur Entstehungsgeschichte des Urchristentums (ThExh 1977), München [2]1978.

ders., „Wir haben alles verlassen" (Mc. X.28). Nachfolge und soziale Entwurzelung in der jüdisch-palästinischen Gesellschaft des 1. Jahrhunderts n. Ch., in: NT 19 (1977) S. 161-196, und in: ders., Studien zur Soziologie des Urchristentums (WUNT 19, 1979), S. 106-141.

THIEDE, Werner, Die Johannes-Apokalypse in der Deutung christlicher Sekten (EZW-Information Nr. 130), 1/1996.

VÖGTLE, Anton, Zeit und Zeitüberlegenheit in biblischer Sicht. Zur Grundlegung des Selbstverständnisses der Kirche in dieser Weltzeit, in: ders., Das Evangelium und die Evangelien. Beiträge zur Evangelienforschung (KBANT), Düsseldorf 1971, S. 273-295.

VOGEL,H., Ein Lied und seine Zeit. Eine Frage im Anschluß an eine Stelle aus den Confessiones Augustini, in: Festschrift Friedrich Smend, Berlin 1963, S. 42-45.

VOLZ, Paul, Die Eschatologie der jüdischen Gemeinde im neutestamentlichen Zeitalter nach den Quellen der rabbinischen, apokalyptischen und apokryphen Literatur dargestellt, Tübingen [2]1934.

WEISS, Johannes, Die Predigt Jesu vom Reiche Gottes, Göttingen [2]1900.

WILDBERGER, Hans, Jesaja I-III (Kap. 1-39, BK.AT X/1-3), Neukirchen 1972-82.

WLOSOK, Antonie, Rom und die Christen. Zur Auseinandersetzung zwischen Christentum und römischem Staat, Stuttgart 1970.

Anhang III: Textstellenindex

4. FRÜHCHRISTL. LITERATUR

4.1 Apostolische Väter   27

4.2 Apokryphe Evangelien

4.3 Apokalyptik und Prophetie

TANZ – Texte und Arbeiten zum neutestamentlichen Zeitalter

Herausgegeben von Klaus Berger, François Vouga,
Michael Wolter und Dieter Zeller

Kurt Erlemann

Naherwartung und Parusieverzögerung im Neuen Testament

Ein Beitrag zur Frage religiöser Zeiterfahrung

TANZ 17, 1995, XVI, 511 Seiten, geb. DM 120,–/ÖS 876,–/SFr 108,–
ISBN 3-7720-1868-8

Mit der Habilitationsschrift des Heidelberger Neutestamentlers Kurt Erlemann liegt ein beachtenswerter Neuentwurf zum Thema "Naherwartung und Parusieverzögerung" vor. In der Studie, die auch alttestamentliche und außerbiblische Texte untersucht, werden eingeschliffene Alternativen wie "Naherwartung versus Parusieverzögerung", "Naherwartung versus Stetsbereitschaft", oder "jüdische Apokalyptik versus neutestamentliche Eschatologie" kritisch beleuchtet. Durch eine umfassende Klassifizierung disparater Endzeitaussagen, durch die Frage nach dem diese Aussagen tragenden Zeitverständnis, durch ihre gattungskritische Zuordnung und durch soziohistorische Überlegungen gewinnt der Autor eine Sicht des Gesamtphänomens, die in vielerlei Hinsicht innovativ ist: Naherwartung und Parusieverzögerung erscheinen als Phänomene, die mit unserem modernen abstrakt-chronometrischen Zeitbegriff nicht hinreichend beschreibbar sind. Sie sind vielmehr vor dem Hintergrund eines Zeitverständnisses zu verstehen, das qualitativ gefüllt und wesentlich durch Emotionen bestimmt ist. Die Studie mündet in die These, daß Naherwartung und Parusieverzögerung ungeeignete Parameter der frühen Kirchengeschichte sind.

francke
verlag

Tübingen und Basel

UTB Theologie

Klaus Berger
Theologiegeschichte des Urchristentums
Theologie des Neuen Testaments

UTB Große Reihe, 2., überarb. u. erw. Aufl. 1995, XXVI, 808 Seiten, geb. DM 78,–/ ÖS 577,–/SFr 74,–
UTB-ISBN 3-8252-8082-9

"Eines der bedeutendsten historischen Bücher dieses Jahres. Es ist ein außerordentliches Werk. (…) Wer überhaupt die Frage stellt, was das Christentum einmal war, muß von nun an Bergers Buch durcharbeiten. Es ist durch Textnähe, Klarheit und Intelligenz ein Meilenstein in der Erforschung des frühen Christentums. (…) Denn dieses Buch überragt schon so durch Materialreichtum und 'Weite' des Blicks, durch Präzision der Textanalyse und Konzentration des Denkens fast alles Vergleichbare."

Frankfurter Allgemeine Zeitung

Klaus Berger
Einführung in die Formgeschichte

UTB 1444, 1987, 274 Seiten,
DM 26,80/ÖS 198,–/SFr 26,80
UTB-ISBN 3-8252-1444-3

"Jeder, der mit dem Studium der Theologie beginnt, sollte das Buch lesen."

Trierer Theologische Zeitschrift

Walter Lesch /
Alberto Bondolfi (Hrsg.)
Theologische Ethik im Diskurs
Eine Einführung

UTB 1806, 1995, XIV, 360 Seiten,
DM 36,80/ÖS 272,–/SFr 36,80
UTB-ISBN 3-8252-1806-6

Mit Beiträgen von:
Walter Lesch, Edmund Arens, Anne Fortin-Melkevik, Marion Möhle, Hans Hirschi, Andreas Lob-Hüdepohl, Klaus Demmer, Matthias Möhring-Hesse, Wolfgang Palaver, Hermann-Josef Große-Kracht, Hans Schelkshorn, Bernhard Laux, Bernhard Emunds, Alberto Bondolfi.

François Vouga
Geschichte des frühen Christentums

UTB 1733, 1994, XIV, 287 Seiten,
DM 32,80/ÖS 243,–/SFr 32,80
UTB-ISBN 3-8252-1733-7

"Der Verfasser hat mit seiner *Geschichte des frühen Christentums* eine beachtliche Leistung erbracht, die es verdient, daß sein Buch eine zahlreiche, es intensiv studierende Leserschaft findet."

Theologische Literaturzeitung

Preisänderungen vorbehalten

UTB
FÜR WISSEN
SCHAFT

Francke